Hesse/Schrader

Neue Bewerbungsstrategien für Führungskräfte

Hesse / Schrader

Neue Bewerbungsstrategien für Führungskräfte

Den Karrieresprung wagen

Eichborn.

Die Autoren

Jürgen Hesse, Jg. 1951, Diplompsychologe im Büro für Berufsstrategie, Geschäftsführer der Telefonseelsorge Berlin e.V.

Hans Christian Schrader, Jg. 1952, Diplompsychologe am Krankenhaus Am Urban (Abt. Psychotherapie/Psychosomatik) in Berlin.

Div. gemeinsame Veröffentlichungen, u.a.: *Die perfekte Bewerbungsmappe für Führungskräfte; Neue Bewerbungsstrategien für Hochschulabsolventen; Assessment Center; Krieg im Büro; Die Neurosen der Chefs; Optimale Bewerbungsunterlagen; Das erfolgreiche Vorstellungsgespräch; Arbeitszeugnisse; Testtraining 2000; VERDIENEN SIE SOVIEL, WIE SIE VERDIENEN?* (alle im Eichborn Verlag).

Umschlaggestaltung: Christina Hucke
Lektorat: Ulrike Streubel/Frank Geisler
Gesamtherstellung: Fuldaer Verlagsanstalt, Fulda
ISBN 3-8218-1504-3

Verlagsverzeichnis schickt gern:
Eichborn Verlag, Kaiserstraße 66, D-60329 Frankfurt am Main
http://www.eichborn.de

Inhalt

Fastreader 9
Übersicht für eilige Leser 9

Vorbemerkung 10
Was Sie erwarten dürfen 10

Orientierung – für eine stabile Ausgangsposition 12
Der aussichtslose Versuch, es allen Seiten recht zu machen 12
Erfolgsfaktor mentale Einstimmung – oder der Glaube an sich selbst 14
Warum Sie bereits ein Bewerbungsprofi sind 17

Potential-Analyse – Ihre Fähigkeiten, Wünsche, Möglichkeiten 19
Wer Sie sind 20
Was Sie gut können 27
Was Sie wirklich wollen 31
Was alles möglich ist 35

Erwartungen – Wissen, worauf es ankommt 37
Fokus Persönlichkeit 38
Anforderungsprofile 39
... im Spiegel von Stellenanzeigen 42
Die 11 wichtigsten Berufserfolgsstrategien 46

Kontakt-Management – Marketing in eigener Sache 61
Prüfer auf dem Prüfstand 61
Wie Sie kompetent recherchieren 62
So knüpfen Sie Kontakte 63
Stellenanzeigen 64
Chiffre-Anzeigen 65
Kurzbewerbungen 66
Arbeitsamt 67
Initiativbewerbungen 68
Persönliche Empfehlungen 70

Stellengesuche ... 71
Personalberatungsgesellschaften ... 77
Headhunter ... 78
Karriereberater ... 80
Outplacement ... 80
Internet-Bewerbung ... 81
Telefonieren ... 89

Bewerbungs-Botschaften – schriftlich überzeugen ... 99
Werbung in eigener Sache ... 99
Lebenslauf – so stellen Sie die entscheidende Weiche ... 103
Inhalt ... 105
Form ... 106
Sympathieträger Foto ... 108
Bewerbungsanschreiben optimal gestalten ... 111
Auftakt und Finale ... 113
So vermeiden Sie Formfehler ... 114
Innovative Möglichkeiten ... 116
Die Seite drei ... 117
Das Deckblatt ... 118
Die Inhaltsübersicht ... 118
Die Einleitungsseite ... 119
Seite mit persönlichen Daten ... 119
Das Anlagenverzeichnis ... 119
Die optimale Bewerbungsmappe – kommentierte Beispiele ... 120
Ihre Anlagen im einzelnen ... 152
Arbeitszeugnisse ... 152
Handschriftenprobe ... 160
Referenzen ... 163
Arbeitsproben ... 164
Anspruchsvolle Präsentation ... 165
Korrekter Versand ... 166

Ihr Auftritt – persönlich überzeugen ... 167
Das Vorstellungsgespräch – alles, worauf es jetzt ankommt ... 167
Ausgangspositionen ... 172
Sympathie: die ersten Minuten sind entscheidend ... 176

Recherchieren geht vor Probieren . . . 179
Gesprächsablauf: die entscheidenden Phasen . . . 180
1. Begrüßung und Einleitung des Gesprächs . . . 182
2. Motive der Bewerbung und Leistungsmotivation . . . 184
3. Beruflicher Werdegang/Aus- und Weiterbildung . . . 192
4. Persönlicher, familiärer und sozialer Hintergrund . . . 197
5. Gesundheitszustand . . . 204
6. Berufliche Kompetenz und Eignung . . . 205
7. Informationen für den Bewerber/die Bewerberin . . . 208
8. Arbeitskonditionen . . . 209
9. Fragen des Bewerbers/der Bewerberin . . . 210
10. Abschluß des Gesprächs und Verabschiedung . . . 212
Exkurs: Frauen im Vorstellungsgespräch . . . 213
Erlaubt: Notlügen aus Notwehr . . . 215

Psychologische Aspekte – fit im Vorstellungsgespräch . . . 218
Einzel- oder Gruppengespräch . . . 218
Frage- und Antworttechniken im Vorstellungsgespräch . . . 220
Richtig argumentieren . . . 226
Wie Sie Einwänden begegnen . . . 227
Umgang mit unangenehmen Fragen . . . 228
Das Streß-Interview . . . 230
Wenn's ums Geld geht – die richtige Strategie . . . 236
Prost Mahlzeit! . . . 243
Test und Assessment Center als Mittel der Personalauswahl . . . 244
Körpersprache – Aussagen ohne Worte . . . 245

Rund um die Vorstellung – flankierende Maßnahmen . . . 252
Gut vorbereitet . . . 252
Ihr Auto . . . 254
Ihre Kleidung . . . 255
Die Zeit danach: Nachbereitung . . . 257
Der Nachfaßbrief . . . 258

Erlebnisse aus tausendundeiner Bewerbung . . . 261
Deutscher Ring . . . 261
Nissan . . . 263

Lufthansa Service GmbH 264
Kienbaum Personalberatung 267

Einstieg – die ersten hundert Tage 273
Einarbeitung 275
Orientierung 276
Die Phasen des Neuanfangs 279

Zum guten Schluß 280
Ausblick 280

Auf den Punkt gebracht 282
Die wichtigsten Bewerbungsregeln 282

Anhang 284
Anmerkungen 288

Fastreader

Übersicht für eilige Leser

Wie bewerbe ich mich als Führungskraft richtig?
Wie nutze ich neue Wege für die Jobsuche, zum Beispiel das Internet?
Wie überzeuge ich im Vorstellungsgespräch?

Diese und unzählige andere Fragen beantworten wir in diesem Buch. Kurz: In *Neue Bewerbungsstrategien für Führungskräfte* finden Sie – frei nach Woody Allen – alles, was Sie schon immer über Bewerbungen wissen wollten, aber nicht zu fragen wagten.

Bewerbungen sind Schwerstarbeit. Dieser Ratgeber verdeutlicht, worauf es wirklich ankommt – bei Bewerbungsplanung, Einstieg, Wechsel, Aufstieg, beim Formulieren von Stellengesuchen, bei Bewerbungsanschreiben, Lebenslauf, Vorstellungsgesprächen. Wir zeigen, wie Sie das Telefon als erfolgbringendes Bewerbungsinstrument einsetzen und wie Sie das Internet bei der Stellensuche richtig nutzen. Sie erfahren alles über die Essentials von Vorstellungsgesprächen, wie Sie mit provokanten Fragen und Einwänden am besten umgehen, aber auch wann Sie ungestraft lügen dürfen. Wir geben Tips zu Gehaltsverhandlungen und zeigen Ihnen, wie Sie die besonders kritischen ersten 100 Tage im neuen Unternehmen glänzend bewältigen.

Vorbemerkung

Was Sie erwarten dürfen

Sie haben Berufserfahrung, sind qualifiziert ausgebildet, zwischen 30 und 50 Jahre alt, verdienen 90 bis 180.000 DM im Jahr und möchten beruflich noch weiter vorankommen. Sie sind bereits eine Führungskraft bzw. streben diesen Status an. Sie bezeichnen sich als leitende/r Angestellte/r oder Manager/in (in der mittleren Ebene), haben Ihren Arbeitsplatz in der sogenannten freien Wirtschaft oder beim öffentlichen Dienst.

Natürlich kommt man von 90.000 DM Jahresgehalt nicht in einem Sprung auf 180.000 DM, aber wenn Sie sich in dieser Gehaltsgruppe bewegen, gelten doch bestimmte allgemeine Verhaltens- und Bewerbungsregeln, die sich nach oben wie nach unten (gehaltsmäßig) von anderen Bewerbergruppen deutlich unterscheiden.

Um weiter voranzukommen, benötigen Sie ein Spezialwissen für den Augenblick, in dem Sie sich und Ihre Leistung präsentieren müssen. Dieses Buch verhilft Ihnen zur richtigen Bewerbungsstrategie, verrät Ihnen alle Tricks und Kniffe.

Zunächst werden die notwendigen Vorüberlegungen behandelt. Hier gilt es, die für Ihre Bewerbung relevanten Ausgangspositionen zu bestimmen.

Dann geht es um alle Informationen, die Sie haben müssen, um Ihre schriftlichen Bewerbungsunterlagen perfekt zu gestalten.

Eine umfassende Analyse des Vorstellungsgesprächs und seiner etwa 150 Kernfragen hilft Ihnen, sich in dieser schwierigen Situation bestmöglich zu präsentieren.

Zum Abschluß finden Sie Hinweise, wie Sie die ersten 100 Tage am neuen Arbeitsplatz optimal gestalten.

Daniel Goeudevert meint, im Begriff »Führung«, den der Duden allein mit »die Richtung bestimmen« definiert, stecke ein Hauch von Einsamkeit: »Wer führt, der ist allein«.

Auch wer sich bewirbt, fühlt sich oftmals alleingelassen und braucht Unterstützung, so wie jede Führungskraft auf fähige Mitarbeiterinnen und Mitarbeiter angewiesen ist. Noch einmal Daniel Goeudevert: »Die Führungskraft ist verantwortlich und trägt das Risiko. Doch sie ist erst dann eine gute

Führungskraft, wenn sie jedem einzelnen Teammitglied das Gefühl gibt, eigentlich habe dieses selbst die Entscheidung getroffen. Es gehört eine Menge Selbstüberwindung dazu, die eigene Entscheidung dem Team zu vermitteln und gleichzeitig deren Urheberschaft nicht für sich zu reklamieren.«[1] Angesprochen auf den Unterschied zwischen Führen und Managen führt Goeudevert aus: »Die Führungskraft muß die Richtung angeben und dafür sorgen, daß ein Konsens darüber besteht. Managen ist dagegen Handwerk, das Umgehen mit Instrumenten fachspezifischer Art.« Managementaufgaben kann und soll man delegieren, nicht aber abschieben: »Im Endeffekt muß man deren Ergebnisse verantworten, auch wenn man selbst anders gehandelt hätte.«[2] Für den heutigen Unternehmensalltag ist beides vonnöten – Führen und Managen.

Orientierung – für eine stabile Ausgangsposition

Bevor Sie, liebe Leserin, lieber Leser (wenn wir im folgenden nicht durchgehend die weibliche und männliche Form verwenden, so dient dies der besseren Lesbarkeit. Gemeint sind selbstverständlich immer beide Geschlechter), in Aktion treten, sollten Sie sich einige Augenblicke Zeit nehmen, um sich innerlich auf Ihr Vorhaben »Bewerbung« einzustimmen. Die nun folgenden Vorüberlegungen sind gewissermaßen als Einstimmung und Starthilfe gedacht.

Der aussichtslose Versuch, es allen Seiten recht zu machen

Das »Führungsdilemma« des mittleren Managements – egal, ob in Industrie, Handel oder öffentlichem Dienst – ist durch polare, sich widersprechende Anforderungen und Aufträge charakterisiert. Dabei handelt es sich um regelrechte *Double-bind*-Situationen. Mit diesem aus der Psychologie und Kommunikationsforschung stammenden Begriff bezeichnet man eine Situation, in der jemand in einer für ihn wichtigen Beziehung von seinem Partner zwei einander widersprechende Botschaften bzw. Aufträge erhält und dadurch in eine »Zwickmühle« gerät. Bei Erfüllung des einen Auftrages muß er zwangsläufig den anderen Auftrag mißachten.

Eine Übersicht von zum Führungsdilemma beitragenden widersprüchlichen Anforderungen an das mittlere Management gibt Thomas Wagner[3] :

Der Vorgesetzte soll ...		
einerseits		**andererseits**
unternehmerisch denken und handeln	und	sich an Vorschriften und Weisungen halten
Freiräume gewähren	und	Ruhe und Ordnung garantieren
auf die individuellen Fähigkeiten und Eigenarten seiner Mitarbeiter eingehen	und	alle gleich behandeln
das Bestehende bewahren	und	Veränderungen in Gang setzen
die Interessen der Organisation und der Mitarbeiter unterstützen	und	die eigenen Karrierewünsche und Bedürfnisse befriedigen
die Selbständigkeit seiner Mitarbeiter fördern	und	die Verantwortung für die ganze Abteilung übernehmen

Gibt es Wege, die aus diesem Führungsdilemma herausführen, die Double-bind-Situationen entschärfen oder sogar auflösen können? Offensichtlich, denn nicht alle Führungskräfte scheitern an diesen objektiven Schwierigkeiten, an den häufig rigiden Strukturen und dem damit einhergehenden problematischen Organisationsverständnis.

Die wichtigste Eigenschaft, die aus dem beschriebenen Dilemma heraushelfen kann, ist neben der fachlichen die ganz besonders wichtige interpersonelle Kompetenz. Dazu gehört die Fähigkeit zur Teamarbeit, zu wirklicher Kommunikation (insbesondere Zuhörenkönnen) und ein ausgeprägtes interdisziplinäres Arbeits- und Problemverständnis. Eine überdurchschnittliche Kontaktfähigkeit ist Basis und Ausgangspunkt für den Aufbau einer informellen Organisation, die Aufgaben und Projekte effektiver realisieren läßt als ein Gefangenbleiben in den widersprüchlichen Anforderungen.

Kontakte schaffen Beziehungsnetze über die formalen Organisationsgrenzen hinweg und ermöglichen so eine neue Zusammenarbeit, die den komplexen Anforderungen eher gerecht wird. Nur so können sich erfolgreiche Formen der Teamarbeit entwickeln, weil sie eine wirkliche Mitbeteiligung an Entscheidungsprozessen ermöglichen. Diese Art der Kooperation bringt nicht nur Lösungsprozesse voran, sondern schafft eine deutlich verbesserte Arbeitszufriedenheit.

Wer als Bewerber im Vorstellungsgespräch zur Hoffnung Anlaß gibt, dies im späteren Manageralltag (wenigstens ansatzweise) realisieren zu können, hat alle Chancen, den angestrebten Job zu bekommen. Voraussetzung dafür ist wenigstens das Wissen um diese Dinge und die gelungene Präsentation einer dafür vorhandenen Kompetenz in der Testsituation Vorstellungsgespräch.

Erfolgsfaktor mentale Einstimmung – oder der Glaube an sich selbst

Wer wirklich überzeugt ist, daß er dies oder jenes erreichen bzw. bekommen kann, ist dem Ziel ganz sicher schon ein Stückchen näher. Und ein Ziel sollte man schon haben.

Worum geht es? Jede Bewerbung bedarf einer geistigen (neudeutsch: mentalen) Einstimmung und Vorbereitung. Man kann auch im weiteren Verlauf von einer Einstellung sprechen, die den Glauben festigt, sein Ziel auch wirklich zu erreichen.

Aber nicht nur im Sport weiß man die mentale Vorbereitung zu schätzen und bedient sich ihrer. Auch in der Medizin gewinnt sie zunehmend an Bedeutung. Mentales Training wird im Rahmen der sich immer mehr verbreitenden Erkenntnisse über Zusammenhänge von Seele und Körper (Psychosomatik) gezielt eingesetzt, um Behandlungserfolge und damit Gesundungsprozesse abzusichern, ja bisweilen sogar überhaupt erst zu ermöglichen.

Wie sieht es also mit Ihrer Einstellung aus? Ihre Einstellung zu dem Vorhaben Arbeitsplatzwechsel/Aufstieg und damit Ihre Einstellung zur Einstellung ist von grundlegender Bedeutung.

Einmal angenommen, ein Bewerber geht voller Zweifel darüber, ob er wirklich die angebotene Position haben möchte, zum Vorstellungsgespräch. Vielleicht plagt ihn zusätzlich sogar noch Unsicherheit bezüglich seiner eigenen Kompetenz für die neue Aufgabe.

Die Wahrscheinlichkeit, daß man diesem Bewerber einen Arbeitsplatz anbietet, ist sehr gering. Seine nicht wirklich vorhandene Motivation und seine

Mißerfolgserwartung wird auf die eine oder andere Art im Vorstellungsgespräch auffallen. Logisch, daß sich der Arbeitsplatzanbieter dann für einen anderen Bewerber entscheidet.

Falsch wäre jetzt aber der Umkehrschluß, der Bewerber bekäme den Arbeitsplatz allein schon deshalb, weil er nur ganz fest daran glaubt, genau der Richtige zu sein und die maximale Kompetenz mitzubringen. Womöglich erklärt unser Beispiel-Bewerber seinem Gegenüber gleich zu Anfang des Vorstellungsgesprächs, daß es keinen Zweifel daran geben kann, daß er der einzig richtige Kandidat ist. Natürlich ist auch dies ein relativ sicherer Weg, sich alle Chancen auf einen Arbeitsplatz zu verbauen.

Und trotzdem: Sie als Bewerber müssen schon von sich, von Ihren Qualitäten und Qualifikationsmerkmalen überzeugt sein. Wer denn sonst, wenn nicht Sie?

Auch Ihre Mitmenschen spielen natürlich dabei eine nicht zu unterschätzende Rolle. Glaubt man an Sie, an Ihre Fähigkeiten, oder wird Ihnen vermittelt – direkt, offen oder versteckt angedeutet –, Sie seien ein Pechvogel (oder ähnliches in leichterer bzw. schwerer Form)?

Eine Bewerbung ist immer auch Überzeugungsarbeit. Wer überzeugen will, braucht Kraft – nämlich Überzeugungskraft. Diese muß man aus sich selbst schöpfen können. Zusätzlich bedarf es jedoch einer gewissen Unterstützung durch die Umwelt.

Wer als Kind ständig gesagt bekommt »Laß das, Finger weg, das kannst du nicht, du bist ein Tolpatsch, Dummkopf« usw., wird später auf seinem »Selbstvertrauens-(Bank)-Konto eher ein Defizit haben und sich schwertun, wenn er darauf zurückgreifen will, oder es vielleicht kurzfristig »überziehen« möchte. Anders ist es, wenn Eltern und Lehrer dem Kind im rechten Augenblick und Maß wiederholt signalisieren: »Das schaffst du schon, auch wenn es schwierig ist, wir glauben an dich, du bist o.k., nur weiter so …« Hier wird ein gut gefülltes »Selbstvertrauens-(Bank)-Konto« im Erwachsenenleben (und damit auch für berufliche Belange) zur Verfügung stehen, auf das man zurückgreifen und das man getrost auch in Maßen überziehen kann.

Mit diesen Anregungen, liebe Leserin, lieber Leser, möchten wir Ihnen einen Augenblick des »Insichkehrens« empfehlen. Wir wünschen Ihnen für diese Bewerbungs-Vorüberlegungsphase eine gute und konstruktive Auseinandersetzung mit sich selbst, aber auch mit den Ihnen nahestehenden Menschen in Ihrer unmittelbaren Umgebung. Nehmen Sie sich diese Zeit, und seien Sie geduldig, sowohl mit sich als auch mit Ihrer Umwelt. Eine intensive

Auseinandersetzung mit Ihrer inneren Einstellung zu der vor Ihnen liegenden Aufgabe »Arbeitsplatzwechsel« wird Ihnen sehr bei diesem Vorhaben helfen. Dies gilt übrigens generell für alle wichtigen Unternehmungen in unserem Leben.

Die meisten Bewerbungsratgeber beginnen mit einer Warnung an den Leser: Kündigen Sie Ihren Arbeitsplatz nicht, bevor Sie einen neuen Arbeitsvertrag unterschrieben in der Hand halten. Mag der momentane Frust bei Ihrem jetzigen Job auch noch so groß sein, handeln Sie nicht unüberlegt – so die Mahnung von Personalchefs und Beratern.

Wer erst nach seiner Kündigung auf neue Arbeitsplatzsuche geht, gerät unter Druck und ist vielen potentiellen Chefs suspekt. Noch schlimmer: Wer arbeitslos ist und sich aus dieser Situation heraus bewirbt, erfährt häufig Mißtrauen und Ablehnung, wird quasi behandelt wie ein Aussätziger.

Wir ersparen Ihnen und uns hier diese mahnenden Worte. Sie werden wissen, was Sie tun und verantworten können. Nur ein kurzer Kommentar:

Wenn sich ein Paar nach vielen Jahren des gemeinsamen Lebens trennt, liegt häufig der Verdacht nahe, einer der Partner – insbesondere der, der die Trennung betreibt – hat einen neuen Partner für sich gefunden, den er/sie klar bevorzugt. In der Regel bestätigt sich das dann ja auch umgehend. In den Augen der Umwelt findet dieses Vorgehen selten besondere Zustimmung oder gar Sympathie. Man identifiziert sich eher mit dem/der Zurückgelassenen.

Anders sieht es aus, wenn sich ein Paar trennt und keine neue Außenbeziehung dafür mitverantwortlich ist, sondern lediglich die Entscheidung des einen Partners oder beider gemeinsam, nicht mehr miteinander leben zu können und zu wollen. Trennungsmotiv ist dann die Erkenntnis, daß es zusammen nicht mehr geht. Die Akzeptanz dieser Art von Trennung ist weitaus höher, ja nötigt sogar Respekt ab. Außenstehende bewundern den Mut der Beteiligten.

Bei der Trennung des Arbeitnehmers von seinem Arbeitgeber herrscht eine andere Moral: Wer hier seine »Außenbeziehung« legalisiert, ohne den aktuellen beruflichen Status quo aufgekündigt zu haben, gilt als clever – ist kein »Bigamist«. Wer dagegen erst kündigt und dann auf Suche geht, gilt als dumm, wenn nicht sogar verrückt, mindestens aber als unüberlegt Handelnder.

In diesem Zusammenhang möchten wir einige Sätze vorrangig an die Adresse von Personalchefs richten, die sicherlich auch zu den Lesern dieses Buches gehören:

Die Diskriminierung eines Bewerbers, der erst gekündigt hat, dann vielleicht sogar ein, zwei Monate pausiert hat und sich jetzt bei Ihnen bewirbt, erscheint uns nicht gerechtfertigt. Eigentlich verdient dieser Bewerber eher Bewunderung für die korrekte Trennungsabwicklung von seinem vorherigen Arbeitgeber. Dieses Vorgehen spricht für Mut und Selbstbewußtsein, denn auch eine freiwillige (schöpferische) Pause kann der Arbeitsleistung gut bekommen (Voraussetzung natürlich: man kann sich die Arbeitsunterbrechung leisten).

Hier, so scheint uns, ist es an der Zeit, über eine Korrektur stereotyper Sichtweisen und Beurteilungen nachzudenken.

Warum Sie bereits ein Bewerbungsprofi sind

Für viele Führungskräfte ist es ganz ungewohnt, sich wieder zu bewerben. »Ich weiß gar nicht mehr, wie man es richtig macht, die letzte Bewerbung ist ja schon so lange her.« Irrtum. So lange wahrscheinlich doch nicht. Sie haben die jeweilige Situation nur als solche nicht wahrgenommen. Denn eigentlich steckt der Alltag voller Bewerbungen: Da bewirbt man sich um eine Wohnung und muß sich vor dem Vermieter quasi entblößen (»Sind Sie verheiratet? Haben Sie Kinder, Hunde oder Katzen? Was verdienen Sie ...?«). Und auch das Kreditgespräch am Bankschalter hat den Charakter einer Bewerbung. Selbst die an eine fremde Person auf der Straße gerichtete Frage nach der Uhrzeit oder einer bestimmten Adresse beinhaltet immer auch den Test, ob man wohl mit seinem Anliegen ankommt, brauchbare Auskunft erhält. Bereits im embryonalen Stadium unserer Existenz befinden wir uns in einer ersten Bewerbungssituation. Schon hier geht es um die Frage: Werde ich von den Eltern (später, quasi an deren Stelle, von den Vorgesetzten) angenommen? Entspreche ich den allgemeinen Wünschen – Junge oder Mädchen, angehende Eiskunstläuferin oder Doktor der Medizin in spe? – Später: bin ich der ideale Kandidat, die ideale Kandidatin für den neuen Aufgabenbereich?

Auch bei der Partnersuche und -auswahl geht es um nichts anderes als um ein typisches Bewerbungsritual (Kleidung, Auftreten, zu wissen, was man wie sagt). Die klassische Korrespondenz, die Liebesbriefe sind durchaus vergleichbar mit dem Bewerbungsanschreiben für eine ausgeschriebene Stelle. Kontakt- und Heiratsanzeigen weisen Parallelen zu Stellenanzeigen auf.

So gesehen ist das ganze Leben ein Bewerbungsmarathon.

Bewerbungssituationen kennen Sie also reichlich und eben nicht nur auf den Beruf begrenzt. Gemeinsamer psychologischer Hintergrund aller Bewerbungen ist der Wunsch, willkommen geheißen und angenommen zu werden, und die Angst vor Abweisung. Die Bewerbungsthematik begleitet uns lebenslang.

Potential-Analyse – Ihre Fähigkeiten, Wünsche, Möglichkeiten

Worauf kommt es bei der Bewerbung um einen neuen Arbeitsplatz zunächst an? Vor allem auf eine gute Vorbereitung. Sie haben sich mit Ihrer Ausgangsposition beschäftigt. Nun geht es einen weiteren Schritt näher an die bevorstehende Bewerbungssituation heran.

Um eine Prüfung gut zu überstehen, sollte man vorher immer so umfassend und konkret wie möglich wissen, was auf einen zukommt. Das gilt ganz besonders für die Prüfungssituation »Bewerbung«.

Grundregel Nummer 1 für die Bewerbung von Führungskräften ist die gezielte Klärung Ihrer speziellen Ausgangsposition und die perfekte Vorbereitung auf die Bewerbungssituation. Verdeutlichen Sie sich, daß jeder Schritt (hier bietet sich der Vergleich mit einer Leiter an), jede Aktivität im Bewerbungsverfahren gleichzeitig eine Art Arbeitsprobe ist.

Ein Bewerbungsschreiben, das beispielsweise mit der Anrede »Sehr geehrte Damen und Herren« beginnt, obwohl der Ansprechpartner in der Stellenanzeige namentlich benannt wurde, macht zwar die Bewerbung nicht total aussichtslos, ist aber ein vermeidbarer (Aufmerksamkeits-)Fehler.

Wenn Ihnen im Vorstellungsgespräch z. B. bei der Firma Dr.Oetker auf die Frage »Kennen Sie unsere Produktpalette?« nur mit Mühe Puddingpulver und sonst nichts einfällt, geben Sie bezüglich der hier versteckten Arbeitsprobe (Vorbereitung, Wissen, Motivation) ein denkbar ungünstiges Bild ab. Man wird den Eindruck gewinnen, daß Ihre Vorbereitung auf das spezifische Vorstellungsgespräch bei Dr.Oetker und damit Ihre Arbeitseinstellung bzw. -haltung stark zu wünschen übrig läßt. In der Konsequenz entscheidet man sich für einen anderen Bewerber bzw. Bewerberin.

Zunächst steht eine elementare Bestandsaufnahme, Ihre persönliche Standortbestimmung, im Vordergrund:

- Was liegt an Ausbildungs- und Berufserfahrungen hinter Ihnen?

- Wie schätzen Sie sich und Ihre Fähigkeiten ein?
- Wie sieht die aktuelle Situation aus, mit der Sie sich auseinandersetzen müssen?
- Welche Erwartungen an Ihre berufliche und private Zukunft haben Sie?
- Was immer Ihre persönliche Standortbestimmung ergibt – Sie kommen an folgenden vier elementaren Fragen nicht vorbei:
  - Wer bin ich?
  - Was kann ich?
  - Was will ich?
  - Was ist möglich?

Bevor wir uns mit der Schwierigkeit befassen, die Antworten auf diese Fragen in Einklang zu bringen, wenden wir uns ihnen zunächst einzeln zu.

Wetten, daß es Ihnen nicht auf Anhieb gelingt, eine viertel Stunde frei darüber zu sprechen, was Sie alles können? Das ist nicht weiter verwunderlich, so geht es ohne Vorbereitung wohl 99,9% aller Bewerberinnen und Bewerber. Sie aber werden bald zu den 0,1% gehören, die dies können.

Wer Sie sind

In einer Bewerbungssituation müssen Sie Ihrem Gegenüber die wichtigsten positiven Wesenszüge Ihrer Persönlichkeit überzeugend präsentieren können. Nicht selten werden Sie im Vorstellungsgespräch genau so direkt gefragt. Also, versuchen Sie es doch einmal mit folgender Übung: Bitte benennen Sie zum Einstieg in diesen Fragenkomplex jetzt innerhalb einer Minute spontan drei Adjektive, die wichtige Merkmale Ihrer Persönlichkeit zutreffend charakterisieren (am besten bitte gleich hier aufschreiben):

Ich bin

1. …
2. …
3. …

Die Uhr läuft. Bitte lesen Sie nicht weiter, bis Sie sich für die auf Sie zutreffenden Adjektive entschieden und diese zu Papier gebracht haben.

Gar nicht so einfach, oder? Für welche Adjektive, also Eigenschaften, haben Sie sich spontan entscheiden können? Sind Sie mit Ihrer Wahl zufrieden?

Beschreiben diese Adjektive wirklich zentrale, wichtige Eigenschaften? Und können Sie sich mittels dieser spontanen Auswahl einer anderen Person gegenüber adäquat präsentieren?

Wenn Sie sich vorab über die Frage »Wer bin ich?« detailliert Gedanken gemacht haben, so festigt das Ihre psychische Ausgangsposition und damit Ihr Selbstbewußtsein in der Bewerbungssituation.

Als Unterstützung für die Einarbeitung in diese Thematik haben wir nachfolgend eine umfangreiche Liste von Persönlichkeitsmerkmalen zusammengestellt.

Wie schätzen Sie sich selbst ein – zum Beispiel bezüglich des Merkmals, der Eigenschaft »mutig«?

Sicher haben Sie von diesem Adjektiv eine bestimmte Vorstellung, ein Verständnis. Sind Sie also Ihrer Einschätzung nach ein »mutiger« Mensch? Wie stark, glauben Sie, ist das Merkmal »mutig« bei Ihnen ausgeprägt? Wichtig: Es geht allein um Ihre persönliche Einschätzung. Diese brauchen Sie mit niemandem zu diskutieren. Sie müssen sich für Ihre Selbsteinschätzung nicht rechtfertigen.

Um die Ausprägung einzelner Persönlichkeitseigenschaften besser einschätzen zu können, gibt es für jedes Adjektiv eine Skala von +3 bis –3: Die Extrempole sind +3 (= sehr stark ausgeprägt bzw. vorhanden) und –3 (sehr schwach ausgeprägt, kaum vorhanden). Die Mitte liegt bei 0 (teils/teils, weder/noch).

Zunächst einmal geht es wirklich nur um Ihre Selbsteinschätzung. Später, in einem zweiten Schritt, bitten Sie andere Personen, Sie einzuschätzen. Jetzt aber sind erst einmal Sie dran.

Falls Sie zu den einzelnen Merkmalen/Eigenschaften Fragen haben, nicht sicher sind, ob es so oder anders gemeint ist bzw. was eigentlich unter diesem Begriff zu verstehen sei, entscheiden Sie bitte nach Ihrem persönlichen Verständnis.

Wie schätzen Sie sich ein? Bitte kreuzen Sie bei jeder Eigenschaft an, wie ausgeprägt diese Ihrer Meinung nach bei Ihnen ist:

+3 = sehr stark ausgeprägt
+2 = deutlich ausgeprägt
+1 = ausgeprägt
+0 = teils/teils
–1 = weniger ausgeprägt
–2 = schwach ausgeprägt
–3 = sehr schwach ausgeprägt

sympathisch	+3	+2	+1	0	–1	–2	–3
vertrauenswürdig	+3	+2	+1	0	–1	–2	–3
vorsichtig	+3	+2	+1	0	–1	–2	–3
lernbereit	+3	+2	+1	0	–1	–2	–3
lernfähig	+3	+2	+1	0	–1	–2	–3
vertrauensvoll	+3	+2	+1	0	–1	–2	–3
leistungsorientiert	+3	+2	+1	0	–1	–2	–3
sorgfältig	+3	+2	+1	0	–1	–2	–3
aufgeschlossen	+3	+2	+1	0	–1	–2	–3
belastbar	+3	+2	+1	0	–1	–2	–3
ausdauernd	+3	+2	+1	0	–1	–2	–3
zufrieden	+3	+2	+1	0	–1	–2	–3
aggressiv	+3	+2	+1	0	–1	–2	–3
konformistisch	+3	+2	+1	0	–1	–2	–3
dominant	+3	+2	+1	0	–1	–2	–3
gerecht	+3	+2	+1	0	–1	–2	–3
verläßlich	+3	+2	+1	0	–1	–2	–3
wankelmütig	+3	+2	+1	0	–1	–2	–3
zielstrebig	+3	+2	+1	0	–1	–2	–3
geduldig	+3	+2	+1	0	–1	–2	–3
gehemmt	+3	+2	+1	0	–1	–2	–3
vital	+3	+2	+1	0	–1	–2	–3
zweifelnd	+3	+2	+1	0	–1	–2	–3
kompetent	+3	+2	+1	0	–1	–2	–3
flexibel	+3	+2	+1	0	–1	–2	–3
aktiv	+3	+2	+1	0	–1	–2	–3
wagemutig	+3	+2	+1	0	–1	–2	–3
gefühlsbetont	+3	+2	+1	0	–1	–2	–3
anspruchsvoll	+3	+2	+1	0	–1	–2	–3
passiv	+3	+2	+1	0	–1	–2	–3
liebenswert	+3	+2	+1	0	–1	–2	–3
gefühlsorientiert	+3	+2	+1	0	–1	–2	–3
impulsiv	+3	+2	+1	0	–1	–2	–3
durchsetzungsfähig	+3	+2	+1	0	–1	–2	–3
furchtsam	+3	+2	+1	0	–1	–2	–3
sachorientiert	+3	+2	+1	0	–1	–2	–3
fordernd	+3	+2	+1	0	–1	–2	–3
höflich	+3	+2	+1	0	–1	–2	–3
autoritär	+3	+2	+1	0	–1	–2	–3
pflichtbewußt	+3	+2	+1	0	–1	–2	–3
verantwortungsbewußt	+3	+2	+1	0	–1	–2	–3
zuverlässig	+3	+2	+1	0	–1	–2	–3
freundlich	+3	+2	+1	0	–1	–2	–3
glücklich	+3	+2	+1	0	–1	–2	–3
nervös	+3	+2	+1	0	–1	–2	–3
rechthaberisch	+3	+2	+1	0	–1	–2	–3
ordnungsliebend	+3	+2	+1	0	–1	–2	–3
ehrlich	+3	+2	+1	0	–1	–2	–3
loyal	+3	+2	+1	0	–1	–2	–3
schwermütig	+3	+2	+1	0	–1	–2	–3
begeisterungsfähig	+3	+2	+1	0	–1	–2	–3
intrigant	+3	+2	+1	0	–1	–2	–3
ordentlich	+3	+2	+1	0	–1	–2	–3
wählerisch	+3	+2	+1	0	–1	–2	–3
hartnäckig	+3	+2	+1	0	–1	–2	–3
entscheidungsfreudig	+3	+2	+1	0	–1	–2	–3
spontan	+3	+2	+1	0	–1	–2	–3

praktisch	+3	+2	+1	0	–1	–2	–3
beherrscht	+3	+2	+1	0	–1	–2	–3
risikobereit	+3	+2	+1	0	–1	–2	–3
selbstsicher	+3	+2	+1	0	–1	–2	–3
sensibel	+3	+2	+1	0	–1	–2	–3
selbständig	+3	+2	+1	0	–1	–2	–3
offen	+3	+2	+1	0	–1	–2	–3
willensstark	+3	+2	+1	0	–1	–2	–3
zurückgezogen	+3	+2	+1	0	–1	–2	–3
mißtrauisch	+3	+2	+1	0	–1	–2	–3
leidenschaftlich	+3	+2	+1	0	–1	–2	–3
unkompliziert	+3	+2	+1	0	–1	–2	–3
fortschrittlich	+3	+2	+1	0	–1	–2	–3
überzeugungsstark	+3	+2	+1	0	–1	–2	–3
zwanghaft	+3	+2	+1	0	–1	–2	–3
verständnisvoll	+3	+2	+1	0	–1	–2	–3
kontaktfähig	+3	+2	+1	0	–1	–2	–3
verläßlich	+3	+2	+1	0	–1	–2	–3
schlagfertig	+3	+2	+1	0	–1	–2	–3
gründlich	+3	+2	+1	0	–1	–2	–3
ausgeglichen	+3	+2	+1	0	–1	–2	–3
kreativ	+3	+2	+1	0	–1	–2	–3
erfinderisch	+3	+2	+1	0	–1	–2	–3
selbstbewußt	+3	+2	+1	0	–1	–2	–3
introvertiert	+3	+2	+1	0	–1	–2	–3
extrovertiert	+3	+2	+1	0	–1	–2	–3
anpassungsfähig	+3	+2	+1	0	–1	–2	–3
humorvoll	+3	+2	+1	0	–1	–2	–3
konservativ	+3	+2	+1	0	–1	–2	–3
besorgt	+3	+2	+1	0	–1	–2	–3
nachdenklich	+3	+2	+1	0	–1	–2	–3
kooperativ	+3	+2	+1	0	–1	–2	–3
unerschütterlich	+3	+2	+1	0	–1	–2	–3
problembewußt	+3	+2	+1	0	–1	–2	–3
beliebt	+3	+2	+1	0	–1	–2	–3
vernünftig	+3	+2	+1	0	–1	–2	–3
teamfähig	+3	+2	+1	0	–1	–2	–3
kommunikationsfähig	+3	+2	+1	0	–1	–2	–3
integrationsfähig	+3	+2	+1	0	–1	–2	–3
herzlich	+3	+2	+1	0	–1	–2	–3
ruhig	+3	+2	+1	0	–1	–2	–3
kompromißbereit	+3	+2	+1	0	–1	–2	–3
tolerant	+3	+2	+1	0	–1	–2	–3
zuhörbereit	+3	+2	+1	0	–1	–2	–3
selbstkritisch	+3	+2	+1	0	–1	–2	–3
kränkbar	+3	+2	+1	0	–1	–2	–3
hilfsbereit	+3	+2	+1	0	–1	–2	–3
einfühlsam	+3	+2	+1	0	–1	–2	–3
gelassen	+3	+2	+1	0	–1	–2	–3
unparteiisch	+3	+2	+1	0	–1	–2	–3
gütig	+3	+2	+1	0	–1	–2	–3
willensstark	+3	+2	+1	0	–1	–2	–3
unberechenbar	+3	+2	+1	0	–1	–2	–3
präzise	+3	+2	+1	0	–1	–2	–3
____________	+3	+2	+1	0	–1	–2	–3
____________	+3	+2	+1	0	–1	–2	–3
____________	+3	+2	+1	0	–1	–2	–3

Nachdem diese Liste von Ihnen bearbeitet wurde: Gibt es Adjektive, die Sie vermißt haben oder die Ihnen jetzt bzw. im Laufe der nächsten Zeit (ein, zwei Tage) einfallen und um die Sie die Liste ergänzen möchten? Würden diese neuen, von Ihnen beigesteuerten Merkmale die Bewertung +3, 0 oder –3 bekommen? Ergänzen Sie diese Liste um diese Adjektive.

Nun schauen Sie sich alle Adjektive an, die die Bewertung +3, 0 und –3 erhalten haben (vielleicht mit einem Textmarkierer hervorheben). Auf wie viele Adjektive trifft das zu? Sind es 5, 15 oder vielleicht sogar 25 und noch mehr? Am besten bilden Sie – z. B. mittels Karteikärtchen – drei Gruppen: Eine 0-Gruppe, eine +3 und eine –3 Gruppe.

Was fällt Ihnen zu diesen Adjektiven und zu den verschiedenen Gruppen ein? Gibt es Zusammenhänge zwischen einzelnen Adjektiven im +3er bzw. im –3er Bereich? Was wären die fünf wichtigsten positiven Merkmale, die Sie wirklich zutreffend charakterisieren?

Formulieren Sie das für die eindeutig positiven Aussagen, also: Ich bin ein sehr ... (z. B. lernbereiter) Mensch bzw.: Ich bin ein so gut wie überhaupt nicht ... (z. B. kränkbarer) Mensch.

Anschließend wenden Sie sich den negativen Merkmalen zu, die Sie charakterisieren. Auch hier sind wieder beide Formulierungen möglich, also: Ich bin ein sehr ... (z. B. nervöser) Mensch bzw.: Ich bin ein so gut wie überhaupt nicht ... (z. B. pflichtbewußter) Mensch.

Daß »sympathisch« und »aktiv« positive Adjektive sind, leuchtet jedem ein. Ebenso liegt auf der Hand, daß »rechthaberisch« und »aggressiv« eher negative Eigenschaften beschreiben. Aber schon bei den Adjektiven »unparteiisch«, »fordernd« oder »wagemutig« ist die Schwarzweiß-Zuordnung (gut/böse, gewünscht/unerwünscht) nicht so einfach möglich. Neben Ihrer subjektiven Einschätzung bezogen auf das Adjektiv (z. B. wagemutig) kommt es ganz sicher auf die Ausprägung an (also +3 oder –3).

Die Bewertung einer Eigenschaft als positiv kann von Beurteiler (z. B. Personalchef) zu Beurteiler, aber auch von Beruf zu Beruf schwanken. Ein sich als sehr stark zurückgezogen (+3) charakterisierender Chefleuchtturmwärter kommt in der Beurteilung anders weg als ein Hotelchefportier, der sich ebenso (stark zurückgezogen +3) beschreibt. Zugegeben: an den Haaren herbeigezogen, aber diese Beispiele sollen nur der Verdeutlichung dienen.

Hier geht es darum, daß Sie mit den Ihnen in der Bewerbungsvorbereitungsphase zur Verfügung stehenden Gesprächspartnern eine erste Diskussions- und Reflexionsgrundlage bezüglich Ihrer Persönlichkeitsmerkmale haben.

Aus diesem Grund schlagen wir Ihnen nun vor, die vorgegebenen Adjektive wahlweise mit

einem + = unbedingt positive Eigenschaft,
einer 0 = teils/teils wünschenswert und
einem – = unbedingt negative Eigenschaft
zu versehen.

Für die nächste Einschätzung *rating* Ihrerseits markieren Sie bitte die Ihrer Meinung nach in Ihrem angestrebten Aufgaben- und Arbeitsgebiet wichtigen Adjektive. Dabei handelt es sich um positive Eigenschaften (+3), die unbedingt vorhanden sein sollten, aber auch um negative Adjektive, die möglichst überhaupt nicht (–3) bei einem Bewerber in diesem Metier ausgeprägt sein dürfen. Beispiel Außendienstmitarbeiter/Versicherung: aktiv +3, kränkbar –3.

Eine weitere Nutzungsmöglichkeit der Adjektivliste besteht darin, mit einem andersfarbigen Stift jeweils diejenigen Eigenschaften zu markieren, von denen Sie glauben, daß sie sich Ihr Interviewpartner in Ihrer konkreten Bewerbungssituation von einem Idealkandidaten wünscht.

Der Vergleich dieser beiden Profile (Selbstbild/imaginäres Idealbild; Markierungen am besten durch eine Linie verbinden) ergibt weiteren Stoff zum Nachdenken.

Ferner haben Sie die Möglichkeit, mit Hilfe der Adjektivliste im Anhang (S. 284) Kopien zu erstellen und diese ausgewählten Personen Ihrer Umgebung mit der Bitte vorzulegen, *Sie* einzuschätzen. Wiederum ergibt der Vergleich beider Profile (Selbst- und Fremdbild) Anregungen zur Reflexion. Dabei spielt natürlich die Auswahl Ihrer Einschätzer eine wichtige Rolle.

Eine modifizierte Adjektivliste könnte z. B. nur aus den Merkmalen bestehen, die Sie mit +3, –3 und 0 gekennzeichnet haben. Diese kürzere Liste ist leichter zu handhaben und daher anderen für die Fremdeinschätzung eher zuzumuten.

Und wozu das Ganze? Nachdem Sie Ihr Selbstbild erstellt haben, wird jede Fremdeinschätzung, die sich deutlich von Ihrer Selbsteinschätzung und -beurteilung unterscheidet, Anlaß zu einigen angenehmen wie vielleicht auch unangenehmen Überlegungen sein.

Im wesentlichen geht es um drei Punkte: Wo bestehen Diskrepanzen zwischen Selbst- und Fremdbild? Wie stark sind die? Gibt es Erklärungen für die unterschiedlichen Einschätzungen?

Beim Vergleich Ihrer Selbsteinschätzung mit dem Bild einzelner Personen, das diese von Ihnen haben, wird sich natürlich ergeben, daß Ihr(e) Lebenspartner(in) und Ihr(e) beste(r) Freund/Freundin Sie anders einschätzen als irgend ein Kollege, ein Vorgesetzter oder Ihre Geschwister. Das Interessante ist die Summe der Fremdbilder bzw. der Mittelwert.

Beispiel: Die Personen A, B, C, D, E schätzen Sie für das Merkmal »entscheidungsfreudig« wie folgt ein:

Person A:	–2
Person B:	–1
Person C:	+1
Person D:	+1
Person E:	+3
Ergebnis:	2:5 = 0,4

Das rechnerische Ergebnis relativiert also die subjektiven Einschätzungen der verschiedenen Befragten.

Nachdem Sie sich mit mehreren Fremdeinschätzungen auseinandergesetzt haben, übertragen Sie bitte Ihre Selbsteinschätzung und die Mittelwert-Fremdeinschätzung in die vorstehende Tabelle: Selbst- und Fremdbild in unterschiedlichen Farben, anschließend Punkte verbinden, so daß zwei Profile entstehen (siehe zusätzliche Tabellen im Anhang).

Die beiden Profile werden sich streckenweise überschneiden, aber auch voneinander abweichen. Dies gibt Diskussionsstoff für Selbst- und andere Gespräche. Besonders interessant sind die äußeren Skalenpositionen.

Schließlich, nach dieser intensiven Auseinandersetzung mit der Adjektivliste sowie Ihrer eigenen und fremder Einschätzung, wird es Ihnen sicherlich leichter fallen, Ihre Stärken, aber auch Ihre Schwächen zu benennen.

Sie gehen mit mehr Selbstvertrauen bezüglich der eigenen positiven Eigenschaften in das Bewerbungsverfahren und insbesondere in das Vorstellungsgespräch. Sie sind sensibilisiert für Ihre persönlichen Merkmale bzw. Charakterzüge und für die potentiellen Erwartungen Ihres Gegenübers.

Spätestens nach diesem Procedere sind Sie in der Lage, etwa fünf positive, aber auch möglicherweise drei bis fünf negative Eigenschaften zu nennen, die Ihre Person zutreffend beschreiben. Das heißt natürlich nicht, daß Sie auf die berühmt-berüchtigte Frage im Vorstellungsgespräch »Nennen Sie fünf positive und fünf negative Eigenschaften von sich« mit Adjektiven aus dem von Ihnen erarbeiteten »Negativbereich« antworten müssen. Gegebenenfalls orientieren Sie sich hierbei gezielt an den Erwartungen Ihres Gegenübers – denn Sie wissen jetzt besser Bescheid und können mit diesen Fragen ganz anders umgehen.

Im Vorstellungsgespräch sollten Sie bei diesen Themen aber nicht nur die angemessenen Adjektive einbringen, sondern auch glaubhaft Situationen schildern können, in denen diese Eigenschaften zum Tragen kamen. Seien Sie übrigens darauf gefaßt, daß man Sie sehr genau erklären läßt, was Sie denn z. B. unter der Eigenschaft »gelassen« verstehen.

Was Sie gut können

Auf die Klärung Ihrer beruflichen Qualifikationsmerkmale zielt die Fragestellung »Was kann ich?« (aber auch: »Was nicht?«) hin. Detailliert geht es um folgende Fragen:

- Wo, glauben Sie, liegen – aufgrund Ihrer Ausbildung und Erfahrung, aber auch sonstiger Neigungen und Interessen – Ihre wichtigsten Fähigkeiten für die angestrebte neue berufliche Position?
- Auf welchen zukünftigen beruflichen Gebieten vermuten Sie (zunächst) Defizite und warum?
- Durch welche besonderen Aktivitäten und/oder Fähigkeiten zeichnen Sie sich in Ihrer Freizeit aus?
- Auf welchen außerberuflichen Gebieten wünschen Sie sich mehr Fähigkeiten oder ein stärkeres Engagement?

Grob zu unterscheiden sind berufliche und nicht berufliche Fähig- bzw. Fertigkeiten. Wie kommen Sie nun aber diesen Kompetenzmerkmalen auf die Spur? Wo anfangen, und vor allem: worauf kommt es wirklich an? Auch hier geht es natürlich vor allem um Ihren persönlichen Standort, um Ihre Ausgangsposition und um das von Ihnen angestrebte Ziel, den Arbeitsplatz und seine speziellen Anforderungen. Einige Beispiele:

- In welchen Schul-, Studien- und Berufsausbildungsfächern waren Sie gut bzw. an welchen hatten Sie ein starkes Interesse?
- Welche handwerklichen, technischen oder künstlerischen (musischen) Fähigkeiten haben Sie?
- Verfügen Sie über eine besondere Kompetenz im Umgang mit Menschen und/oder haben Sie organisatorisches Geschick (vielleicht hat man Sie zum Vorsitzenden oder Schatzmeister eines Vereins gemacht, weil viele Menschen Ihnen vertrauen oder Sie Geschick im Umgang mit den Vereinsfinanzen bewiesen haben – beruflich machen Sie aber etwas ganz anderes)?
- Haben Sie Hobbys oder ausgeprägte (außerberufliche) Interessen, bei denen Ihre besonderen Fähigkeiten deutlich werden (z. B. Schachspielen = logisch-analytisches Denken oder Angeln = Geduld, Ausdauer, Gelassenheit; es könnte aber auch der erfolgreiche Mannschaftssport sein, der für Ihren Teamgeist spricht)?

Systematischer läßt sich ein Profil der eigenen Fähigkeiten aufstellen, indem man Ausbildungs- und berufliche Qualifikationsmerkmale und außerberufliche (Freizeit)-Fähigkeiten zunächst einmal getrennt untersucht.

Nach der (am besten schriftlichen) Bearbeitung der oben aufgeführten Hauptfragen soll Ihnen die folgende Selbstbeurteilungsmöglichkeit helfen, diese beiden Schwerpunktbereiche Ihrer persönlichen Standortbestimmung detaillierter zu erfassen.

Sie finden auf den nächsten Seiten eine umfangreiche Liste von Kompetenzmerkmalen. Wie schätzen Sie sich selbst bezüglich dieser Fähigkeiten ein? Für jedes Merkmal gibt es wiederum eine Skala von +3 bis –3. Auch die Abstufungen und Bedeutungen bezüglich der Ausprägung und des Vorhandenseins kennen Sie bereits: Die Extrempole sind +3 (= sehr stark ausgeprägt bzw. vorhanden) und -3 (sehr schwach ausgeprägt, kaum vorhanden), die Mitte liegt bei 0 (teils/teils, weder/noch). Falls Sie zu den einzelnen Merkmalen, Fähigkeiten Fragen haben, nicht sicher sind, ob es so oder anders gemeint ist bzw. was eigentlich unter diesem Begriff zu verstehen ist, entscheiden Sie für sich, was Sie darunter verstehen.

Zunächst geht es wieder nur um Ihre Selbsteinschätzung. In einem zweiten Schritt bitten Sie andere Personen, Sie einzuschätzen.

Wie schätzen Sie sich ein? Bitte kreuzen Sie bei jeder Eigenschaft an, wie ausgeprägt diese Ihrer Meinung nach bei Ihnen ist:

+3 = sehr stark ausgeprägt
+2 = deutlich ausgeprägt
+1 = ausgeprägt
+0 = teils/teils
–1 = weniger ausgeprägt
–2 = schwach ausgeprägt
–3 = sehr schwach ausgeprägt

Unternehmerisches Denken	+3	+2	+1	0	–1	–2	–3
Leistungsbereitschaft	+3	+2	+1	0	–1	–2	–3
Streßtoleranz	+3	+2	+1	0	–1	–2	–3
Flexibilität	+3	+2	+1	0	–1	–2	–3
Kostenbewußtsein	+3	+2	+1	0	–1	–2	–3
Analytisches Denken	+3	+2	+1	0	–1	–2	–3
Fremdsprachenkenntnisse	+3	+2	+1	0	–1	–2	–3
Branchenkenntnisse	+3	+2	+1	0	–1	–2	–3
Produktkenntnisse	+3	+2	+1	0	–1	–2	–3
Mitarbeiter-Betreuungsfähigkeit	+3	+2	+1	0	–1	–2	–3
Mitarbeiter-Auswahlfähigkeit	+3	+2	+1	0	–1	–2	–3
Mitarbeiter-Förderungsbereitschaft	+3	+2	+1	0	–1	–2	–3
Kritikfähigkeit	+3	+2	+1	0	–1	–2	–3
Strategisches Denken	+3	+2	+1	0	–1	–2	–3
Überzeugungspotential	+3	+2	+1	0	–1	–2	–3
Tatkraft	+3	+2	+1	0	–1	–2	–3
Rhetorik	+3	+2	+1	0	–1	–2	–3
Gesprächsführung	+3	+2	+1	0	–1	–2	–3
Sicherheitsdenken	+3	+2	+1	0	–1	–2	–3
Diplomatie	+3	+2	+1	0	–1	–2	–3
Verläßlichkeit	+3	+2	+1	0	–1	–2	–3
Lernfähigkeit	+3	+2	+1	0	–1	–2	–3
Auffassungsvermögen	+3	+2	+1	0	–1	–2	–3
Aufgeschlossenheit	+3	+2	+1	0	–1	–2	–3
Selbstdisziplin	+3	+2	+1	0	–1	–2	–3
Belastbarkeit	+3	+2	+1	0	–1	–2	–3
Ausdauer	+3	+2	+1	0	–1	–2	–3
Geduld	+3	+2	+1	0	–1	–2	–3
Pflichtbewußtsein	+3	+2	+1	0	–1	–2	–3
Verantwortungsbewußtsein	+3	+2	+1	0	–1	–2	–3
Zuverlässigkeit	+3	+2	+1	0	–1	–2	–3
Ordnungssinn	+3	+2	+1	0	–1	–2	–3
Loyalität	+3	+2	+1	0	–1	–2	–3
Begeisterungsfähigkeit	+3	+2	+1	0	–1	–2	–3
Zielstrebigkeit	+3	+2	+1	0	–1	–2	–3
Organisationsvermögen	+3	+2	+1	0	–1	–2	–3
Eigeninitiative	+3	+2	+1	0	–1	–2	–3
Entscheidungsfähigkeit	+3	+2	+1	0	–1	–2	–3
Durchsetzungsvermögen	+3	+2	+1	0	–1	–2	–3
Überzeugungskraft	+3	+2	+1	0	–1	–2	–3
Kreativität	+3	+2	+1	0	–1	–2	–3
Kontaktfähigkeit	+3	+2	+1	0	–1	–2	–3
Anpassungsfähigkeit	+3	+2	+1	0	–1	–2	–3
Teamfähigkeit	+3	+2	+1	0	–1	–2	–3
Kommunikationsfähigkeit	+3	+2	+1	0	–1	–2	–3
Kompromißbereitschaft	+3	+2	+1	0	–1	–2	–3
Toleranzfähigkeit	+3	+2	+1	0	–1	–2	–3

Zuhör-Fähigkeit	+3	+2	+1	0	–1	–2	–3
Planerisches Handeln	+3	+2	+1	0	–1	–2	–3
Delegationsfähigkeit	+3	+2	+1	0	–1	–2	–3
Repräsentationsfähigkeit	+3	+2	+1	0	–1	–2	–3
Anleitungsfähigkeit	+3	+2	+1	0	–1	–2	–3
Führungsfähigkeit	+3	+2	+1	0	–1	–2	–3
Verhandlungsgeschick	+3	+2	+1	0	–1	–2	–3
Sprachliche Ausdrucksfähigkeit	+3	+2	+1	0	–1	–2	–3
Problemlösungsfähigkeit	+3	+2	+1	0	–1	–2	–3
Musische Fähigkeiten	+3	+2	+1	0	–1	–2	–3
Innovationsbefähigung	+3	+2	+1	0	–1	–2	–3
Technisches Verständnis	+3	+2	+1	0	–1	–2	–3
______________________	+3	+2	+1	0	–1	–2	–3
______________________	+3	+2	+1	0	–1	–2	–3
______________________	+3	+2	+1	0	–1	–2	–3

Nachdem Sie diese Liste bearbeitet haben: Gibt es Merkmale, die Sie vermißt haben oder die Ihnen jetzt bzw. im Laufe der nächsten ein, zwei Tage einfallen? Würden diese neuen, von Ihnen beigesteuerten Fähigkeiten die Bewertung +3, 0 oder –3 bekommen? Ergänzen Sie die Liste entsprechend.

Nun schauen Sie sich zunächst wieder einmal alle Merkmale an, die die Bewertung +3, 0 und –3 erhalten haben (vielleicht mit einem Textmarkierer hervorheben). Auf wie viele Merkmale trifft das zu?

Dann bilden Sie wieder mittels Karteikärtchen drei Gruppen: eine 0-Gruppe, eine +3 und eine –3-Gruppe.

Was fällt Ihnen zu den einzelnen Fähigkeiten und zu den drei Gruppen ein? Gibt es Zusammenhänge zwischen einzelnen Merkmalen im +3er bzw. im –3er Bereich? Was wären die fünf wichtigsten positiven Merkmale, die Sie wirklich zutreffend auszeichnen? Formulieren Sie das für die eindeutig positiven Aussagen; also: Ich zeichne mich aus durch besondere ... (z. B. Branchenkenntnisse +3).

Anschließend wenden Sie sich Merkmalen, Fähigkeiten zu, deren Ausprägungsgrad Sie mit –3 gekennzeichnet haben und somit ein Defizit, eine negative Aussage beinhalten, beschreiben. Das Merkmal ... (z. B. musische Fähigkeiten / –3) ist bei mir sehr schwach ausgeprägt.

Übrig bleiben die Merkmale, die Sie mit 0 (teils/teils) angekreuzt haben. Überprüfen Sie noch einmal, ob Ihre Einschätzung richtig ist. Gerade bei diesen Fähigkeiten wäre es sehr interessant, ob auch andere Sie in dieser Teils/teils-(Weder/noch-)Position sehen. Dazu gleich mehr.

Wie bei den Eigenschaften sollten Sie nun die Ihrer Meinung nach in dem von Ihnen angestrebten Aufgaben- und Arbeitsgebiet wichtigsten Fähigkeiten und Merkmale markieren. Außerdem sollten Sie mit einem andersfarbigen Stift jeweils diejenigen Qualifikationsmerkmale kennzeichnen, von denen Sie glauben, daß sie sich Ihr Interviewpartner von einem Idealkandidaten wünscht. Der Vergleich dieser beiden Profile (Selbstbild/imaginäres Idealbild; Markierungen durch eine Linie verbinden) ergibt weiteren Stoff zum Nachdenken.

Nutzen Sie wiederum Kopien der im Anhang (S. 287) wiedergegebenen Merkmalliste, um ausgewählte Personen Ihrer Umgebung um eine Fremdeinschätzung zu bitten. Vielleicht erleichtern Sie diesen Personen die Arbeit wieder mit der möglichen Liste, die nur aus Fähigkeiten besteht, die Sie mit +3, –3 und 0 gekennzeichnet haben.

Die Bearbeitung der Qualifikations-Merkmalliste führt wie bei der Adjektivliste zu einem verbesserten Selbstbewußtsein über die eigenen Fähigkeiten und ermöglicht gezieltes Arbeiten an den im Selbst- oder Fremdbild offenbar gewordenen Defiziten.

Jedenfalls sind Sie nun besser in der Lage, etwa fünf positive, aber auch möglichwerweise drei bis fünf defizitäre Merkmale zu benennen, die Ihre Fähigkeiten, Ihr Können und Nichtkönnen zutreffend beschreiben.

Auch hier gilt unsere Empfehlung, im Vorstellungsgespräch zu Fragen nach Ihren Qualifikationsmerkmalen diese positiven Fähigkeiten nicht nur vorzutragen, sondern auch glaubhaft Situationen schildern zu können, in denen Sie diese bewiesen haben.

Was Sie wirklich wollen

Bei der Beantwortung dieser Frage sind – ebenfalls mit Überschneidungsmöglichkeiten – private und berufliche Ziele zu unterscheiden.

Auf den ersten Blick scheint sie leichter beantwortbar zu sein als die Frage nach den eigenen Fähigkeiten (wer lobt sich schon gerne selbst ...). Aber der Teufel sitzt – wie immer – im Detail und in der Präzisierung. Also sollten Sie sich auch dieser Frage mit Papier, Bleistift und genügend Zeit intensiv widmen.

Vorstellbar ist jedoch auch eine existentielle berufliche Drucksituation, die die Frage »Was will ich?« fast luxuriös erscheinen läßt, weil die Kurzantwort »Arbeit und damit Geld« im Vordergrund steht. Doch trotz eventueller Probleme und berechtigter Sorgen ist eine intensive Auseinandersetzung mit den persönlichen Zielvorstellungen sinnvoll. Die resignativ-depressive Haltung »In meiner Situation nehme ich jede akzeptable Aufgabe an« verbessert nicht die beruflichen Zukunftsaussichten, so subjektiv verständlich sie auf den ersten Blick auch erscheinen mag (siehe dazu das Kapitel »Der Glaube an sich selbst«, S. 14 ff.).

Zum Einstieg in die Thematik empfehlen wir, sich mit den zehn Kernaussagen zur Arbeitssuche zu befassen, die David Maister, ein amerikanischer Arbeitsforscher, aufgestellt hat (zit. in Anlehnung an R.N. Bolles, *Job Hunting*, München 1970):

1. Sie können sich nicht wirklich darüber klarwerden, was Sie von Ihrem Berufsleben erwarten, wenn Sie nicht wissen, was Sie von Ihrem Leben erwarten.
2. Suchen Sie sich keinen Arbeitsplatz, bevor Sie nicht wirklich darüber nachgedacht haben, was Erfolg für Sie bedeutet.
3. Bestimmen Sie zuerst, was Sie im Leben erreichen wollen, und machen Sie sich erst dann auf den Weg zu Ihren Zielen.
4. Man kann schnell einer (Selbst-)Täuschung unterliegen, wenn es um die Frage geht: Was erwarte ich vom Leben?
5. Viele Leute um Sie herum sagen Ihnen, was Sie vom Leben erwarten sollten: Ihre Eltern, Lehrer, ältere Geschwister, Freunde. Sie müssen die Ratschläge anderer Menschen für sich nicht akzeptieren. Gehen Sie Ihren eigenen Weg.
6. Streichen Sie bei der Arbeitsplatzsuche das Wort »sollte« aus Ihrem Vokabular.
7. Die meisten Menschen sind permanent bemüht, andere Menschen zu beeindrucken. Finden Sie heraus, wen Sie beeindrucken wollen und warum.
8. Man kann nicht alle Menschen gleichermaßen beeindrucken. Manche sind durch Geld, Status, Intellekt, Charakter, Fertigkeiten usw. zu beeindrucken. Weshalb wollen Sie bewundert werden und von wem? Wir wünschen uns alle Beachtung und Wertschätzung. Die Frage ist nur, in wessen Augen.
9. Keiner spricht gerne offen von seinen Wünschen, z. B. steinreich werden zu wollen, immer im Mittelpunkt des Interesses zu stehen, von allen bewundert zu werden, Macht ausüben zu können usw. Überwinden Sie sich, und gestehen Sie sich schonungslos ein, was Sie gegenüber anderen nicht so gerne zugeben würden. Es hilft Ihnen, herauszufinden, worum es Ihnen wirklich geht.
10. Sorgen Sie sich nicht, ob Sie eine berufliche Aufgabe gut lösen können. Wenn es die richtige Herausforderung für Sie ist, wenn Sie Spaß und Erfüllung dabei haben, werden Sie diese Aufgabe schon gut bewältigen.

Es lohnt sich, länger über diese Anregungen nachzudenken. Auch die weiteren Fragen sollen Ihnen bei der Zielfindung behilflich sein:

Zur persönlichen Situation:

- Was haben Sie bisher in Ihrem Leben erreicht?
- Was haben Sie bisher trotz guter Vorsätze nicht erreicht und warum?
- Was mißfällt Ihnen an Ihrer jetzigen persönlichen Situation?
- Was möchten Sie an Ihrer jetzigen persönlichen Situation am schnellsten ändern, und was kann noch warten?
- Wie sieht Ihre Partner- bzw. familiäre Situation aus, und gibt es da größere Probleme?
- Wer fördert bzw. behindert Sie in Ihrer persönlichen Entwicklung?
- Welchen Einfluß auf Ihre persönlichen Zielvorstellungen und Entscheidungen haben Ihr/e Partner/in, Ihre Kinder, Freunde und andere Bezugspersonen?
- Welche Ihrer persönlichen Eigenschaften und Fähigkeiten sind für Ihre Mitmenschen besonders wertvoll bzw. wichtig?
- Welchen Einfluß hat Ihre angestrebte Berufstätigkeit vermutlich auf Ihr Privatleben? Und umgekehrt: Welchen Einfluß hat Ihr Privatleben auf Ihren Beruf?
- Welche persönlichen Gründe sprechen gegen einen Arbeitsplatz-, Branchen- und/oder Berufswechsel?
- Welche persönlichen Gründe sprechen gegen einen Ortswechsel?
- Welche persönlichen Schwierigkeiten sehen Sie in der Zukunft für sich?
- Fühlen Sie sich einer deutlichen Veränderung des Arbeitsplatzes und des Berufs- und Lebensumfeldes gewachsen?

Zur beruflichen Situation:

- Was haben Sie bisher beruflich erreicht?
- Was haben Sie bisher trotz Ihrer Vorsätze beruflich nicht erreicht und warum?
- Was läßt bei Ihnen sowohl generell als auch konkret berufliche Zufriedenheit bzw. Unzufriedenheit entstehen?
- Was mißfällt Ihnen an Ihrer jetzigen beruflichen Situation?
- Was möchten Sie an Ihrer jetzigen beruflichen Situation am schnellsten ändern, und was kann noch warten?
- Welche Ihrer beruflichen Kenntnisse und Fähigkeiten sind für Ihren

zukünftigen Arbeitgeber und Ihre Kollegen besonders wertvoll bzw. wichtig?
- Fühlen Sie sich in beruflicher Hinsicht z.Z. eher über- oder unterfordert, und worin ist dies begründet?
- Wie kommen Sie mit Ihren Vorgesetzten bzw. Kollegen aus?
- Welche beruflichen Förderer und »Steine-in-den-Weg-Leger« haben Sie?
- Und wer könnte das in Zukunft sein?
- Wie sehen Ihre beruflichen Ziele aus, bezogen auf Position und Verdienst?
- Welche Chancen für Entwicklung und Aufstieg haben Sie an Ihrem jetzigen Arbeitsplatz?
- Wie sind die generellen Zukunftsaussichten an Ihrem Arbeitsplatz (in Ihrer Branche, in Ihrem Beruf)?
- Welche beruflichen Schwierigkeiten sehen Sie in der Zukunft für sich?
- Sind Sie mit den Leistungen (Bezahlung, Sozialleistungen, Extras etc.) Ihres jetzigen Arbeitgebers zufrieden?
- Welchen Einfluß auf Ihre beruflichen Zielvorstellungen und Entscheidungen haben Ihr/e Partner/in, Ihre Kinder, Freunde und andere Bezugspersonen?
- Welche Gründe sprechen für einen beruflich begründeten Ortswechsel? Sind Sie diesbezüglich flexibel?
- Trauen Sie sich zu, eine völlig neue berufliche Aufgabe zu übernehmen?

Versuchen Sie, aus der schriftlichen Beantwortung jeder einzelnen Frage jeweils Schlüsselworte zu entwickeln, die Ihr Ziel kurz und prägnant beschreiben. Abstrahieren Sie dabei ruhig, verkürzen und vereinfachen Sie gegebenenfalls, und bringen Sie die für Sie ganz persönlich wichtigen Dinge »auf den Punkt«.

Eine Rangfolge der Zielvorstellungen hilft Ihnen, Prioritäten zu erkennen und Schwerpunkte zu bilden. Eine solche persönliche und berufliche Situationsanalyse verschafft Ihnen Klarheit und hilft Ihnen bei der Abwägung von Gründen für oder gegen einen Arbeitsplatz, auch wenn er völlig andere Aufgaben als die derzeit von Ihnen bewältigten beinhaltet. Wichtig dabei ist auch die neu gewonnene verbale Kompetenz bezüglich der Frage: »Was wollen Sie eigentlich, was ist wirklich wichtig für Sie?«

Was alles möglich ist

Vorsicht, glauben Sie nicht leichtfertig schnell gemachten Versprechungen, egal von welcher Seite. Vom Tellerwäscher zum Millionär, vom Schauspieler zum Präsidenten – all das kann möglich werden, ist aber natürlich nicht Grundlage Ihres Handelns. Andererseits: Wer gegen seine Wünsche und Vorstellungen vorschnell die Schere im Kopf ansetzt, erreicht weniger, als möglicherweise für ihn drin wäre. Visionen, Vorstellungen und auch Träume zu haben sind ja oft erst der Motor des Erfolgs, was auch der Wissenschaftler und Manager Rolf Berth bestätigen kann. Er hat jahrelang große und keine Unternehmen untersucht und eine Krise des Managements festgestellt. Der Grund: es werde gestrichen und gekürzt, doch eine *Vision* von der Zukunft habe kaum einer in den Führungsetagen. Deshalb müsse eine kluge Personalpolitik der Kreativität eine Gasse bahnen.[4]

Der schmale Grat, auf dem Sie zwischen den Extremen von zu wenig, aber auch zu viel Phantasie wandeln, Ihre persönliche, richtige Balance ist individuell herauszufinden.

Was alles möglich sein kann, haben beispielsweise mehrere designierte bundesdeutsche Wirtschaftsminister gezeigt, als sie vor ihrer Wahl offen erklärten, von Wirtschaft nicht allzuviel zu verstehen. Ex-Wirtschaftsminister Bangemann wußte einmal auf die Frage eines Journalisten, wie viele Nullen eine Milliarde hat, keine Antwort. Gleichwohl nahm aber jeder Wirtschaftsminister fraglos für sich in Anspruch, der richtige Mann für diese Aufgabe zu sein. Bemerkenswerte Beispiele für Mut und Selbstbewußtsein – so weit hergeholt sie auch auf den ersten Blick erscheinen mögen.

Schön wäre es, wenn wir Ihnen auch für den Aspekt »Was ist möglich?« einen durch Fragen gesteuerten Leitfaden als Analysehilfe vorstellen könnten. Aber wir glauben, daß die Frage nach Ihren individuellen Möglichkeiten nicht auf eine pauschale Art und Weise behandelt werden kann.

Wichtig erscheint uns jedoch, auf folgendes noch einmal hinzuweisen: Jeder Mensch neigt dazu, in einer persönlichen und beruflichen Übergangs- bzw. Krisensituation seinen Handlungsspielraum und seine Gestaltungsmöglichkeiten zu unterschätzen. Die Schere im Kopf beschneidet uns in so einer Situation dann auch noch unnötigerweise in unserer Aktivität. Schließlich geht es doch um nichts Geringeres, als um die Verwirklichung der individuellen beruflichen Identität.

Die Erkenntnisse aus der ersten, zweiten und dritten Situationsanalyse

(Was für ein Mensch bin ich? Was kann ich? Was will ich?) müssen mit der Realität (Was ist möglich?) in Einklang gebracht werden. Dabei sollte man aber nicht nur seinen eigenen Realitätssinn als Maßstab nehmen, sondern auch andere Personen und deren Blick für die Möglichkeiten einbeziehen. Gespräche mit dem Lebenspartner, Freunden, Bekannten, Fachberatern (Arbeitsamt, Personalberatungsunternehmen etc.) bis hin zu Berufskollegen können sehr hilfreich sein.

Es sind individuelle Ausgangssituationen denkbar, die die Frage nach dem, was möglich ist, nicht einfach beantwortbar machen. Versuchen Sie, wenn irgend möglich, sich mit diesem Thema nicht allein herumzuquälen. Beteiligen Sie andere Personen an Ihrem Denkprozeß. Greifen Sie auf das Phantasiepotential Ihrer Mitmenschen zurück.

Erwartungen – Wissen, worauf es ankommt

Worum geht es bei Führungskräften, was sind die persönlichen und beruflichen Anforderungen, die es zu erfüllen gilt?

»Persönlichkeit« und »Kommunikationsfähigkeit« zählen zu den wichtigsten globalen Einstellungskriterien z.B. bei der *Allianz* – so das Fazit eines *FAZ*-Artikels über angehende Führungskräfte dieses Versicherungskonzerns.

Auch für den Personalchef der *Preussag AG* steht die Persönlichkeit des Bewerbers im Mittelpunkt und weniger dessen akademische Herkunft. Weitere erwünschte Bewerbereigenschaften sind Engagement, Begeisterungsfähigkeit, Teamgeist und »Biß«.

Unsere zehnjährige Forschungs- und Beratungsarbeit zur speziellen Thematik »Prüfungssituation Bewerbung« hat als Quintessenz drei entscheidende Faktoren ergeben, um deren Überprüfung es aus Arbeitgebersicht geht.

Diese drei Essentials der Bewerbungssituation sind:

- die Persönlichkeit der Bewerberin/des Bewerbers
- die Leistungsmotivation und
- die Kompetenz

Das bedeutet:

1. Mobilisiert die Bewerberin oder der Bewerber Sympathiegefühle, kann man sich mit ihr oder ihm wohlfühlen, und paßt er/sie zum Team, zum Unternehmen (bzw. zur Institution)?
2. Was bewegt diese Personen, was sind ihre Motive für Arbeitsplatz- und Aufgabenwahl, und sind sie motiviert, Außerordentliches zur Verwirklichung von Unternehmens- bzw. Institutionszielen zu leisten?
3. Verfügen sie über die erforderlichen generellen wie fachlichen Qualifikationsmerkmale (Ausbildung/Berufserfahrung)?

Während Sympathie (wie auch Antipathie) bei einer ersten Begegnung sofort spontan affektiv spürbar ist, werden die Schlüsselmerkmale Leistungsmotivation und Kompetenz attribuiert, da es Merkmale sind, die sich nicht unmittelbar affektiv mitteilen und sich nicht so schnell offenbaren wie das zentrale, auf die Persönlichkeit bezogene und auch durch unbewußte Faktoren mitgesteuerte Sympathiegefühl.

Aus Bewerbersicht muß es daher Ziel sein, diese drei Essentials (Persönlichkeit, Leistungsmotivation und Kompetenz) während des gesamten Bewerbungsverfahrens als Signale so »auszusenden«, daß sie beim Arbeitgeber »ankommen«. Nur wenn Ihre Botschaft richtig ankommt, kommen auch Sie an.

Fokus Persönlichkeit

Sie erinnern sich an die intensive Auseinandersetzung mit den vier Fragen zu Ihrer Standortbestimmung: Wer bin ich? Was kann ich? Was will ich? Was ist möglich?

Ihre Ausarbeitungsergebnisse fließen jetzt direkt in die Themen Persönlichkeit, Leistungsmotivation und Kompetenz ein. Nun kommt es auf die von Ihnen ausgewählten Keywords an.

- Was für ein Mensch sind Sie, wie präsentieren Sie sich?
- Wie bringen Sie Ihre Leistungsmotivation deutlich zum Ausdruck?
- Wie vermitteln Sie überzeugend Ihre Kompetenz?

Die Reihenfolge ist nicht zufällig gewählt. Am wichtigsten ist Ihre Persönlichkeit, Ihre Wesensart. Dieser zentrale Faktor spielt jedoch auch bei allen anderen Themen eine bedeutsame Rolle.

Vor der Abklärung Ihrer Kompetenz steht die Frage nach Ihrer Leistungsmotivation: Was bewegt Sie und wie stark ist Ihre Antriebskraft? Wie sehen Ihre Ziele aus, und was setzen Sie ein, um sie zu erreichen? Wie läßt sich der Leistungsaspekt bei Ihnen in der Vergangenheit beschreiben, und welche Prognosen kann man daraus für die Zukunft ableiten?

Deutlich hinter diesen beiden Aspekten folgt erst der Kompetenzfaktor. Adäquate Ausbildung und einschlägige Berufserfahrung als Komponenten der fachlichen Qualifikation sind Basis und werden eigentlich vorausgesetzt.

Erinnern Sie sich noch an den Finanzminister Stoltenberg, der als Verteidigungsminister zurücktrat? Oder an den mittelständischen Unternehmer Dürr, später *AEG*-Chef und danach Vorstandschef der Bahn? Wem man etwas zutraut, der kann offenbar fast alles.

Sicher: Kompetenz spielt in der Bewerbungssituation eine Rolle, aber nicht die entscheidende. Die kompetenteste Kandidatin oder der versierteste Bewerber kann scheitern, wenn ihre bzw. seine Persönlichkeit nicht den Wunsch nach Zusammenarbeit aufkommen läßt.

Die drei entscheidenden Oberbegriffe kennen wir jetzt. Worauf achten Personalchefs nun aber im einzelnen, worauf kommt es bei der Persönlichkeit, der Leistungsmotivation und der Kompetenz detailliert an? Ein Ekelpaket kann ja auch Persönlichkeit und Leistungsmotivation haben, nur eben nicht die richtige ...

Anforderungsprofile ...

Wie die Anforderungsmerkmale an Führungskräfte im einzelnen aussehen, zeigt das folgende detaillierte Anforderungsprofil für Führungskräfte – systematisiert nach den drei Aspekten Persönlichkeit, Leistungsmotivation und Kompetenz:

Persönlichkeit

1. Anforderungen an das Interaktionsverhalten
   - Kontaktfähigkeit
   - Kooperationsfähigkeit
   - Verhandlungsgeschick
   - Durchsetzungsfähigkeit
   - Motivationsfähigkeit
   - Kontrollfähigkeit
   - Personalbetreuungs- und -auslesefähigkeiten
   - Informationsbereitschaft

2. Anforderungen an die Selbständigkeit
   - Zielstrebigkeit
   - Selbstbewußtsein

- Verantwortungsbewußtsein und -bereitschaft
- Kritikfähigkeit
- Zuverlässigkeit

3 Anforderungen an das Entscheidungsverhalten
- Risikobereitschaft
- Entscheidungskompetenz

4. Anforderungen an Delegationsbereitschaft und -verhalten
- Informationsfähigkeit und -bereitschaft

5. Anforderungen an die Belastbarkeit
- Streßtoleranz
- Vitalität

6. Anforderungen an die Flexibilität

7. Anforderungen an das Repräsentationsvermögen

Leistungsmotivation

1. Anforderungen an die Zielstrebigkeit
- Durchhaltevermögen
- Durchsetzungsvermögen
- Frustrationstoleranz
- Erfolgsorientierung
- Vitalität

2. Anforderungen an die intrinsische Motivation
- Idealismus
- Identifikationsbereitschaft mit Unternehmen/Institutionszielen

3. Anforderungen an die extrinsische Motivierbarkeit
- gesunder Materialismus

4. Anforderungen an die physische Fitneß
- gesundheitliches Wohlbefinden

5. Anforderungen an die psychische Konstitution
   - weitgehend unneurotische Persönlichkeitsstruktur

6. Anforderungen an die Selbstkontrollfähigkeiten
   - Autonomie
   - Zuverlässigkeit
   - Selbstdisziplin

7. Anforderungen an systematische Arbeitsorganisation
   - Zieldefinitionsfähigkeit
   - Arbeitseffizienz
   - Kosten/Nutzen-Bewußtsein

(Natürlich gibt es hier Überschneidungen mit den vorher unter »Persönlichkeit« aufgeführten Anforderungsmerkmalen.)

Positionsbezogene Kompetenzanforderungen

1. Bildungsanforderungen
   - Schulbildung
   - berufliche Grundausbildung
   - Fremdsprachenkenntnisse
   - Lern- und Weiterbildungsbereitschaft

2. Berufsspezifische Anforderungen
   - beruflicher Werdegang
   - Berufserfahrung
   - Branchenkenntnisse
   - Produktkenntnisse

3. Aufgabenspezifische Anforderungen
   - Routineresistenz
   - Kreativität
   - Planungs- und Organisationsfähigkeit
   - Koordinationsfähigkeit
   - Problembewußtsein
   - Problemlösungsfähigkeit

- Ausdrucksfähigkeit (verbal/schriftlich)
- technisches Verständnis
- künstlerische Begabung
- manuelles Geschick

4. Unternehmensspezifische Anforderungen
   - unternehmenspolitische Anforderungen
   - Führungsstil
   - Normsystem/Unternehmenskultur
   - soziale und gesellschaftliche Normen
   - religiöse Normen
   - politische Normen
   - familiäre Normen
   - gesetzliche Normen
   - mitarbeiterorientierte Anforderungen
   - unternehmenszielorientierte Anforderungen

... im Spiegel von Stellenanzeigen

Daß im Mittelpunkt des Arbeitgeberinteresses bei Anforderungen an Bewerber/innen deren Persönlichkeit steht, zeigt auch eine Durchsicht von Stellenangeboten für Führungskräfte. Diese wichtigsten gewünschten Eigenschaften sind interessanterweise weitgehend unabhängig von der jeweiligen Branche und der speziell zu besetzenden Position.

Die geforderten Qualifikationsmerkmale stimmen mit unserer Systematisierung »Persönlichkeit, Leistungsmotivation und Kompetenz« überein.

Gewünscht wird ...

» ... Im persönlichen Bereich zeichnen Sie hohe Eigeninitiative, Kommunikationsstärke und Überzeugungskraft aus ...«

» ... Persönlich zeichnen Sie sich durch Kontaktstärke und diplomatisches Gespür aus. Sie schätzen konstruktive Teamarbeit? Sie übernehmen als ideenstarke und engagierte Persönlichkeit gerne Verantwortung? Sie möchten sich persönlich und beruflich in einem dynamischen Umfeld mit Perspektive weiterentwickeln? Dann sind wir für Sie die richtige Adresse.«

» ...Wir suchen ehrgeizige und engagierte Persönlichkeiten, die ein hohes

Maß an Selbständigkeit und Verantwortung konstruktiv in geschäftlichen Erfolg umsetzen können ...«
» ... Wir stellen uns eine kreative Person mit hoher sozialer Kompetenz vor, die neben den klassischen Stärken einer Vertriebspersönlichkeit über Organisationstalent und die Fähigkeit interdisziplinärer Arbeit verfügt ...«
» ... persönliche Ausstrahlung, sicheres Auftreten ...«
» ... Sind Sie eine kommunikationsstarke und integrative Persönlichkeit mit hoher Eigenmotivation? ...«
» ... Die Aufgabe erfordert Kontaktfähigkeit, sicheres Auftreten und Durchsetzungsvermögen ...«
» ... Persönlich sollten Sie durch Eigeninitiative, Engagement und Freude an selbständiger Arbeit überzeugen sowie Kooperationsbereitschaft mitbringen ...«
»... Persönlich werden Sie uns überzeugen, wenn Sie analytisches Denkvermögen, eine zukunftsgerichtete Betrachtungsweise, Kontaktfreudigkeit sowie Einfühlungsvermögen und Überzeugungskraft besitzen ...«
» ... Ihre Persönlichkeit zeichnet sich durch geistige Flexibilität, Blick auf das Detail, Durchsetzungsvermögen und einen zupackenden, selbständigen Arbeitsstil aus ...«
» ... Diese in hohem Maße eigenverantwortliche Position erfordert eine dynamische Person, die mit Engagement und Energie unsere anspruchsvollen Unternehmensziele verwirklicht ...«
» ... Sie bringen neben Führungserfahrung eine selbständige, systematische und eigenverantwortliche Arbeitsweise mit, die sich durch ein hohes Maß an Motivation, Belastbarkeit und sozialer Kompetenz auszeichnet. Organisationstalent, Verantwortungsbewußtsein und Durchsetzungsvermögen runden Ihr Profil ab ...«

(zitiert aus Stellenangeboten der großen überregionalen Tageszeitungen; Wochenendausgaben)

Immer wieder werden Anforderungen an die Persönlichkeit mit Leistungsvariablen kombiniert. Der zweite Aussagepunkt ist »Leistungsmotivation«. Erwünscht ist vor allem die Bereitschaft, etwas Außerordentliches zu leisten:

» ... Einsatzbereitschaft und der Wille zum Erfolg ...«
» ... Die Realisierbarkeit von Konzepten, Abstraktionsfähigkeit und über-

durchschnittliches Engagement, verbunden mit hoher Mobilität haben Sie unter Beweis gestellt ...«
» ... Kontaktfähigkeit und Verhandlungsgeschick, sehr gute analytische Fähigkeiten, hohe Leistungsbereitschaft, ausgeprägte Argumentationsfähigkeit und Durchsetzungskraft, Freude an Teamarbeit und Fähigkeit, komplexe Zusammenhänge einfach darzustellen ...«

Die weiteren Anzeigentexte vermischen noch stärker als die vorangegangenen Beispiele Persönlichkeitsmerkmale und Leistungsorientierung. Es werden zusätzlich Kompetenzmerkmale angesprochen, die vor allem Führungsfähigkeit implizieren:

» ... Unsere Kunden erwarten ...«
» ... **Fachliche Kompetenz** durch ein abgeschlossenes Studium, einschlägige, mehrjährige Berufserfahrung und Kenntnisse in der Personalwirtschaft/Organisation.
Soziale Kompetenz durch die Fähigkeit, Führungskräfte und Spezialisten situationsgerecht zu beraten sowie Gruppenprozesse zu steuern und zu begleiten.
Methodische Kompetenz durch das Beherrschen moderner Führungs-, Moderations- und Organisationsmethoden ...«
» ... Beherrschung des Management-Instrumentariums, konzeptionelles und analytisches Denken, Motivationsfähigkeit und Durchsetzungsvermögen sowie Verhandlungsgeschick ...«
» ... ›Unser Mann‹ überzeugt durch Fachkompetenz, zupackenden mittelständischen Arbeitsstil und zielorientierte Führung ...«
» ... Darüber hinaus erwarten wir von Ihnen neben dem der Aufgabe entsprechenden überdurchschnittlichen Engagement Flexibilität, initiatives Handeln und die Fähigkeit, Menschen zu motivieren ...«
» ... Ihr Profil: Handfestes Organisationsgeschick, konzeptionelles Denken, Integrationsfähigkeit, hohes Maß an Einsatzbereitschaft ...«
» ... Profunde Erfahrung in der sensiblen Führung von Mitarbeitern sollte Ihren bisherigen Werdegang kennzeichnen ...«
» ... die Fähigkeit, Mitarbeiter kooperativ zu führen und zu motivieren, eine zielstrebige, analytisch-konzeptionelle Arbeitsweise, viel Eigeninitiative und Ideenreichtum, Verhandlungs- und Organisationsgeschick sowie ein sehr gutes Ausdrucksvermögen ...«

» ... Darüber hinaus erwarten wir ausgeprägtes konzeptionelles Denken, Stärken in der Kommunikation, die Fähigkeit, Entscheidungen zu treffen und Verantwortung zu übernehmen sowie Freude an Teamarbeit ...«
» ... motivierende Führung der Ihnen unterstellten Mitarbeiter und deren Einsatzplanung ...«
» ... Ein guter Praktiker mit vermittelndem Teamgeist und trotzdem starkem Durchsetzungsvermögen wäre der ideale Kandidat, der nicht älter als 45 Jahre sein sollte ...«
» ... organisatorisches Talent ...«
» ... Sie übernehmen eine eingespielte, junge Mannschaft, der Sie ein zielgerichteter Vorgesetzter sein sollen ...«
» ... die Fähigkeit, unter Termindruck ein Team zielorientiert zu führen...«
» ... Sie haben ...Organisationsgeschick, verfügen über Flexibilität wie auch über ein kommunikatives Wesen und Teamgeist ...«
» ... Verantwortungsvolle und motivierende Personalführung ist ein wesentlicher Bestandteil unserer Unternehmenskultur ...«
» ... analytischer Verstand, Verhandlungsgeschick, gute organisatorische Fähigkeiten ...«

Abschlußbemerkung nach *Shakespeare: Was Ihr wollt.* Man will »die Jungfrau mit der zehnjährigen Erfahrung einer Prostituierten«, gesteht ein Personalberater einer großen international tätigen Consulting-Firma und vergewissert sich gleich, daß sein Name unbedingt ungenannt bleibt.

Einerseits geht es zu wie im Märchen mit der Prinzessin, für die ein Gemahl gesucht wird. Viele bewerben sich, aber der Prinzessin ist keiner gut genug. Alle heiratswilligen Kandidaten fallen durch die Prüfung, den Test.

Märchen- wie Arbeitskandidaten müssen vorturnen, unlösbare Aufgaben, schwierigste Auswahlprozeduren über sich ergehen lassen.

Andererseits: Wetten, daß zehn nachweislich erfolgreiche Führungskräfte, zehn suchenden Firmen inkognito präsentiert, keine Chance hätten, eingestellt zu werden? Topp, die Wette gilt.

Parallele: Die ewig Einsamen, die auf Partnersuche sind und sagen, auf die/den Richtige/n (Märchenprinzen/-prinzessin) würden sie immer noch warten. Da hat es der Prinz mit seiner Prinzessin auf der Erbse schon weiter gebracht.

Einfach kompliziert, um es mit Thomas Bernhard zu sagen.

Lassen Sie sich von diesen (Alp?)-Traum-Anforderungen nicht verrückt machen. Die eierlegende Wollmilchsau ist eben (noch?) nicht erfunden. Sie sollten deshalb sich nicht aus dem Konzept bringen lassen und Ihre eigene Strategie konsequent verfolgen.

Vielleicht hilft Ihnen dabei eine neue Methode – die EKS-Strategie. Was dahinter steckt, verdeutlichen wir im folgenden Kapitel.

Die 11 wichtigsten Berufserfolgsstrategien

Außergewöhnliche Erfolge, so die Erklärung des Systemforschers Wolfgang Mewes, haben ihren Ursprung in der Konzentration der wirksamsten Kräfte, z.B. in einer klaren, eindeutigen Spezialisierung, d.h. in der bewußten Ausrichtung auf ein ganz bestimmtes berufliches Ziel.

Die Erklärung ist so simpel wie einleuchtend: Wer auf allen oder doch wenigstens auf vielen beruflichen Gebieten besonders gut sein will, der kann doch bestenfalls nur durchschnittlich gut werden, sehr wahrscheinlich lediglich Durchschnittliches erreichen. Ergo: Ebenso wie man es nicht allen Menschen recht machen kann, sich selbst und gleichzeitig allen anderen, sondern entscheiden muß, wo man Prioritäten setzt – genauso verhält es sich auch mit den beruflichen Zielen und dem damit verbundenen, erhofften Erfolg. Das setzt jedoch eine gezielte Vorgehensweise voraus, eine gut geplante und konsequent umgesetzte Strategie.

Für den Systemforscher Wolfgang Mewes ist Erfolg einzig und allein eine Frage der richtigen Strategie. Und gemäß der einfachen, aber längst als richtig erwiesenen Erkenntnis, daß in unserer Leistungsgesellschaft die einzige verläßliche Konstante die Veränderung ist, gewinnt die richtige berufliche Strategie um so mehr an Bedeutung, will man sich erfolgreich den Herausforderungen stellen.

Denn: Längst triumphieren nicht mehr allein die Starken über die Schwächeren, die Großen dominieren nicht die Kleinen, sondern die Schnellen überholen und gewinnen gegenüber den Langsameren. Wer sich also beruflich durchsetzen will, braucht eine – nämlich die bessere – Strategie.

Und noch etwas ist von entscheidender Bedeutung: Sie sind auf dem heutigen Arbeitsmarkt nicht mehr wirklich in der Position eines klassischen Arbeitnehmers, selbst wenn Sie mit der Lohnsteuerkarte in der Hand auf der Suche nach einem klassischen Arbeitgeber sind.

Abgesehen von der Tatsache, daß ja eigentlich Sie Ihre Arbeitskraft anbieten, also geben und der Unternehmer als »Arbeitgeber« Ihre Arbeitsleistung entgegennimmt, damit also zum eigentlichen »Arbeitnehmer« wird, ist dieses Denkmodell absolut überholt.

Verstehen Sie sich deshalb bitte als Unternehmer, als ein modernes Ein-Mann/Ein-Frau Dienstleistungsunternehmen, und lernen Sie auch, konsequent unternehmerisch zu denken und zu handeln.

Es geht bei der nicht einfachen Suche nach einem adäquaten Arbeitsplatz für Sie als Führungskraft um ein gezieltes Marketing Ihrer Dienstleistung. Ihre Kunden, die Einkäufer ihres Know-how, verhalten sich ganz typisch nach den Marktgesetzen. Um so verständlicher dürfte Ihnen jetzt sein, daß vor allem eine gute Marketing- und Verkaufsstrategie über Ihren beruflichen Erfolg entscheidet.

Ausgehend von dieser einfachen Erkenntnis lautet das oberste Gebot der von Wolfgang Mewes entwickelten sogenannten EKS-Strategie: Konzentration aller verfügbaren Kräfte ganz auf die Lösung eines speziellen Problems. Die Abkürzung EKS steht übrigens für »Engpaß-Konzentrierte-Strategie«.

In lediglich zwei Schritten ist das – gerne auch als Erfolgsstrategie bezeichnete – System erklärt:

Erster Schritt

Vier Prinzipien gelten in der EKS-Theorie als Basis eines jeden Erfolges:

1. die Erkenntnis, daß Konzentration besser ist als Verzettelung
2. daß es immer um den wirkungsvollsten Ansatzpunkt geht
3. daß es um das Erkennen eines Engpasses, einer sog. Marktlücke geht und
4. daß eine Nutzenorientierung besser ist als reine Gewinnmaximierung.

1. Konzentration statt Verzettelung

oder: auswählen, entscheiden, begrenzen

Genausowenig wie ein Hund, der verschiedenen Hasen nachjagt einen fängt, genausowenig wird derjenige Erfolg haben, der stets zu viele Eisen im Feuer hat oder auf zu viele Kochtöpfe gleichzeitig aufpassen muß.

Kaum einem Sportler gelingt es, Spitzenleistungen zu erbringen in so verschiedenen Sportarten wie z.B. im Tennis, im Schwimmen und beim Ski-

und Radfahren. Echte Multitalente sind wirklich sehr, sehr selten. Das gilt nicht nur für den Sport, sondern in allen Disziplinen. Perfekt malen, singen, schauspielern zu können ist wohl kaum jemandem vergönnt, also von einer Person allein nicht zu realisieren. Und genauso verhält es sich auch in beruflicher Hinsicht, bei beruflichen Qualitäten und Leistungen. Kurzum: Wer sich in seinen Vorhaben und Leistungen verzettelt, bleibt in seinen Ergebnissen lediglich durchschnittlich. Also kommt es darauf an, sich mit *aller* zur Verfügung stehenden Kraft und Macht auf *ein* lohnendes Ziel zu konzentrieren.

Sie kennen den Spruch: Nicht kleckern, sondern klotzen! Voraussetzung: Volle Konzentration der Kraft auf das, was man am besten kann, und auf etwas, was für einen anderen, z. B. für Ihren »Kunden«, den Arbeitgeber, von hohem Nutzen ist. Statt also von allem (nur) ein bißchen zu können, leider aber nichts so richtig gut, ist es viel sinnvoller und damit erfolgversprechender, sich auf seine wesentlichen Stärken zu beschränken. Diese gilt es dann natürlich auszubauen, weiterzuentwickeln, zu perfektionieren. Es ist zwar noch kein Meister vom Himmel gefallen, wie der Volksmund weiß, aber Übung macht einen solchen.

Wenn Sie sich auf das konzentrieren, was Sie gerne und damit sehr wahrscheinlich auch gut bzw. viel besser machen können als andere, werden Sie einen enormen Lernzuwachs erzielen. Auf diese Weise können Sie Ihre Stärken ausbauen und auf genau diesem Gebiet erfolgreicher werden.

In der Schule mußten Sie sich parallel mit Sprachen, Mathematik, den Naturwissenschaften, mit Kunst und sogar Musik auseinandersetzen. In dem einen Fach waren Sie möglicherweise hundsmiserabel, in anderen Fächern durchschnittlich begabt und vielleicht in einem speziellen Fachgebiet außerordentlich gut, in Ihrem Lieblingsfach natürlich. Das Lernen bereitete Ihnen hierin sehr wahrscheinlich Spaß, und was für andere mit Mühen verbunden war, war Ihnen vielleicht sogar ein Vergnügen.

Sicherlich konnten Sie sich in der Schule nur bedingt dazu entschließen, Ihre ungeliebten Fächer aufzugeben. Bei der Studienwahl haben Sie bereits so eine Entscheidung getroffen. Jetzt ist es ebenfalls wieder möglich. Sie können, ja Sie sollten sich vor allem auf das konzentrieren, was Sie gerne machen und gut beherrschen.

Mit dem Lerngewinn wächst auch Ihre Problemlösungskompetenz und damit verbunden Ihr Image, genau der Experte bzw. die Expertin für diese

Art besonders kniffliger Aufgabenstellung zu sein. Durch ständige Wiederholungen, durch Ihr permanentes Training, werden Sie tatsächlich immer besser und erzielen optimale Ergebnisse. Schließlich erwerben Sie sich einen außergewöhnlichen Ruf als Superexperte, eine echte Spezialistin zu sein für ...

2. Der wirkungsvollste Ansatzpunkt

oder: vor dem Aufschließen einer Tür muß man wissen, wo das Schloß ist.

Alles hängt irgendwie mit allem zusammen. Sie ahnten es schon immer – und ganz neu ist die Erkenntnis der vernetzten Systeme ja wirklich nicht.

Verdeutlichen wir es uns trotzdem noch einmal: Selbst die Veränderung lediglich eines kleinen Details hat immer auch Auswirkungen auf das Gesamtsystem. Streiken die Arbeiter und wollen mehr Lohn, wird das nicht ohne Auswirkung auf die Herstellungspreise und – damit verbunden – auf den Verkaufspreis bleiben. Dies wiederum könnte zu einem Absatzrückgang führen, verbunden mit einer Gefährdung von Arbeitsplätzen, was sich wiederum auf die Kaufkraft und -lust auswirken könnte usw.

Kurzum: Eine Kettenreaktion ist schnell ausgelöst und die geschickte Handhabung jetzt gar nicht so einfach. Wer sich damit nicht auskennt oder naiv daran glaubt, daß eine unreflektierte Detailveränderung keine weiteren Auswirkungen habe, irrt nicht nur, sondern verheddert sich vielleicht katastrophal in den vernetzten Systemen mit all den daraus resultierenden Fehlern.

Viele Menschen handeln trotzdem so und sind dann hoffnungslos verstrickt bis hin zur Handlungsunfähigkeit. Kernproblem und Kräfteeinsatz werden verkannt. Viel Energie geht dabei nutzlos verloren. Wer sich dagegen auskennt, Zusammenhänge durchschaut, richtig einschätzt und weiß, was was bewirkt, kann dagegen mit ganz anderen Resultaten glänzen.

Am Beispiel eines Einkaufs einer Dose und der Sprengung eines Schornsteins wird die zugrundeliegende Idee noch einmal deutlich.

Stellen Sie sich einen riesigen Stapel Dosen vor. Wer hier naiv von unten zugreift und eine herausziehen will, riskiert den kompletten Einsturz. Die Sprengladung für einen hohen Industrieschornstein wird dagegen genau am untersten Ende angesetzt werden müssen, um das zu erreichen, was man bei den Dosen verhindern will.

Auf den wirkungsvollsten Punkt kommt es also an, auf die volle Konzentration der Kräfte. Dann muß der so identifizierte gordische Knoten nur noch durchschlagen werden. Entscheidend ist also weniger wie, sondern wo man zuschlägt.

Apropos zuschlagen: Sie erinnern sich an das höchst ungleiche Kampfespaar David und Goliath. Wie hat der kleine David den um vieles stärkeren Riesen Goliath besiegt? Durch den Einsatz einer Steinschleuder konzentrierte David zunächst seine ganzen Kräfte und zielte damit auf die Stirn seines Gegners, den – wie wir wissen – wirkungsvollsten Punkt. Volltreffer, das Ergebnis war beeindruckend.

Wenn man sich also strategisch auf den richtigen, den wichtigsten bzw. wirkungsvollsten Ansatzpunkt konzentriert, lösen sich die Probleme fast wie von selbst.

3. Die Entdeckung eines Engpasses, einer sogenannten Marktlücke

oder: wissen, wem was wo fehlt.

Zwei wichtige Prinzipien des beruflichen Erfolges haben Sie jetzt bereits kennengelernt: Die Konzentration der Kräfte und die Beachtung des wirkungsvollsten Ansatzpunktes. Nun kommen wir zum dritten Punkt, dem Minimumfaktor, dem Engpaß.

Vielleicht liegt der wichtigste Schlüssel zum beruflichen Erfolg in der richtigen Idee bzw. Entscheidung oder Erkenntnis: hier wird etwas dringend gebraucht, und genau das kann ich anbieten, genau auf diesem Sektor bin ich wirklich gut.

In unserem Beispiel mit David und Goliath hatte der kleine David den richtigen, das bedeutet den wirkungsvollsten Ansatzpunkt bei seinem riesigen Gegner identifiziert. Entsprechend der ersten Regel: Konzentration der Kräfte auf den alles entscheidenden Angriffspunkt, erzielte der kleinere und schwächere den beeindruckenden Sieg über den viel größeren und stärkeren Gegner.

Leider ist es nicht immer so einfach, den bestmöglichen Ansatz für einen effizienten Kräfteeinsatz zu finden. Aber auch der kleine David fühlte sich vor dem Kampf vor einem schier unlösbaren, übermächtigen Problem, und wir wissen wie üblich hinterher alles besser oder sagen uns : na, das war ja klar, so mußte das ja auch klappen.

Es ist also nicht ganz einfach, den richtigen, den effektivsten Ansatz für die Lösung eines Problems zu finden. Hierin liegt aber ganz wesentlich das Geheimnis des Erfolges.

In der heutigen Wirtschaft sind es vor allem die Marketingabteilungen, die sich speziell mit diesem Problem beschäftigen. Es geht darum, Bedürfnisse der Konsumenten zu entdecken, oder auch neu zu wecken, um diese dann erfolgreich bedienen zu können. Ab einem gewissen Punkt oder Stadium sind dann natürlich auch andere Abteilungen wie Verkauf und Vertrieb stärker gefordert, und auch die Herstellung, die Produktion sowie die Entwicklungsabteilungen haben Ihren Anteil am Gesamterfolg.

Und da sind wir wieder bei dem so wichtigen Zusammenspiel. Ohne die Forschungs- und Produktionsabteilung, aber auch ohne die Unterstützung der Vertriebs- bzw. Verkaufsabteilung wäre der kommerzielle Erfolg eines Produktes wie z.B. die Kinder-Überraschungseier, der Erfolg eines Unternehmens (hier die italienische Ferrero AG in Frankfurt) nicht vorstellbar.

Also: Problem erkannt, Gefahr gebannt, d.h. in diesem Fall: die Entdeckung einer Marktlücke, das Gelingen, ein Konsumbedürfnis zu erspüren, ist für den Erfolg sehr wichtig. Weihnachtsmänner sind zu Ostern absolut unverkäuflich und umgekehrt Osterhasen zu Weihnachten. Osterhasen haben schlechte Verkaufschancen im Sommer, ebenso natürlich auch noch im Herbst und Winter. Aber wenn man Osterhasen nicht bereits ab Weihnachten produzieren würde, um sie dann bald auf die Reise in die Geschäfte zu schicken, bestände zu Ostern sicherlich ein Osterhasen-Engpaß.

Ein weiteres Beispiel verdeutlicht uns, worauf es bei der Lösung eines Engpaßproblems ankommt: Das Wachsen und Gedeihen einer Pflanze hängt ganz wesentlich von vier Bedingungen, besser ausgedrückt von vier Elementen ab. Wasser, Luft, Nahrung und Licht sind notwendig, um hier zu Wachstumserfolgen zu gelangen.

Und noch etwas ist wichtig. Die Proportion, das Verhältnis dieser Elemente muß stimmen. Mit ganz wenig oder mit sehr viel Wasser wäre unsere Pflanze verloren. Selbst wenn alle anderen Elemente im ausgewogenen Verhältnis vorhanden wären, alles wäre regelrecht zum Scheitern verurteilt, und die Pflanze würde eingehen. Bei einem heißen Sommer ohne Regen wäre dies also schnell der Fall. Hier erkennt jeder den wichtigsten Engpaß. Wer jetzt Wasser anbieten, wer dieses Mangelprodukt liefern kann, wird sich einer großen Nachfrage erfreuen und begehrt sein. Denn: mit dem richtigen Maß an Wasser würde das Wachstum der Pflanzen so richtig angekurbelt, die Ernte wäre reichlich, der Landwirt zufrieden etc. Ohne Wasser aber wird es kein

Wachstum geben. Dieses Element ist also unabdingbar für den Wachstumserfolg.

Auf den Punkt gebracht: Neben der Konzentration der eingesetzten Energie, angesetzt am wirkungsvollsten Punkt und Moment, kommt es auch auf die Entdeckung eines Bedürfnisses, einer Engpaß-Situation, an. Wenn Sie also mit Ihren beruflichen Fähigkeiten auf einem speziellen Gebiet bei Ihrer Zielgruppe, den Arbeitsplatzanbietern, auf ein unbefriedigtes Bedürfnis, ein Manko stoßen, in genau einem von Ihnen gut beherrschten Tätigkeitsbereich, dann haben *Sie* den Job.

Wer wichtige, essentielle Probleme seiner Zielgruppe zu lösen vermag, kann sicher damit rechnen, daß seine Arbeitsleistungen (d.h. Problemlösungsfähigkeiten) geschätzt und damit auch angemessen bezahlt werden.

4. Nutzenorientierung ist besser als Gewinnmaximierung

oder: nur wer wichtige Probleme anderer besser lösen kann, macht sich auf Dauer beruflich unentbehrlich ...

Volle Konzentration und mit ganzer beruflicher Kraft den richtigen Ansatzpunkt auswählen, das Erkennen einer Marktlücke und das richtig ausgewählte Ziel: all dies entscheidet, wie groß Ihr beruflicher Erfolg ist bzw., ob und was für einen beruflichen Erfolg Sie haben.

Ständig sind von Ihnen in beruflicher Hinsicht Entscheidungen zu treffen, muß Wichtiges von weniger Wichtigem unterschieden werden, geht es um das Setzen von Prioritäten.

Orientierung tut not, und dabei helfen Ihnen vor allem klar definierte berufliche Ziele. Denn: Je deutlicher man ein Ziel vor Augen hat, desto leichter fällt es wahrscheinlich, die notwendigen Entscheidungen zu treffen.

Dabei sollte es Ihnen aber nicht um eine kurzfristige Erfolgs- bzw. Gewinnsteigerung gehen. Was bedeutet: Nicht der Job, der Ihnen das meiste Geld bringt, ist der richtige, sondern der, der Ihren Nutzen für den Arbeitsmarkt und damit auch für andere Arbeitsplatzanbieter steigert.

Andernfalls könnte man ja denken, daß Betätigungen wie Bankraub, Erpressung und andere kriminelle Delikte das ideale berufliche Ziel seien, denn nur hier kann man in allerkürzester Zeit maximalen Gewinn machen. Nein, es geht um langfristige berufliche Strategien. Denn es hat sich gezeigt, daß die sogenannte Nutzenorientierung, die strategische Ausrichtung auf die optimale Erfüllung von Kundenwünschen, in Ihrem Fall die Ihres (potentiellen)

Arbeitsplatzanbieters, also vor allem die Konzentration auf die wichtigsten Bedürfnisse des Arbeitsmarktes Sie beruflich einfach weiterbringt und längerfristig zu einem größeren, dauerhaften Erfolg beiträgt.

Zweiter Schritt

In der nun folgenden zweiten Etappe lernen Sie die entscheidenden 7 Phasen kennen, die Ihr berufliches Angebot an potentielle Arbeitsplatzanbieter so einzigartig und besonders attraktiv machen, daß Sie beruflich jeden gewünschten Erfolg haben können.

Hier zunächst eine Übersicht:

1. Die Bestandsaufnahme Ihrer beruflichen Stärken
2. Die Auswahl eines erfolgversprechenden beruflichen Betätigungsfeldes
3. Die Festlegung auf eine entsprechende Zielgruppe von Auftraggebern
4. Eine immer differenziertere Analyse der wichtigsten beruflichen Probleme genau dieser speziellen Zielgruppe
5. Eine besondere berufliche Neuerung oder Verbesserung, die Sie anbieten können
6. Die Suche nach potenten beruflichen Unterstützern und
7. Die Spezialisierung auf elementare berufliche Problemlösungen

1. Die Bestandsaufnahme Ihrer beruflichen Stärken

Um Ihrem beruflichen Erfolg auf die Sprünge zu helfen, bedarf es zunächst einer genauen Analyse Ihrer ganz persönlichen Fähigkeiten (siehe auch S. 19). Dabei interessieren insbesondere Ihrer beruflichen Stärken, aber auch Ihre charakterlichen Qualitäten und Merkmale, also insgesamt alles das, was Sie speziell von anderen positiv unterscheidet.

Aber nicht nur, was Sie sich selbst zutrauen, sondern auch das, was andere Ihnen an Kompetenz attribuieren, d.h. zuschreiben, ist dabei ebenso berücksichtigenswert wie Ihr Selbstbild und Selbstwertgefühl. Die entscheidende Frage lautet also: Was haben *Sie* einem potentiellen Arbeitgeber, dem Kunden Ihrer Dienstleistung, Ihres Know-hows anzubieten, was andere Kandidaten nicht haben bzw. nicht können (siehe dazu auch »Was Sie gut können«, S. 27). Was ist Ihr persönliches Stärken-Profil, das Sie nahezu unverwechselbar macht, in jedem Fall positiv auszeichnet?

Wichtig für Ihre Zielgruppe ist, daß diese Sie als wirklichen Problemlösungs-Kompetenzträger für eben ein ganz bestimmtes elementares Problem erkennen kann. Deshalb sollten Sie dringend darauf achten, mit einem unverwechselbaren Leistungsprofil nach außen klar und deutlich zu dokumentieren, was Ihr besonderes Angebot ist. Dies wird Sie von anderen Anbietern unterscheiden und Ihre Anziehungskraft für Ihre spezielle Zielgruppe steigern.

Die Beantwortung der Ihnen bereits bekannten Fragen bringt Sie dabei jetzt weiter:

- Was für ein Mensch bin ich?
- Was kann ich?
- Was will ich?

2. Wo ist Ihr erfolgversprechendstes Betätigungsfeld?

Nach Analyse und Bestimmung und der daraus konsequent abgeleiteten Konzentration auf Ihre wichtigsten Stärken, auf Ihr wirkliches Potential, geht es jetzt um die Suche nach dem effektivsten Einsatzort, das für Sie erfolgversprechendste Betätigungsfeld und damit um die von Ihnen bereits geklärte Frage: »Was ist möglich?«

Ihr spezielles berufliches Know-how braucht den richtigen, den möglichst genau passenden Aufgabenbereich. Ein Tresorschlüssel ist wohl kaum geeignet, eine Haustür aufzuschließen, kann uns aber dafür den Zugang zu einem Panzerschrank ermöglichen. Sie brauchen zunächst eine grobe Orientierung, was bei Ihren speziellen Fähigkeiten der richtige Rahmen, Ihr erfolgreichstes Aufgabengebiet sein könnte.

Welche besonderen Probleme können gerade Sie aufgrund Ihrer speziellen Fähigkeiten außergewöhnlich kompetent lösen? In welchen Bereichen gibt es Engpässe, die Sie dank Ihrer festgestellten Kompetenz gezielt überwinden, ja vielleicht sogar ganz zu beseitigen helfen können?

Kompetenz und Aufgabenstellung, Problem und Problemlösungsstrategie müssen zusammenpassen wie die berühmte Faust aufs blaue Auge oder wie der Schlüssel ins Schloß. Und auch noch ganz wichtig: Es muß sich dabei um Probleme oder um Bedürfnisse handeln, die für Dritte von Relevanz, von besonderer Bedeutung sind, also deren Lösung oder Befriedigung für eine bestimmte Personengruppe von höchstmöglichem Nutzen ist.

Es geht um die potentiellen Einkäufer Ihrer speziellen Fähigkeiten, Ihrer

Arbeitskraft, die gerne – weil dies für sie sehr profitabel ist – für Ihr Wissen, für Ihre Dienstleistung zahlen.

Kurzum: Waren brauchen Käufer, und jeder Käufer braucht auch ganz bestimmte Waren, nur beides muß schon ordentlich zusammenpassen, je besser, desto größer der Erfolg.

Je besser Ihre Leistung auf einem speziellen Sektor ist und dabei wichtige Bedürfnisse befriedigen kann, desto größer ist der Wert für bestimmte Nutznießergruppen, für Ihre persönliche Ziel- und Käufergruppe und damit wiederum verbunden für die Höhe des zu bezahlenden Preises, aber auch für Ihre Attraktivität und für Ihren Verdienst. Schlußendlich geht es auch auf dem Arbeitsmarkt um Angebot und Nachfrage, um eine Kosten-Nutzen-Relation.

3. Warum die Auswahl und Konzentration auf Zielgruppen wichtiger ist als auf Betätigungsfelder

Nach Ihrer Stärkenanalyse und der Entscheidung, auf welchem Betätigungsfeld Sie diese einsetzen möchten, geht es jetzt darum, Ihnen zu vermitteln, daß eine Konzentration Ihrer Fähigkeiten besser und langfristig erfolgreicher ist, wenn Sie sich auf eine Personenzielgruppe orientieren und nicht primär auf ein spezielles Betätigungsfeld. Das mag zunächst verwirrend klingen, manchem nicht einsichtig erscheinen, ist aber mit wenigen Beispielen recht schnell zu verdeutlichen.

Zunächst: Sie sind Unternehmer. Auch wenn Sie als Arbeitnehmer mit Lohnsteuerkarte arbeiten, Sie sind am Arbeitsmarkt so etwas wie ein freier Unternehmer, der Chef eines Dienstleistungsunternehmens. Sie müssen und wollen Ihr Know-how vermarkten, und Ihr Kunde, der sich vielleicht als klassischer Arbeitgeber versteht, nimmt Ihre Dienstleistung in Anspruch und entlohnt Sie dafür.

Nun könnten Sie sich auch aufgrund Ihrer Fähigkeiten und Neigungen vor sagen wir 25 Jahren entschlossen haben, sich in der Buchdruckerkunst mit dem Bleisatz auf ein ganz bestimmtes Betätigungsfeld zu konzentrieren. Sie wären also – so die Berufsbezeichnung – ein Setzer. Wie wir aber alle wissen, ist die technische Entwicklung in der Druckindustrie so rasant fortgeschritten, die neuen Drucktechnologien haben sich so gewaltig verändert, daß Sie mit Ihrer Konzentration auf die Bleisatzherstellung heute ohne jede Arbeit dastehen würden. Der Beruf ist quasi ausgestorben.

So ging und geht es einigen Berufsvertretern, z.B. Jägern, Melkern, Scherenschleifern, Uhrmachern, Tankwarten, Klavierstimmern sowie vielen Verkäufern. Sich auf ein bestimmtes Betätigungsfeld zu konzentrieren war nur über eine gewisse Zeit lang von Erfolg gekrönt. Dann veränderte sich das Bedürfnis der Zielgruppe, und die ehemals sinnvolle, notwendige Dienstleistung dieser Berufsvertreter (denken Sie an den Tankwart) wurde manchmal schnell, manchmal langsam immer weniger wichtig und die erbrachte (Dienst-)Leistung damit nahezu unverkäuflich. Für die betroffenen Berufsvertreter endete dies oftmals in der Langzeitarbeitslosigkeit.

Nicht viel anders erging und ergeht es Unternehmen, die früher wichtige und erfolgreiche Produkte hergestellt haben. Das betrifft die Herstellung von Kutschen und anderen Pferdewagen oder die Uhrenindustrie (zumindest in diesem Land). Der Untergang ganzer Industrieproduktionen ist uns bekannt.

Die Kaufentscheidung für oder die Abnahme einer bestimmten Arbeitsleistung, egal ob als Produzent oder Dienstleister, egal ob als geschickter oder muskelkräftiger Handwerker, ob als serviler oder cleverer Dienstleister mit Spezial-Know-how ist für den Anbieter immer besser zu vermarkten, wenn er sich an den Bedürfnissen seiner Klientel, an Kundenwünschen orientiert und nicht ausschließlich an einem Betätigungsfeld.

Im Gespräch mit Ihrer potentiellen Zielgruppe, den zukünftigen Nutzern Ihrer Dienstleistung, ergibt sich für Sie ein Lernprozeß, der die Chance beinhaltet, Ihr Arbeits- und Leistungsangebot immer besser den Bedürfnissen und Wünschen Ihrer Zielgruppe anzupassen.

Es wird nun Ihre Aufgabe sein, Ihr Know-how, Ihre berufliche Leistung ständig im Hinblick auf die beruflichen Bedürfnisse Ihrer Zielgruppe zu verbessern. Damit können Sie Ihren Wert, Ihre »Marktposition«, steigern und die Besonderheit Ihrer Arbeitsleistung absichern und weiter ausbauen. Hinzu kommt: Wer sich mit der Zielgruppe seines Arbeitsangebotes intensiv auseinandersetzt wird auch weitere Chancen für zusätzliche Betätigungsfelder entdecken. Erkennen Sie, welche Zielgruppen sich hinter dem von Ihnen ausgewählten Betätigungsfeld verbergen. Angenommen, Sie entdecken bei sich Verkaufstalent. Verkaufen ist zweifelsohne eine der wichtigsten Fähigkeiten in unserer Arbeitswelt. Aber neben der entscheidenden Frage, was Sie eigentlich verkaufen wollen, ob Gummibärchen oder Kraftwerksturbinen, Konzertkarten oder Kooperationkonzepte für multinationale Großkonzerne, neben dem Verkaufsgegenstand ist es für Sie und Ihr Vorhaben bedeutsam, wer hinter Ihrem potentiellen Verkaufsobjekt steht, mit welcher Zielgruppe, im klassischen Sinne mit welchem Arbeitgeber Sie zu tun haben.

Klar jedenfalls ist, daß sich Gummibärchen-Großhändler von Unternehmensberatungen für Großkonzerne ganz gewaltig unterscheiden. Und damit dürfte ebenso klar sein, daß sich die Kontaktaufnahme zu dieser Zielgruppe von anderen potentiellen Arbeitgebern unterscheidet. Aber auch die langfristige Kommunikation in diesem branchenspezifischen Betätigungsfeld wird sich anders gestalten mit all den sich daraus ergebenden Konsequenzen für Sie, der Sie hier etwas anzubieten haben und hier erfolgreich tätig werden wollen.

Die präzise Ausrichtung auf Ihre Zielgruppe, auf die Einkäufer Ihrer Dienstleistung, ist einer der wichtigsten Bausteine in Ihrem strategischen Vorgehen. Wenn Sie dann noch das bedeutsamste, das dringendste Problem Ihrer Zielgruppe erkennen und bedienen können, wird Ihr beruflicher Erfolg nicht lange auf sich warten lassen.

4. Zur Analyse der wichtigsten beruflichen Probleme Ihrer speziellen Zielgruppe

Sie wissen um Ihre besonderen Fähigkeiten. Sie kennen dementsprechend Ihr erfolgversprechendstes berufliches Betätigungsfeld und haben die dafür interessanteste Zielgruppe identifiziert. Jetzt gilt es, für genau diese Zielgruppe, die wichtigsten beruflichen Probleme so präzise wie möglich zu analysieren, um sie Ihrerseits optimal bedienen zu können.

Je besser Ihnen dies gelingt, je genauer Sie durch Ihr besonderes Leistungsangebot die Probleme Ihrer Zielgruppe zu lösen helfen, desto wichtiger werden Sie für Ihre Zielgruppe, desto wertvoller sind Ihre Dienste. Mit einem Stichwort: es geht um die Feinabstimmung. Hierbei hilft Ihnen ein einfacher, gedanklicher Rollentausch. Je besser Sie sich in die Lage Ihrer Zielgruppe versetzen können, desto größer Ihre Chance, deren wirkliche Probleme zu erkennen und zu verstehen. Damit ist für Sie die Möglichkeit verbunden, dieser Zielgruppe ein überzeugendes Problemlösungsangebot zu offerieren.

Was wäre also wohl Ihr größtes Problem, wenn Sie sich in der beruflichen Lage, in der Situation Ihrer Zielgruppe befänden?

Eine regelmäßige Bedarfs- und Problemanalyse Ihrer Zielgruppe, der ständige Dialog mit den Einkäufern Ihres Arbeitsangebotes wird Ihnen helfen, immer an den Bedürfnissen dranzubleiben, sich quasi unentbehrlich zu machen.

Lassen Sie sich dabei immer von dem Gedanken leiten, was gerade *Sie* tun können, um den Nutzen Ihrer Dienstleistung für Ihre Zielgruppe zu optimieren.

Denn: Die Verbesserung der beruflichen Situation Ihrer Zielgruppe hat mit Sicherheit positive Auswirkungen, positive Rückwirkungen auf Sie. Dabei werden Sie früher oder später auch auf Grenzen Ihrer Leistungs- und Problemlösungsfähigkeiten stoßen. Grund genug, sich mit der Frage auseinanderzusetzen: Was hindert Sie, was ist Ihr persönlicher Engpaß, wo hapert's noch in der Bemühung um ein besonderes Leistungsangebot für Ihre Zielgruppe?

5. Warum ein kontinuierlicher Verbesserungsprozeß für Ihre Zielgruppe und damit auch für Sie so wichtig ist

Sie haben geklärt, was aus der Sicht Ihrer Zielgruppe das bzw. die größten zu lösenden beruflichen Probleme sind. Vor allem aber wissen Sie, was Sie Ihrer Zielgruppe an Lösungs-Know-how anzubieten haben. Nach dieser Feinabstimmung geht es um die Erkenntnis, daß auf Dauer Ihr Arbeitsangebot am Markt nur dann Erfolg haben wird, wenn Sie das einmal gewonnene Lösungs-Know-how kontinuierlich pflegen, vor allem aber ständig verbessern.

Lebenslanges Lernen und berufliche Fortbildung sind die zentralen Begriffe. Wichtig dabei: Suchen Sie das Gespräch, den Informationaustausch mit Ihrer Zielgruppe, um keinen Veränderungsprozeß zu verpassen. Dies kann nämlich viel schneller passieren, als es Ihnen recht sein dürfte.

Bleiben Sie also mit Ihrer Zielgruppe im Gespräch, im ständigen Austausch über deren wichtigste Probleme und die von Ihnen dazu angebotenen Lösungen. Entwickeln Sie ein Informationsmanagement, und werten Sie alle Ihnen zugänglichen Medien Ihrer Zielgruppe daraufhin ganz bewußt aus. Verlieren Sie nie den Kontakt und damit den Blick für die wesentlichen, die brennendsten Arbeitsprobleme und Bedürfnisse Ihrer Zielgruppe.

Beachten und beherzigen Sie die Sprichworte: Das Bessere ist der Feind des Guten. Und auch: Wer rastet, der rostet. Ruhen Sie sich nicht auf den vermeintlich ersten Lorbeeren aus. Es geht um die permanente Perfektionierung Ihrer Dienstleistung, den kontinuierlichen Ausbau und die ständige Vervollkommnung Ihres speziellen Lösungs-Know-how. Sammeln Sie systematisch Ideen und Einfälle, Anregungen und Vorschläge, die einen Beitrag zur Entwicklung neuer Vorgehensweisen, anderer Lösungsansätze bieten könnten. Oftmals ist es wie bei einem Puzzle: erst wenn man viele Teile spielerisch versucht zusammenzusetzen, erhält man eine Idee, wie das Gesamtbild aussehen könnte, und kann dann gezielter an der Lösung weiterarbeiten.

Mit welchem Instrumentarium könnte man die wichtigsten Probleme Ihrer Zielgruppe noch besser lösen? Was müßte geschaffen oder erfunden werden, um die Probleme optimal lösen zu können? Analysieren Sie aber auch, was Ihnen persönlich noch fehlt, um noch bessere Lösungsergebnisse für Ihre Zielgruppe anbieten zu können.

Und noch etwas: Nicht alles muß neu erfunden werden. Nicht jedes Problem ist absolut neu und tritt zum erstenmal auf. Für viele Probleme gibt es bereits gute Lösungsansätze, vielleicht in einer anderen Branche, vielleicht in einem anderen Bereich.

Nutzen Sie also hier die bereits vorhandenen Erkenntnisse aus, suchen Sie Vorbilder und modifizieren Sie Lösungen so, daß diese Ihnen bei der Bearbeitung und Lösung Ihrer Dienstleistung für Ihre Zielgruppe optimal weiterhelfen. Bauen Sie auf den Erkenntnissen anderer auf. Entwickeln Sie jedoch davon ausgehend Ihre eigene, ganz individuelle Lösungsstrategie.

Stück für Stück, manchmal auch nur in ganz kleinen Schritten, kommen Sie dem großen Endziel auch entgegen. Bisweilen werden Sie erkennen müssen, daß Sie nicht alles aus sich allein heraus lösen können. Sie brauchen auch Unterstützung.

6. Auf der Suche nach potenten beruflichen Unterstützern

Sie haben analysiert, ausgewählt und entschieden. Jetzt geht es um die Erkenntnis, daß für Sie bei allem Spezialwissen und bei allem fachlichen Können auf einem Gebiet immer noch Teile dieses oder nahe umliegender beruflicher Gebiete »weiße Landkarten« bleiben. Mit Hilfe einer oder auch mehrerer Sie unterstützender Personen wird es Ihnen schneller und leichter gelingen, auch hier neue Ziele zu realisieren bzw. gemeinsam durch die Bündelung der Anstrengungen einen deutlich überzeugenderen und größeren Erfolg zu erwirken. Sie können bei der richtigen Auswahl Ihrer Kooperationspartner ungemein profitieren. Nur die richtigen müssen es natürlich sein, was aus Produktivitätsüberlegungen heraus mehr mit komplementären, also sich ergänzenden Fähigkeiten bei Ihrem Partner und Ihnen zu tun hat.

Kooperation ist besser als Konkurrenz, und wenn Sie gemeinsam mehr schaffen als jeder einzelne für sich, ist der zu erwartende Vorteil gegenüber dem Restrisiko Streit und anderen schädlichen Auswirkungen sicherlich wagenswert.

7. Die Spezialisierung auf elementare berufliche Problemlösungsbedürfnisse Ihres Auftraggebers

Beständigkeit hat nur der Wandel. Dies wissen wir, aber richten wir uns auch danach? In der Mehrzahl wohl eher nicht. Dabei gilt es, in beruflicher Hinsicht gerade diesen Wandel besonders zu beherzigen.

Wer sich an den beruflichen Wünschen und Bedürfnissen einer besonderen Zielgruppe orientiert und dafür seine Spezialkenntnisse ständig ausbaut und erweitert, tut gut daran, sich weniger auf variable als auf konstante Bedürfnisse zu konzentrieren. Als konstant und damit halbwegs stabil gelten Grundbedürfnisse wie z.B. Ernährung, Gesundheit, Kommunikation, Bekleidung, Mobilität, Information und der ewige Wunsch nach Selbstverwirklichung. Viel weniger stabil sind die Dinge, die der Befriedigung dieser Bedürfnisse dienen wie z.B. Lebensmittel (die Geschmäcker ändern sich nun einmal häufig) oder Rohstoffe (sind nicht immer verfügbar oder werden durch technische Erneuerungen ersetzt). Aber auch Know-how, Ideologien und Konzepte, die heute populär seien mögen, sind morgen vielleicht überholt. Klar also, daß derjenige, dem es gelingt, sich durch wohlüberlegte Spezialisierung auf ein konstantes, elementares berufliches Bedürfnis einer besonderen Zielgruppe von Arbeits-Auftraggebern zu profilieren, sehr wahrscheinlich viel länger, vielleicht dauerhaft erfolgreich arbeiten können wird. Ebenso klar aber auch, daß dieses erfolgreiche Konzept Nachahmer finden wird. Ergo ist eine ständige Anpassung und Verbesserung, aber auch ein innovativer In- und Output im Hinblick auf die beruflichen Bedürfnisse der Zielgruppe notwendig, um auf Dauer Erfolg erzielen zu können.

Vom lebenslangen Lernen haben Sie sicherlich schon mehr als genug gehört. Ganz wichtig dabei ist der permanente Austausch mit Ihrer Zielgruppe. Nur durch ein ausgefeiltes, geradezu institutionalisiertes Informationsmanagement haben Sie die Chance, ganz dicht an den wirklich wichtigen Bedürfnissen Ihrer Zielgruppe dranzubleiben und dadurch auch für sich selbst, beruflich einen dauerhaften Erfolg zu realisieren. (In Anlehnung an: Friedrich/ Seiwert; Das 1 x 1 der Erfolgsstrategie, Bremen 1995)

Kontakt-Management – Marketing in eigener Sache

Am Arbeitsplatz verbringen die Menschen die meiste Zeit ihres Lebens. Die Sorgfalt, mit der doch die meisten versuchen, für sich den richtigen Lebenspartner zu finden, scheint in krassem Mißverhältnis zum Aufwand bei der Auswahl eines adäquaten Arbeitsplatzes zu stehen. Dabei hängt für jeden einzelnen so viel von der Art der Arbeitsaufgaben und der Qualität der zwischenmenschlichen Beziehungen am Arbeitsplatz ab. Gibt es hier Probleme, so haben diese in der Regel massive Auswirkungen auf den privaten Bereich und auf die Beziehung zum Lebenspartner.

Prüfer auf dem Prüfstand

Wenn wir Ihnen hier in unserem Buch sehr detailliert nahebringen, welches Bewerberverhalten die größten Chancen hat, auf Unternehmensseite auf Akzeptanz und damit Erfolg zu stoßen, möchten wir Ihr Bewußtsein aber doch gleichzeitig für den folgenden Aspekt schärfen:

Es ist sicherlich absolut wichtig, die Spielregeln des Bewerbungsrituals zu kennen und sie gegebenenfalls nahezu perfekt zu beherrschen. Es ist aber genauso notwendig, sich selbst darüber klarzuwerden, ob der Arbeitsplatz bei dem einstellungsbereiten Unternehmen wirklich für Sie als »Arbeitskraftanbieter« der richtige ist. Auch der potentielle Arbeitgeber befindet sich in einer Bewerbungssituation und muß sich um Sie als zukünftigen Mitarbeiter angemessen bemühen. Sollten Sie hier bei der ersten Kontaktaufnahme und im weiteren Verlauf des Bewerbungsverfahrens Defizite erleben, berücksichtigen und bedenken Sie auch diese bei Ihrer Entscheidung sehr genau.

Laut wissenschaftlicher Erkenntnis spricht man an Werktagen kaum mehr als durchschnittlich neun Minuten mit dem Lebenspartner. Demnach wird wohl der andere, größte Teil der verbleibenden Zeit am Arbeitsplatz in der Kommunikation mit Kollegen und Vorgesetzten verbracht.

Bevor Sie in den »Bewerbungsring« steigen, vergessen Sie bitte deshalb nicht, daß Sie ebenfalls in der Position des Auswählenden sind. Auch das Sie überprüfende Unternehmen steht auf dem Prüfstand. Zu viel Enttäuschung, Leid und Ungemach könnte auf Sie zukommen, kostbare Lebensarbeitszeit ginge unwiederbringlich verloren, wenn oder weil Vorgesetzte, Kollegen oder Mitarbeiter für Sie nicht die richtigen Partner sind.

Die meisten Arbeitsplatzanbieter geben sich die größte Mühe, für ihr Unternehmen geeignete Mitarbeiter einzustellen. Viele Arbeitnehmer scheinen eher viel Zeit und Geld darin zu investieren, einen günstigen Gebrauchtwagen zu erstehen oder ihren eigenen auf dem Second-Hand-Markt gut zu verkaufen, anstatt sich kritische Gedanken bei der Auswahl ihres Arbeitsplatzes und Arbeitgebers zu machen.

Investieren Sie Ihre Lebensarbeitszeit sinnvoll und klug. Sie ist begrenzt!

Wie Sie kompetent recherchieren

Wer zu Hause auf den Anruf eines Headhunters und dessen Angebot für einen attraktiven, gut bezahlten Job wartet, erinnert an die tragikomischen Hauptdarsteller in Becketts absurdem Theaterklassiker *Warten auf Godot*.

Wenn Sie darüber nachdenken, wer etwas für Sie tun könnte, sollten Sie zunächst an eine Person denken: an sich selbst. Fragen Sie deshalb nicht, wer etwas für Sie tun kann, überlegen Sie zuerst, was gerade Sie speziell für ein Unternehmen tun können. Es geht zunächst um eine Marketinguntersuchung, die eine genaue Analyse der aktuellen Bedürfnisse auf Arbeitgeberseite in Relation zu Ihrem Angebot an Qualifikation und Kompetenz zur Aufgabe hat.

Wenn wir an Ihre Eigeninitiative appellieren, heißt das natürlich nicht, daß Sie den Wert von Hilfe und Unterstützung durch andere Personen unterschätzen sollen.

Lassen Sie auch Experten für sich arbeiten: Nutzen Sie z. B. Kontakte zu Firmen, Personalabteilungen, Interessenvertretungen, Bewerbungs- und Personalberatungsunternehmen bis hin zur Möglichkeit von Sondierungsgesprächen bei der entsprechenden Fachvermittlungsstelle des Arbeitsamtes (z. B. die ZAV in Frankfurt a.M.).

Aber auch andere Personen könnten sich als sehr hilfreich erweisen: Insider, die bereits in dem angestrebten Beruf, in der Branche oder Position selbst tätig sind, können Ihnen möglicherweise wertvolle Informationen für Ihr Bewerbungsvorhaben geben. Dabei spielt es keine Rolle, ob Sie es mit einem erfolgreichen oder unzufriedenen Informanten zu tun haben – Sie werden in beiden Fällen wissenswerte Anhaltspunkte bekommen. Ihre Gesprächspartner werden Ihnen Wege aufzeigen, über die Sie Kontakt zu potentiellen Arbeitgebern erhalten. Das können auch Hinweise auf spezielle Stellenangebote und -gesuche in Fachzeitschriften oder Tages- und Wochenzeitungen sein.

Neben den Branchenfernsprechbüchern sind besonders in Bibliotheken vorhandene Nachschlagewerke als Wegweiser und Kontaktbereiter nützlich. Nutzen Sie auch die neuen Medien – Stichwort Internet (siehe S. 81).

Als eine moderne Form der *recruiting strategy* sind von Arbeitgeberseite veranstaltete Messen und Tagungen erwähnenswert.

Das Gebot der Stunde heißt: recherchieren. Das bedeutet, Informationen zu sammeln und mosaikartig zu einem Bild zusammenzusetzen, das zeigt, wie der Arbeitsmarkt aussieht. Die Basis für diese Recherche kennen Sie bereits – es sind Ihre Überlegungen und Antworten zu dem Fragenkomplex: Wer bin ich, was kann ich, was will ich, und was ist möglich?

Gerade die letzte Frage bedeutet für Sie, aktuelle Informationen über potentielle Arbeitsplatzmöglichkeiten zu sammeln. Dies kann wirklich effektiv natürlich nur in engem Zusammenhang mit der Klärung der ersten drei Fragen geschehen.

So knüpfen Sie Kontakte

Die Methoden und Quellen für die Kontaktaufnahme mit einem potentiellen Arbeitgeber kennen Sie:

- die Stellenanzeige
- Chiffre-Anzeigen
- Kurzbewerbungen
- das Arbeitsamt
- die unaufgeforderte Bewerbung/Initiativbewerbung
- die persönliche Empfehlung
- das Stellengesuch
- die Personalberatungsgesellschaft

- der Headhunter
- der Karriereberater
- Outplacement
- Bewerbung mittels Internet
- das Telefon

Wir stellen im folgenden die einzelnen Möglichkeiten vor:

Stellenanzeigen – richtig analysieren

Bei Stellenangebotsanzeigen gibt es drei Varianten:

1. Anzeigen, die eine direkte Kontaktaufnahme mit dem potentiellen Arbeitgeber ermöglichen (ein eventueller telefonischer Vorabkontakt muß gut überlegt und geplant sein, s. S. 89);
2. ein direkter Kontakt ist nicht möglich, weil der Adressat der Bewerbung quasi inkognito bleibt und nur unter Chiffre über die Zeitung/Zeitschrift erreicht werden kann;
3. eine Personalberatungsfirma ist zwischengeschaltet und nimmt die Aufgabe der Bewerberauslese im Auftrag eines Arbeitgebers wahr, der selbst zunächst nicht in Erscheinung tritt.

Folgende Überlegungen sind bei der Lektüre von Anzeigen wichtig: Kommt dieses Angebot für Sie in Frage, d.h., erfüllen Sie (wenigstens zu 70%) die gestellten Anforderungen? Lassen Sie sich andererseits nicht sofort entmutigen, wenn im Anzeigentext bestimmte Erfahrungen, die Sie nicht haben, gewünscht werden. Wünsche muß man schließlich äußern dürfen (das wollen Sie ja auch, also gleiches Recht für alle). Träumen wir nicht alle von einem, einer PartnerIn, die möglichst so und so aussehen, sein sollte und dann ... Und gleichzeitig lehrt uns das Leben, daß auch von allem das Gegenteil wahr ist.

Und: Selbstverständlich geht es nicht nur darum, ob Ihre Fähigkeiten, Qualifikationen etc. den Anforderungen entsprechen, sondern auch, ob der Arbeitsplatzanbieter Ihren Anforderungen und Erwartungen an einen Arbeitsplatz nahekommt.

Übrigens: Recherchieren Sie gründlich, in welchen regionalen oder überregionalen Tages- und Wochenzeitungen sowie Fachzeitschriften Sie interessante Stellenanzeigen (Angebote) finden. Hauptquellen sind generell sicherlich die Wochenendausgaben der großen überregionalen Tageszeitungen *FAZ*, *FR* und *SZ*; weiterhin: *Handelsblatt*, *Die Zeit*, *Capital*, *managermagazin* usw.

Schreiben oder telefonieren Sie auf keinen Fall bereits am Montag, wenn Sie am Wochenende eine für Sie wichtige Anzeige entdeckt haben. Aus der Position einer inneren Ruhe und Gelassenheit (Sie stehen nicht unter Druck und laufen niemandem hinterher) haben Sie genügend Zeit, die ganze Sache ordentlich zu überdenken, was dazu führt, daß Sie nicht vor Mittwoch (also nach drei Tagen, besser sogar nach fünf bis sieben Tagen, Kontakt aufnehmen (zunächst telefonisch, dann schriftlich). Eine zu schnelle Kontaktaufnahme könnte Ihrem Gegenüber eine berufliche »Notsituation« signalisieren, aus der heraus Sie sich verändern wollen oder müssen, und das würde – so die Regel – Ihren Wert am Arbeitsmarkt schmälern.

Chiffre-Anzeigen – der richtige Umgang

Chiffre-Anzeigen haben die Funktion, den Inserenten und potentiellen Arbeitgeber zunächst anonym zu lassen. Dies geschieht in der Regel aus folgenden Gründen: man möchte die durch ein zu frühes Bekanntwerden des »Personalkarussels« (einige springen rauf, andere fliegen runter) ausgelöste Unruhe unter den Mitarbeitern vermeiden; man expandiert, verändert etwas in den Abteilungen und will es nicht jedermann (insbesondere nicht die Konkurrenz) wissen lassen; man hat als Unternehmen einen unbedeutenden Namen oder ein derzeit beschädigtes Image und versucht auf diese Weise, eine mögliche Bewerbungshemmschwelle zu umgehen.

Mancher Bewerber hat Angst, mit einer Bewerbung auf eine Chiffre-Anzeige das Risiko einzugehen, sich ungewollt und unwissentlich beim eigenen Unternehmen zu bewerben und so seine Veränderungsabsichten zu verraten. Dem kann vorgebeugt werden, indem man mit einem sogenannten Sperrvermerk arbeitet: Die Bewerbungsunterlagen für die Chiffre-Anzeige kommen in einen Umschlag, der dann nicht wie üblich mit Name und Anschrift des Empfängers beschriftet, sondern lediglich mit folgender Aufschrift versehen wird: »Für die Chiffre-Anzeige XXX in der Zeitung XXX vom XXX.« Dieser Umschlag wird zusammen mit einem kurzen Begleitschreiben an die Anzeigenabteilung der betreffenden Zeitung in einen größeren Umschlag gesteckt, der lediglich Adresse und Anschrift der Zeitung sowie den Vermerk »Anzeigenabteilung« enthält, jedoch nicht die Chiffre-Nummer.

Das Anschreiben an die Anzeigenabteilung enthält die Bitte, die Bewerbungsunterlagen in dem separaten Umschlag nur dann weiterzuleiten, wenn es sich bei dem Anzeigen-Auftraggeber nicht um die Firma (bzw. Firmen) X, Y, Z handelt. Andernfalls bittet man um Rücksendung mit dem Zusatz »Porto zahlt Empfänger« bzw. bereitet auch dafür einen Umschlag oder Adressenaufkleber und Rückporto vor.

Kurzbewerbungen – in der Kürze liegt die Würze

Auf Chiffre-Anzeigen kann man mit einer Kurzbewerbung reagieren. Eine Kurzbewerbung enthält lediglich das Bewerbungsanschreiben mit allen oben dargestellten wichtigen Fakten und Argumenten zu Ihrer Qualifikation und Bewerbungsmotivation, jedoch bis auf einen eventuell beigefügten Lebenslauf (Kurzfassung) mit Foto noch keine weiteren Unterlagen. Es ist sogar durchaus nicht unüblich, lediglich eine oder auch nur eine halbe Seite als erste Reaktion zu schicken und bei der Kurzbewerbung zunächst auf den Lebenslauf zu verzichten. Im Bewerbungsanschreiben sollte jedoch die Formulierung enthalten sein, daß Sie auf Wunsch gerne die ausführlichen Bewerbungsunterlagen nachreichen.

Sowohl bei Chiffre-Anzeigen als auch bei Kurzbewerbungen kann der Bewerber seinen aktuellen Arbeitgeber umschreiben, statt ihn konkret zu benennen. Also: Statt »Metallbau Müller & Sohn KG in Gelsenkirchen« formuliert man: »Ich bin seit 19 .. Abteilungsleiter (Verkauf) in einem mittelständischen Metallbauunternehmen mit über 100 Angestellten in einer größeren Stadt im Ruhrgebiet.«

Bei diesem Vorgehen kommt es darauf an, deutlich zu beschreiben, seit wann, in welcher Funktion und mit welchen Aufgabenstellungen man tätig ist, ohne den aktuellen Arbeitgeber zu benennen. Denn: Genauso wie Unternehmer das Recht in Anspruch nehmen, sich z. B. durch eine Chiffre-Anzeige oder die Einschaltung einer Personalberatungsgesellschaft so lange wie möglich »bedeckt« zu halten (die Gründe hatten wir schon beschrieben), haben auch Sie in dieser allerersten Bewerbungsphase die Möglichkeit, detaillierte Informationen über Ihren derzeitigen Arbeitgeber zurückzuhalten.

Hintergrund ist das berechtigte Interesse des Bewerbers, der sich bereits in einer Führungsposition befindet, seine Veränderungsabsichten dem gegenwärtigen Arbeitgeber nicht unangemessen früh zu offenbaren. Eine eventuelle Nachfrage (»Wie sind Sie denn mit Herrn/Frau XY zufrieden, Herr Kollege?«) durch den potentiellen neuen Arbeitgeber könnte erhebliche Nachteile für den Bewerber an seinem Noch-Arbeitsplatz zur Folge haben.

Eine andere Möglichkeit, mit dem Problem der »Geheimhaltung« seines Veränderungswunsches gegenüber dem aktuellen Arbeitgeber umzugehen, besteht – natürlich nicht nur bei der Kurzbewerbung – darin, in das Bewerbungsanschreiben die deutliche Bitte aufzunehmen, alle Angaben strikt vertraulich zu behandeln. Natürlich geht das nicht ohne Ihr Vertrauen, daß dies auch wirklich so gehandhabt wird.

Eine Kurzbewerbung kann auch bei einer unaufgeforderten Bewerbung bzw. Initiativbewerbung (s. S. 68) angemessen sein. In diesem Fall dient sie beiden Seiten dazu, schnell abzuklären, wie die Chancen für ein weiterführendes Bewerbungsverfahren aussehen.

Arbeitsamt – mit Nachsicht und Geduld

Sich durch das Arbeitsamt vermitteln zu lassen gilt leider vielerorts für Führungskräfte noch immer als ein Fauxpas. Das Image dieser Behörde ist bei Gehaltsempfängern von über 60.000 DM p.a. nicht gut. Eine Sondereinrichtung der Bundesanstalt für Arbeit, die Zentralstelle für die Vermittlung von Führungskräften (ZAV) in Frankfurt/Main mit Zweigstelle in Berlin ist ins Leben gerufen worden, um dieses behördliche Negativimage zu verbessern. Die Frankfurter Behörde (Spezialabteilung: Büro für Führungskräfte der Wirtschaft) ist durch das Vermittlungsmonopol für Topleute offiziellerseits im Vorteil gegenüber den großen privaten Personalberatungsgesellschaften wie Kienbaum, Baumgarten und wie sie alle heißen.

De facto aber ist es den Frankfurter Beamten noch nicht gelungen, gegenüber den Personalberatungsgesellschaften deutlich Terrain zu gewinnen. Und so empfiehlt Hans-Joachim von Plüskow in einem *Capital*-Ratgeber, sich nur im Notfall mit der ZAV in Verbindung zu setzen: »Bei der Suche nach einem karriereträchtigen Job in einem anerkannten Unternehmen kann Ihnen die Nebenstelle der Bundesanstalt für Arbeit kaum helfen. Eingehende Bewerbungsunterlagen mit dem Vermerk dieser Behörde betrachten besonders angesprochene größere Firmen mit einem Naserümpfen. Obendrein laufen Sie auch noch Gefahr, daß Ihre Bewerbungsunterlagen im Büro eines Personalchefs landen, der Sie bereits durch einen Executive Searcher kennengelernt hat. Bei einem so Überraschten brauchen Sie sich in Zukunft nicht mehr sehen zu lassen.«[5]

In letzter Zeit wird das Frankfurter Spezialbüro etwas häufiger von kleineren Firmen konkret mit der Suche nach geeigneten Führungskräften beauftragt. Diese Stellenangebote können Sie unter der deutlichen Ausweisung von Sperrvermerken für sich durchaus in Betracht ziehen. Hier liegen direkte Aufträge zugrunde, und Ihre Unterlagen werden nicht gestreut.

Initiativbewerbungen – so überzeugen Sie

Als Blind- oder Direktbewerbung, kalte, aktive oder unaufgeforderte Bewerbung, bisweilen auch fälschlicherweise als Kurzbewerbung bezeichnet – es gibt eine ganze Reihe von Namen, die immer ein und denselben Bewerbungsvorgang benennen: Der Bewerber nimmt von sich aus, also unaufgefordert, auf eigene Initiative Kontakt mit einem potentiellen Arbeitgeber auf, um sich und seine Fähigkeiten anzubieten.

Diese Form der Bewerbung erfordert außergewöhnliches Marketing und Fingerspitzengefühl und zeigt im Erfolgsfalle Ihre Kompetenz auf verschiedenen berufsrelevanten Gebieten (Leistungsmotivation, Persönlichkeit, Initiative etc.).

Am Anfang steht die Vorauswahl von Branche und potentiellen Arbeitgebern sowie eine möglichst genaue Analyse, was wo gebraucht und gewünscht wird.

Gut formuliert und ansprechend präsentiert, haben Sie mit der unaufgeforderten Bewerbung durchaus gute Chancen. Wenn auch eine Initiativbewerbung bei der Eroberung eines Arbeitsplatzes keine Wunderwaffe ist, so stellt doch die speziell hierfür notwendig werdende intensive Vorbereitung – insbesondere mit Fragen wie »Was für ein Mensch bin ich, was kann ich, was will ich und was ist möglich?« – eine gute Basis für einen soliden Erfolg sicher. Experten gehen davon aus, daß etwa 15–20% aller Arbeitsplätze über eine Initiativbewerbung »erobert« werden. Personalchefs interpretieren diese Form des Vorgehens als Hinweis auf eine starke Motivation und zielorientiertes, aktiv-dynamisches, erfolgsorientiertes Handeln. Logisch, daß solche Bewerber bevorzugt werden, wenn es die Stellensituation zuläßt.

Hinzu kommt der positive Effekt, daß man mit seiner Bewerbung keinesfalls einer von 100, 500 oder gar 1.000 Interessenten ist, die sich auf eine Stellenanzeige hin anbieten, sondern daß man den Vorteil der Singularität genießen kann.

Die per Telefon, schriftlich oder persönlich durchgeführte Bewerbung bzw. Vorabklärung ist umso erfolgversprechender, je mehr Sie von der Branche und den Bedürfnissen des speziellen Unternehmens wissen.

Denken Sie an gute Fernseh-Werbefilme, die Sie neugierig gemacht oder sogar zum Ausprobieren verleitet haben, und werben Sie mit der unaufgeforderten Bewerbung in eigener Sache: Sie sind der Produzent, das Produkt sind Ihre Fähigkeiten, ist Ihre Arbeitskraft. Nur wirklich gut vorbereitet, d.h. besonders gut gezielt, treffen Sie mit diesem Schuß ins Schwarze, der eben gar nicht so zufällig ist, wie man zunächst glauben mag. Sorgfältige Beobachtung des Marktes, fundierte Kenntnisse der Unternehmenssituation sowie möglichst einen konkreten Ansprechpartner im Umfeld, das Sie vorher gut »studiert« haben, lassen Ihr Bewerbungsangebot auf offene und nicht auf taube Ohren stoßen.

100 und mehr Blindbewerbungen, wie sie von mehr oder weniger verzweifelten Arbeitsplatzsuchenden über Unternehmen ausgestreut werden, tragen nicht zu Unrecht die Vorsilbe »blind«. Mag sein, daß auch mal ein blindes Huhn ein Korn findet, die meisten dieser Aktionen aber sind »Blindgänger« und erhöhen nicht nur die Portokosten, sondern strapazieren auch die Frustrationstoleranz, weil sie wenig positive Resonanz hervorbringen.

Was ist hauptsächlich zu berücksichtigen, wenn man einmal von dem allerwichtigsten Aspekt des genauen »Zielens« und dem damit verbundenen hohen Kenntnisstand über Branche und Unternehmen absieht? Sie haben die Möglichkeit, zwischen einer Kurz- und einer Langversion Ihres Angebotes (Bewerbungskurzinformation oder ausführliche Mappe) zu wählen.

Wenn es Ihnen hierbei nicht wirklich gelingt, auf Anhieb das Interesse an Ihrem Angebot, Ihren Fähigkeiten und Ihrer Person zu wecken, stehen Ihre Chancen schlecht. Der »Aufmacher«, »Anreißer«, kurz die Headline, muß in der Lage sein, ein quasi latentes Bedürfnis nach einem neuen Mitarbeiter schnell zu wecken. Hier ist eine optimale Strategie in Richtung dramaturgisch-geschickter Präsentation Ihrer Fähigkeiten absolut gefragt.

Diese Empfehlung mag auch auf alle anderen Bewerbungsvorhaben zutreffen, aber jemand, der zu erkennen gibt, daß er einen neuen Mitarbeiter sucht (per Stellenanzeige), oder ein Interessent, der sich bei Ihnen aufgrund eines von Ihnen geschalteten Stellengesuchs meldet, ist anders disponiert, d.h. interessierter und offener als jemand, der nichtsahnend Ihren Umschlag mit Ihren Bewerbungsunterlagen öffnet. Wenn hier auch zunächst stärkere Überzeugungsarbeit zu leisten ist, so befindet sich jedoch Ihre Bewerbung nicht in der zahlenmäßigen Konkurrenz wie bei der Antwort auf eine Stellenanzeige.

Ob Sie dabei nun einer Kurzbewerbung oder einer ausführlichen Bewerbungsmappe den Vorzug geben, ist eigentlich zu vernachlässigen und eher eine Frage der Portokosten und des Aufwandes. Aus diesem Grund wird übrigens die Kurzbewerbung von den meisten Intitiativbewerbern bevorzugt – vor allem natürlich in der Hoffnung, daß sie neugierig genug auf mehr macht. Dabei kann man sich aber auch leicht verrechnen, und so ist die ausführliche, aber gut strukturierte Bewerbungsmappe (so gestaltet wie ab S. 120 beschrieben) doch sicherer und vielleicht erfolgreicher.

Die Darstellung des Nutzens für den potentiellen neuen Arbeitgeber sowie das Hauptmotiv des Bewerbers sind in beiden Fällen von entscheidender Bedeutung, wenn die Entscheidung zu einem persönlichen Kennenlernen zugunsten des Absenders ausfallen soll.

Persönliche Empfehlungen – optimal nutzen

Diese Möglichkeit der Bewerbung setzt voraus, daß Sie Leute kennen, die sich für Sie einsetzen, d.h. man mag Sie und möchte Sie fördern. Ohne in einer entsprechenden Position zu sein, ist dies nicht einfach. Trotzdem sollte man die Beziehungen, die andere haben und für einen einsetzen können, auch nicht unterschätzen.

Vielleicht verfügen Sie ja selbst über besondere Beziehungen. Und wenn nicht, sorgen Sie dafür, daß solche entstehen, zum Beispiel durch Verwandte, Bekannte, Freunde, Freunde der Freunde, Exkollegen, Ausbilder, Vorgesetzte usw. Der Phantasie sind keine Grenzen gesetzt, der Zweck heiligt in diesem Fall die Mittel. Und wenn Sie keiner empfiehlt, empfehlen Sie sich selbst. Das (Berufs-)Leben schafft Kontakte, sei es bei Messen, Kongressen, Tagungen, Verkaufskontakten, Forschungsvorhaben etc.

Stellengesuche – Anleitung in 6 Schritten

Wer in die Offensive geht und selbst ein Stellengesuch in die Zeitung setzt, signalisiert Leistungsbereitschaft und Motivation. Um so mehr überrascht es, daß die meisten Stellengesuche eintönig, geradezu langweilig und wenig aussagekräftig formuliert sind. Das, was die Inserenten ihren potentiellen Arbeitgebern in der Zeitung anbieten, bleibt oft farblos und austauschbar. Die Folge: Die Anzeige löst bei den meisten Personalentscheidern eher ein Achselzucken aus als den Wunsch, mit dem Inserenten Kontakt aufzunehmen. Ausgangspunkt und Basis der Gestaltung eines erfolgreichen Stellengesuchs sind kurze, prägnante Antworten auf die Ihnen schon bekannten Fragen: was bin ich, was kann ich, was will ich?

Wenn Sie nicht ausgerechnet eine Position als »graue Maus« ins Auge gefaßt haben, sollte Ihr Stellengesuch zwei Bedingungen erfüllen:

1. Die Überschrift muß bereits beim Überfliegen der Zeitungsseite anziehen, »fesseln« und neugierig machen.
2. Der gesamte Text muß eine hohe Zahl von relevanten Informationen transportieren und damit den Leser bzw. die Leserin für Sie »erobern«.

Schön und gut, werden Sie jetzt sagen, aber: Wie geht das? Wer jetzt bereits auf die ersten Formulierungshilfen wartet, wird enttäuscht sein. Auch das Formulieren eines Stellengesuchs bedarf der ausführlichen Vorbereitung.

Schritt 1: Suchen Sie ein geeignetes Medium!

Zunächst einmal gehen Sie auf die Suche nach einer geeigneten Zeitung, einem geeigneten Magazin für Ihre Anzeige. Etwas typisiert gilt: Volks- und Betriebswirte, die sich überregional bewerben, wählen das *Handelsblatt*, Ingenieure die *VDI-Nachrichten*, Mediziner und Geisteswissenschaftler *Die Zeit,* Handwerker Fachzeitschriften der entsprechenden Innung oder Lokalzeitungen. Wer sich nur lokal umsehen möchte, ist (vor allem mit den Wochenendausgaben) bei einer der großen regionalen Zeitungen gut aufgehoben: *Berliner Morgenpost, Kölner Stadtanzeiger, Stuttgarter Zeitung, Hannoversche Allgemeine, Mainzer Allgemeine Zeitung, Leipziger Volkszeitung* usw. Außerdem sind *FAZ, FR, Die Welt* und die *Süddeutsche Zeitung* interessant.

Auf eine ganz bestimmte Branche festgelegte Bewerber/innen inserieren am besten in einem speziellen Fachmagazin, da dort die »Streuverluste« geringer ausfallen und sie gezielt an die in Frage kommenden Arbeitgeber herankommen. Für die Werbebranche beispielsweise gilt *Werben & Verkaufen* als Pflichtlektüre, für Rechtsanwälte die *Neue Juristische Wochenschrift*. Wenn Sie nicht wissen, welcher Fachtitel geeignet ist, erkundigen Sie sich bei einem Fachmann oder einer Fachfrau aus der Branche, bei der Industrie- und Handelskammer, Innungen oder Verbänden und Gewerkschaften.

Mitglieder von Berufsverbänden erhalten oft auch Vergünstigungen, wenn Sie in dem dazugehörigen Magazin inserieren.

Schritt 2: Nehmen Sie Stellengesuche wie -angebote im ausgewählten Medium gründlich unter die Lupe

Zunächst einmal gilt es, zu recherchieren, wer von Arbeitsplatzanbieterseite auf klassische Weise per Anzeige gesucht wird. Aus den darin sichtbar werdenden Anforderungsprofilen läßt sich viel lernen.

Dann untersuchen Sie sorgfältigst das Umfeld für Ihr künftiges Stellengesuch. Dazu schauen Sie sich auch die Anzeigen anderer Jobsuchender an. Beurteilen Sie die einzelnen Stellengesuche nach folgenden Kriterien:

- Was gefällt Ihnen spontan an der Anzeige und was nicht?
- Wird klar gesagt, was der Inserierende zu bieten hat und was seine wichtigsten Qualifikationen sind?
- Geht aus dem Text eindeutig hervor, was gesucht wird?
- Werden Allgemeinplätze und Selbstverständlichkeiten vermieden?
- Ist die Anzeige insgesamt wirklich aussagekräftig?
- Würden Sie sich als Personalchef angesprochen fühlen?

Wenn Sie diese Fragen für jede der Anzeigen kurz beantworten, haben Sie schon eine Menge über Stellengesuche gelernt. Außerdem finden Sie auf diese Weise heraus, welche Fehler Sie bei Ihrer Anzeige vermeiden müssen, um sich positiv von Mitbewerbern abzuheben.

Schritt 3: Formulieren Sie einen Text mit dichtem Informationsgehalt

Bevor Sie mit dem Texten anfangen, gilt es, drei Fragen zu beantworten:

- Was ist Ihr Kommunikationsziel?
- Welche Botschaften wollen Sie »rüberbringen«?
- Mit welchen Argumenten überzeugen?

Natürlich gibt es ihn nicht, den Königsweg der Formulierung. Ihr Text muß angemessen sein (sowohl dem, was Sie anbieten, als auch dem, was Sie suchen), gleichzeitig »wahr« und hoch-informativ. Ihr Stellengesuch wird man ähnlich wie ein Arbeitszeugnis lesen: sehr gründlich und zwischen den Zeilen.

Folgende Angaben dienen lediglich als Eckwerte und nicht als feste Vorgabe. Ihr Text sollte enthalten:

- Ihre wichtigsten fachlichen Qualifikationen
- Ihre beruflichen Erfolge
- eine präzise Angabe, was Sie suchen
- Ihr Alter und Geschlecht
- eine Angabe zu Ihrer Mobilität

Wenn Sie sich (noch) in ungekündigter Stellung befinden, erwähnen Sie das in jedem Fall. Sind Sie arbeitslos, ist das Stellengesuch nicht der Ort, sich zu »outen«.

Denn obwohl Arbeitslosigkeit kein Hinweis auf mangelnde Qualifikation oder fehlende Leistungsbereitschaft ist, wird sie immer noch von vielen Chefs so bewertet. Daher sollten Sie den Ausdruck *arbeitslos* in Ihrem Stellengesuch vermeiden. Wenn man Sie bei der Kontaktaufnahme danach fragt, geben Sie an, daß Sie sich weiterbilden, freiberuflich tätig sind oder ähnliches. Ebenso sollten Sie Angaben wie »suche dringend« oder »zum baldmöglichsten Termin« vermeiden. Sie wollen doch nicht von vornherein Probleme bei der Arbeitsplatzsuche signalisieren.

Für alle Formulierungen gilt: Seien Sie immer klar und verständlich, und wiederholen Sie nicht im Text, was bereits in der Überschrift steht. Erwähnen Sie keine Selbstverständlichkeiten wie »zuverlässig« oder »korrekt«. Sprechen Sie nicht von »neuen Wirkungskreisen« oder von »interessanten Aufgaben«. Niemand weiß, was darunter zu verstehen ist.

Alle Aussagen müssen spezifisch und präzise sein. Nennen Sie Roß und Reiter! Machen Sie eine klare Angabe zu der Position, die Sie suchen. Wer nicht genau weiß, was er eigentlich sucht, wird von den meisten Personalentscheidern nicht ernst genommen. Überlassen Sie es den Lesern, Ihnen möglicherweise ein berufsfremdes Angebot zu machen! Beispiel:

Projektmanager

IMMOBILIEN-
DEVELOPMENT

- Dipl.-Ing. Architekt
- Immobilienmakler
- Schwerpunkt Projektsteuerung Gewerbe-Neubau bis BkSt. 80 Mio.
- Englisch fließend, Französisch ausbaufähig
- 51 Jahre
- Führungserfahrung
- Ortsungebunden

Suche im Einsatzgebiet: Projektkonzeption/Projektabwicklung eine anspruchsvolle, ganzheitlich angelegte (Führungs-)Aufgabe mit Perspektive.

Zuschriften erbeten unter …

Vermeiden Sie Abkürzungen, mit Ausnahme der üblichen: *w.* für weiblich, *m.* für männlich (falls das Geschlecht nicht schon aus der Überschrift hervorgeht), langj. für langjährig, *J.* für Jahre bei der Altersangabe, *Dipl.* für Diplom. Andere Abkürzungen machen den Text schlecht lesbar und unverständlich.

Schritt 4: Formulieren Sie eine Überschrift

Die Überschrift ist der prominenteste Ort Ihrer Anzeige. Denken Sie daher bei der Formulierung nicht so sehr daran, was *Sie* suchen, sondern welche Qualifikation Sie *anbieten*. Nur, wenn die Überschrift das Interesse eines Personalchefs weckt, wird er den übrigen Text überhaupt lesen. Gehen Sie also mit Ihren neu gewonnenen Erkenntnissen aus Schritt 2 und 3 an die Formulierung einer persönlichen Werbebotschaft. Da Sie sich abheben wollen, müssen Sie spezifisch sein, zum Beispiel:

Volljuristin
Schwerpunkt Online-Recht

Verkaufsleiter/GVL

Betriebswirtin/Schwerpunkt Controlling

Wie Sie sehen, muß es in der Überschrift gelingen, sich von anderen Inserenten abzusetzen, damit man genau bei Ihrer Anzeige »hängenbleibt«. Aber bitte keine unseriösen Aufschneidereien, wie *Super-Manager* oder *Voll-Profi*. Solche und andere wichtigtuerische Formulierungen verhelfen Ihnen allenfalls zu einem Heiterkeitserfolg.

Stöbern Sie statt dessen in Ihrem reichlichen Erfahrungshaushalt und fördern Sie etwas zutage, was für Ihren potentiellen Arbeitgeber von Bedeutung ist. Wichtig: Die Überschrift muß graphisch vom Rest abgesetzt sein (Fettdruck/größerer Schriftgrad).

Eine Alternative: Um sich von anderen, sagen wir Maschinenbauern, abzuheben, ist es möglich, in der Überschrift einen angestrebten Arbeitsbereich anzugeben. Beispiele:

Vertriebsingenieurin
Dipl.-Ing. Maschinenbau

Qualitätsmanagement
Dipl.-Ing. Elektrotechnik

Schritt 5: Versetzen Sie sich in die Lage eines Personalleiters, der sonntags morgens beim Frühstück die Stellengesuche überfliegt

Nehmen Sie nun noch einmal die Perspektive Ihrer Zielgruppe ein (Chefs, Personalverantwortliche, Abteilungsleiter). Dieser Personenkreis hat vor allem eins: wenig Zeit und wenig Geduld, sich mit nichtssagenden Stellengesuchen auseinanderzusetzen. Damit der Leser ausgerechnet an Ihrer Anzeige hängenbleibt, müssen Sie bei der Formulierung von Überschrift und Text diese anspruchsvolle Zielgruppe genau im Auge behalten. Prüfen Sie immer wieder: Wird meine Wortwahl Personalentscheider dazu bringen, mit mir Kontakt aufzunehmen?

Schritt 6: Gesuch veröffentlichen

Die meisten Stellengesuche werden unter Chiffre aufgesetzt, um Anonymität zu wahren (z.B. wegen noch bestehender Arbeitsverträge). Ob Sie nun Ihre Adresse oder Chiffre angeben, in beiden Fällen empfiehlt es sich jedoch, zusätzlich Ihre Telefon- und Faxnummer anzubieten. Denken Sie daran: Sie müssen es der Personalleitung so leicht und angenehm wie möglich machen, sich mit Ihnen in Verbindung zu setzen. Wenn der Personalchef spontan entscheidet, daß sich eine Kontaktaufnahme lohnen könnte, wird er eher zum Telefon oder Fax greifen, als die Sekretärin damit zu beauftragen, Ihnen in den nächsten Tagen unter Chiffre eine Nachricht zukommen zu lassen. Sollten Sie kein Fax haben, geben Sie die Faxnummer eines Freundes an, und stellen Sie sicher, daß ein Fax unverzüglich (!) und zuverlässig an Sie weitergeleitet wird.

Einige Rahmenbedingungen sollten Sie bei Aufgabe eines Stellengesuchs beachten: Größe, äußere Erscheinung und Kosten der Anzeige. Bei Fragen können Sie sich auch an die Anzeigenberater der Zeitungen wenden.

Größe: Ein zu kleines Stellengesuch signalisiert ebenso wie ein zu großes: Hier ist etwas nicht in Ordnung! Der Inserent unter- oder überschätzt sich! Wenn Sie sich ausführlich mit den Stellengesuchen der anderen Inserenten befaßt haben, können Sie inzwischen einschätzen, welche Größe für Sie in Frage kommt.

Kosten: Ein Manager, der ein Jahresgehalt von 100.000 DM und mehr anstrebt, dürfte mit einer einspaltigen 20-mm-Kleinanzeige (für weniger als 200 DM) allenfalls einen Heiterkeitserfolg erzielen. Als Faustregel gilt: in einer überregionalen Zeitung bis zu 1 % Ihres anvisierten Jahresgehalts, regional bis zu 0,5%.

Ein eigenes Stellengesuch läßt sich nicht in zwanzig Minuten texten. Planen Sie lieber einen ganzen Nachmittag dafür ein. Lassen Sie den Entwurf über Nacht liegen, und sehen Sie ihn am nächsten Morgen an. Hält er Ihrem kritischen Blick stand? Dann legen Sie Ihre Anzeige noch einmal einer von Ihnen ausgewählten Personalkommission zur Beurteilung vor.

Wenn Ihnen diese Prozedur zu anstrengend ist, können Sie sich auch an einen professionellen Karriereberater oder an das Arbeitsamt wenden. Hier stehen Ihnen erfahrene Fachkräfte mit Rat und Tat zur Seite. In vielen Fällen übernimmt das Arbeitsamt sogar die Kosten für eine solche Anzeige.

Sobald Ihre Eigenanzeige erscheint, sollten Sie Ihre Unterlagen (Lebenslauf, Zeugniskopien etc.) bereithalten. So können Sie auf die eingehenden Angebote schnell reagieren.

Personalberatungsgesellschaften – durch Professionalität beeindrucken

Wer sich auf ein Inserat einer Personalberatungsgesellschaft bewirbt, ist sozusagen »in der Vorhölle«. Das heißt: Das Bewerbungsverfahren läuft ab wie bei einem realen Arbeitgeber (hier werden möglicherweise Tests abverlangt, intensive Gespräche geführt – alles wie am Theater auf der Generalprobe. Irgendwann kommt der entscheidende Moment, wo man dann den Auftraggebern vorgestellt wird.

Viele Firmen beauftragen bei der Besetzung von wichtigen Positionen in ihrer Firma eine Personalberatungsgesellschaft, denn Zeitersparnis und Kompetenzausnutzung sind den auftraggebenden Firmen 15-40% eines Jahreseinkommens der zu besetzenden Stelle wert (plus aller Spesen).

Dabei bleibt die auftraggebende Firma nach innen und nach außen durch Anonymität geschützt, denn für sie inseriert die Personalberatungsfirma, sortiert und wählt vorab aus. So läßt man aus unterschiedlichen Gründen Mitarbeiter und Mitbewerber lange Zeit darüber im unklaren, was vor sich geht. Ob Abteilungen auf- oder zugemacht werden, sich die Führungsmannschaft erweitert oder verjüngt wird zur »Betriebs-Überraschung« – in dem Moment, in dem der Personalberater seinem Auftraggeber zwei, drei bis maximal fünf Idealkandidaten präsentiert und nach weiteren Vorstellungsgesprächen zwischen Arbeitgeber und Kandidaten die Entscheidung fällt.

Die Vor- und Nachteile einer Bewerbung bei einer Personalberatungsgesellschaft: Auch wenn man letztendlich nicht ausgewählt werden sollte – es lohnt sich allemal, bei Personalberatungsprofis einen bleibenden, positiven Eindruck zu hinterlassen. Personalberater haben ein gutes Gedächtnis, wissen, wer zu wem passen könnte, wenn jemand gesucht wird. Der Umgang und die intensiven Gespräche mit diesen Profis, die gut informiert sind, was läuft, schafft schnell eine gewisse Intimität. Sicherlich ist die wechselseitige Verpflichtung sowohl dem Auftraggeber als auch dem Bewerber gegenüber Grund dafür. Wenn Sie bei der auftraggebenden Firma durch die Hilfe eines dieser Profis landen, klingeln seine Kassen. Vergessen Sie aber als Bewerber in keiner Minute, daß Ihnen hier der Personalberater als Agent des letztlich alles bezahlenden Auftraggebers gegenübersteht.

Denken Sie daran: Jede von Ihnen preisgegebene Information kann auch wieder gegen Sie verwendet werden. Denn wenn es bereits beim Arbeitsstart

Ärger mit Ihnen gibt, ist das gezahlte Vermittlungshonorar im ungünstigsten Fall rückzuüberweisen. Das möchte kein Profi, er ist vielmehr an Anschlußaufträgen interessiert und wird – wenn es tatsächlich einmal brenzlig wird – keineswegs Ihr freundschaftlich verbundener Partner sein.

Also, bleiben Sie sich im Gespräch mit dem Personalberater der Bewerbungssituation bewußt, auch dann, wenn Sie in Versuchung gebracht werden, fünfe gerade sein zu lassen ...

Ob Sie es letztendlich schaffen oder nicht – der intensive Kontakt zu einem Personalberatungsbüro, das gute Image, das Sie sich dort geschaffen haben, kann sich auch in Zukunft für Sie bezahlt machen.

Denn eines Tages oder auch schon sehr bald klingelt Ihr Telefon, und jemand fragt, ob Sie Interesse an einem bestimmten Job hätten. Gutes Gedächtnis oder Zufall?

Headhunter – und wie man mit ihnen umgeht

»Guten Tag, Frau Sommer, mein Name ist Hett Hanter. Ich bitte um Entschuldigung, wenn ich störe, haben Sie einen Moment Zeit, man hat mir gesagt, Sie könnten mir weiterhelfen, Sie würden jemanden kennen, der für eine Aufgabe, die so und so ist, in Frage kommt. Vielleicht wollen Sie noch ein bißchen mehr wissen oder darüber nachdenken, vielleicht paßt es Ihnen auch besser, wenn ich Sie zu Hause anrufe, sagen wir heute abend ...«

Wenn Sie einen solchen Anruf erhalten, sollten Sie hellwach sein! Bevor Sie darüber nachdenken, wer von Ihren Bekannten, Kollegen, Freunden der geeignete Kandidat für die geschilderte Aufgabe ist, Ihnen leider niemand einfällt und Sie beim abendlichen Telefonat deshalb auch keinen Namen nennen können, sollten Sie doch wirklich pfiffiger sein. Sonst haben Sie – pardon, Sie Schlafmütze! – Ihre Chance schon verpaßt. Es geht um Sie!

Ihre Lottozahlen sind gezogen worden, und Sie haben vergessen, den Schein abzugeben!

Ob Einzelkämpfer, Executive Searcher oder im Rahmen einer Personalberatungsfirma – es geht darum, daß jemand weiß, wo Ihr Wissen gewinnbringend an den Mann oder die Frau gebracht werden kann.

Dabei handelt es sich nicht um das normale Such- und Findespiel per Anzeige (ähnlich den Kontakt- und Heiratsannoncen), sondern um die Direktansprache, die persönliche »Anmache« und auch »Verführung zum Fremdgehen«, d.h. die mehr oder weniger verblümt vorgetragene Aufforderung, seine Brötchen woanders zu verdienen.

Experten schätzen, daß in der Wirtschaft 20.000 Positionen pro Jahr (Tendenz steigend) mit Hilfe solcher »privater« professioneller Unterstützung besetzt werden. Während 1980 noch 80% aller Führungspositionen durch Suchauftrag per Anzeige in den großen Tageszeitungen besetzt wurden, sind es jetzt nur noch 30% (Tendenz weiter abnehmend). Immer häufiger werden potentielle Kandidaten von Headhuntern gezielt angesprochen und auf ihre Wechselbereitschaft abgeklopft.

Hier ein paar generelle Tips für den Umgang mit Headhuntern:

- Bleiben Sie bei der ersten Kontaktaufnahme sehr zurückhaltend. Informieren Sie sich zunächst über den Headhunter oder die Personalberatungsfirma. Es soll sogar Firmen geben, die ihr eigenes Führungspersonal durch Headhunter auf Loyalität überprüfen.
- Vermeiden Sie beim ersten Anruf die Frage: »Warum sind Sie gerade auf mich gekommen?« Das würde sehr unprofessionell wirken.
- Bleiben Sie auch im weiteren Verlauf der Verhandlungen mit dem Headhunter »cool«. Lassen Sie sich bloß nicht anmerken, daß Sie dringend einen neuen Job brauchen. Wer zu starke Freude bzw. Narzißmus zeigt oder gar von seiner großen Chance spricht, gilt als schwacher Kandidat. Understatement ist gefragt.
- Wenn Sie momentan nicht wechseln wollen, zeigen Sie sich dennoch interessiert-kooperativ, um in der Headhunter-»Kartei« zu bleiben – wer weiß, ob nicht in drei bis sechs Monaten bei einem neuen Angebot Ihr Standpunkt ganz anders aussieht.

Aber Vorsicht: Mit einem Headhunterangebot den eigenen Chef unter Druck setzen zu wollen, kann leicht schiefgehen. Letzten Endes sind alle enttäuscht: der Headhunter, weil Sie doch nicht wirklich wechseln wollen, Ihr Chef, weil Sie ihn quasi erpreßt haben, und Sie, weil sich das Ganze zukünftig rächt.

Also: Sicherlich ist es zunächst einmal schmeichelhaft, wenn Sie den Vorschlag unterbreitet bekommen, an einer anderen Stelle eine angeblich bessere Position einzunehmen. Aber: gesunde Vorsicht, eine Portion Mißtrauen ist immer angebracht, und ein dreimaliges Nachdenken, Überschlafen und vor allem saubere Recherchen Ihrerseits sind angezeigt, wenn sich in dieser Form Ihr angeblich »goldenes Schicksal« ankündigt.

Karriereberater – was Sie erwarten dürfen

Während alles – bis auf Ihr Stellengesuch – nicht Ihr Geld kostet, sind die Informationen des Karriereberaters für Sie natürlich nicht umsonst. Für 200 – 300 DM pro Beratungsstunde hat er die Interessen des Mandanten, also die Ihrigen zu vertreten. Seine Hauptaufgabe ist es, Sie in allen beruflichen Fragen im Zusammenhang mit dem Vorankommen bestens zu beraten (quasi so wie unser Buch, nur eben persönlich, individuell und ein bißchen teurer).

Ein Berater ist Ihnen behilflich, wird Ihnen aber nichts abnehmen, denn 95% aller Arbeitgeber reagieren allergisch (gekränkt), wenn Sie mit Ihrem »Anwalt« (Karriereberater) aufkreuzen.

Dabei kann guter Rat teuer sein, aber sich auch wirklich lohnen: Wer 100.000 DM und mehr im Jahr verdienen will, sollte schon bereit sein, ein paar Mark zu investieren. Wichtig: Vorher wissen, was man will, und vorab klären, was es kostet.

Outplacement – in wessen Auftrag und für wen?

Soll ein besetzter Arbeitsplatz freigemacht werden, Experten sprechen unschön von »Entsorgung«, und stehen die Aktien so, daß der Arbeitgeber nicht ohne weiteres seinen Wünschen Ausdruck verleihen kann, wird der Outplacer, der »Scheidungsanwalt« bemüht. Gegen Bezahlung durch den Auftrag- und Arbeitgeber findet er Mittel und Wege (Geld spielt eine tragende Rolle), den zu »entsorgenden« Arbeitnehmer aus dem Unternehmen angemessen herauszubringen und ihm bei seinem weiteren beruflichen Lebensweg (unterstützend) behilflich zu sein.

Outplacement fand in den 60er Jahren das erste Mal in der Wirtschaft Anwendung. Damals standen bei Standard Oil und in der US-Luftfahrtindustrie umfangreiche Entlassungen an, und man versuchte, mit Hilfe eines Outplacements, für die Gekündigten Wege zu einer neuen Beschäftigung zu finden.

In der Outplacement-Beratung verschwimmen die Konturen zwischen Personalberatung, Headhunting und Karriereberatung. Der Hintergrund ist jedoch ein anderer, in der Regel für alle Beteiligten ein recht unangenehmer, besonders aber für den betroffenen Arbeitnehmer.

Ihm kann nur empfohlen werden, sich zusätzlich durch einen Fachmann seines eigenen Vertrauens (z. B. Rechtsanwalt, Karriereberater) beraten zu lassen, bevor endgültige Entscheidungen getroffen werden.

Internet-Bewerbung – ein neues Medium effektiv nutzen

Wenn der übliche Frust der Stellenanzeigenauswertung bereits bei Ihnen eingekehrt ist, dann hält das *World Wide Web* möglicherweise eine Alternative für Sie bereit: Fast täglich hört man von neuen Wegen, das Netz zu nutzen: die Planung aufwendiger Reisen in ferne Länder, die Kontaktaufnahme zu Leuten im In- und Ausland, das stundenlange ›Chatten‹ mit wildfremden Menschen und das Einkaufen von Anrufbeantwortern, Blumen und Zeitungsabonnements.

Bislang nutzen jedoch nur wenige Führungskräfte das Internet bei der Suche nach einem zukünftigen Job. Viele finden sich im schier überwältigenden Informationswust des globalen Netzes nicht zurecht.

In den Vereinigten Staaten ist die Jobsuche im Internet schon seit Jahren gang und gäbe. Der Amerikaner Joe Mack beschreibt »his moment of fame«, als er 1994 »the world's very first interactive resume« als erste elektronische Bewerbung ins Internet stellte. Seine Eigenentwicklung *JobSeek* ist eine Art kleiner Film über ihn und seine Arbeit.

Nach seinem Abschluß als Grafikdesigner sah Mack sich damit konfrontiert, daß seine Studienkollegen Unsummen für aufwendige Bewerbungsmappen inklusive Arbeitsproben ausgaben. Mit Hilfe einer speziellen Präsentations-Software entwickelte Mack dagegen eine elektronische Bewerbung. Diese zeigt nicht nur die Person Joe Mack, sondern auch auf wirkungsvolle Weise seine Fähigkeiten als Gestalter. Er plazierte die Bewerbung im Internet (das damals noch wesentlich chaotischer als heute strukturiert war) und machte in seinen traditionellen Bewerbungsschreiben auf die entsprechende Seite im Netz aufmerksam. Die Resonanz war überwältigend. Mack hatte mit seiner innovativen Bewerbung gezeigt, auf welche Weise die neue Technik sinnvoll und positiv eingesetzt werden konnte. Mit *JobSeek* landete er auf der Titelseite von *USA Today*, trat in zahlreichen Shows auf, und selbst CNN berichtete über den Pionier in Sachen elektronischer Bewerbung. Joe Mack arbeitet heute als Game-Designer bei *SouthPeak Interactive* in Cary, North Carolina. Seine Bewerbung ist – als eine Art Denkmal – immer noch im Netz zu bewundern:

auf den Seiten des Software-Entwicklers Macromedia mit der Adresse *http://www.macromedia.com.*

Auch in der Bundesrepublik nutzen immer mehr Unternehmen nicht nur Printmedien, um ihre Stellenangebote zu veröffentlichen, sondern auch das Internet. Neben vielen nützlichen Informationen bieten Arbeitgeber auf ihren Internetseiten die Möglichkeit an, vakante Stellen per Mausklick abzufragen. Zusätzlich inserieren viele Firmen in elektronischen Jobbörsen, die durch die verschiedenen Internet-Browser angeboten werden.

So bietet das *World Wide Web* die Möglichkeit, bequem von zu Hause aus 24 Stunden täglich, 365 Tage im Jahr, nationale und internationale Stellenangebote in dem von Ihnen angestrebten Bereich abzurufen. Sie müssen also nicht mehr mühselig alle Anzeigen der Zeitungen durchforsten, um ein für Sie passendes Angebot zu finden. Statt dessen können Sie durch die vorherige Angabe der richtigen Suchbegriffe ganz gezielt selektieren. Oft besteht sogar die Möglichkeit, sich mit Hilfe aufrufbarer Bewerbungsunterlagen direkt übers Netz bei der entsprechenden Firma zu bewerben und den Weg über die herkömmliche Post zu sparen.

Über das Internet können Sie auch direkt, via E-Mail mit Ihrem potentiellen zukünftigen Arbeitgeber in Kontakt treten. Auf diese Weise bekommen Sie mehr Information über die ausgeschriebene Stelle oder stellen sich auf diesem eher informellen Weg schon einmal vor.

Es gibt also fünf Situationen, in denen Sie das Internet für Ihre Bewerbung gezielt nutzen können:

1. Die wichtigste: die Suche nach Informationen über Arbeitgeber
2. Die Suche nach den Stellenangeboten der Zeitungen
3. Die Suche nach Stellenangeboten auf den Seiten der Firmen
4. Die Suche auf virtuellen Arbeitsmärkten
5. Die elektronische Kontaktaufnahme

Im folgenden beschreiben wir diese Situationen und geben genauere Informationen, wie Ihnen das Internet bei Ihrem Bewerbungsvorhaben weiterhelfen kann.

1. Die Suche nach Informationen über Arbeitgeber

Egal, ob Sie dabei sind, Ihre Bewerbungsmappe zusammenzustellen oder ob Sie bereits einen Termin zum Vorstellungsgespräch in der Tasche haben: Ihre erste Pflicht als Bewerber ist es, sich so viele Informationen wie möglich über den jeweiligen Arbeitgeber zu besorgen.

Da Sie sich gezielt als optimaler »Problemlöser« für das Unternehmen profilieren wollen, müssen Sie zunächst wissen, wo denn genau diesen Arbeitgeber der Schuh drückt. Wenn z. B. ein Betrieb dabei ist, neue Modelle der Gruppenarbeit in der Fertigung einzuführen, dann sollten Sie vor dem Zusammenstellen Ihrer Bewerbungsmappe noch einmal einen Blick auf die Fachliteratur zum Thema Arbeitswissenschaft werfen. Wenn Sie dagegen aus dem Netz erfahren, daß Ihr potentieller Arbeitgeber große Projekte mit skandinavischen Firmen abwickelt, stellen Sie Ihr fließendes Norwegisch bei einer Bewerbung besonders in den Vordergrund.

Um das Internet als Quelle für Informationen über Unternehmen zu nutzen, reicht es meist aus, den Firmennamen auf folgende Weise einzugeben: *www.(Firmenname).de* für deutsche Firmen, bei US-amerikanischen benutzen Sie *www.(Firmenname).com (http://* am Anfang nicht vergessen!). Bei europäischen Unternehmen gelten die Endungen *.it* für Italien, *.uk* für Großbritannien, *.fr* für Frankreich, *.ch* für Schweiz und *.at* für Österreich.

Werden Sie auf diese Weise nicht fündig, so rufen Sie mit Hilfe des Buttons *Suchen* (*Search*) eine der Suchmaschinen auf. Die gängigsten davon heißen *Yahoo, Altavista, Excite, Lycos* und *Infoseek*. Obwohl diese Suchmaschinen grundsätzlich ähnliches zu Tage fördern, ist jede unterschiedlich organisiert und offeriert andere Wege zu den von Ihnen benötigten Informationen. *Excite* und *Yahoo* bieten zum Beispiel schon auf der Startseite Rubriken wie Business, Travel oder auch Job und Kariere an. Diese können Sie zu Beginn aktivieren und damit Ihre Suche weiter spezifizieren.

Allerdings sollten Sie auf jeden Fall erst einmal die Suchhilfe, eine Art Bedienungsanleitung der jeweiligen Suchmaschine, durchlesen. Meist befindet sich direkt neben dem Suchfeld ein *SeekHelp*- oder *Suchhilfe*-Button, mit dem Sie praktische Tips zur Vereinfachung Ihrer Suche aufrufen können. Das kostet Sie vielleicht anfänglich fünf Minuten Zeit, wird Ihnen aber letztlich viel Ärger und Mühe ersparen. Wer nicht lernt, so effizient wie möglich im Netz zu suchen, kann sich leicht in der Fülle der angebotenen Informationen verlieren und größere Überraschungen mit seiner nächsten Telefonrechnung erleben.

Nachdem Sie also Ihren Suchbegriff eingegeben haben, spuckt der Rechner eine ganze Reihe von Internet-Adressen aus, die in irgendeiner Form mit den Suchbegriffen zu tun haben. Diese Adressen sind zu den Seiten der Firmen »gelinkt«. Das bedeutet: Sie können durch Anklicken auf der Liste direkt zu den gesuchten Homepages gelangen. Dort finden Sie in der Regel bereits Informationen in Hülle und Fülle. Diese sind nicht linear aufgebaut wie in einer Broschüre. Ein Printmedium gibt durch seinen Aufbau vor, in welcher Reihenfolge die Informationen vom Leser aufzunehmen sind. Auf den Seiten des Internets dagegen kann der Leser nach eigenem Gusto hin und her springen. Er kann mit der Suchfunktion des jeweiligen Unternehmens (falls vorhanden) Daten gezielt und schneller auffinden und Querverweise nutzen. Sind Begriffe farblich abgesetzt, kann der User durch Anklicken dieser Links automatisch auf andere Seiten des Internets gelangen, beispielsweise auf die von Kooperationspartnern und Zulieferern des Unternehmens.

Ein Defizit muß allerdings angemerkt werden: obwohl das Internet prinzipiell die Möglichkeit einer ständigen Aktualisierung der präsentierten Informationen bietet, verfügen viele Unternehmen nicht über eine adäquate Internetbetreuung. Das hängt möglicherweise damit zusammen, daß sich diese Art der Mitarbeiterrekrutierung noch nicht einschlägig durchgesetzt hat. So nutzen bislang zwar knapp 70 Prozent aller Großunternehmen das Internet zur Mitarbeitersuche, aber lediglich 40 Prozent der mittleren und 20 Prozent aller Kleinunternehmen.

2. Die Suche nach Stellenangeboten in Zeitungen

Auch auf den Web-Seiten der *Frankfurter Allgemeinen Zeitung*, der *Süddeutschen*, von *Handelsblatt* und *Zeit* finden sich Stellenangebote. Einige dieser Seiten machen von den technischen Möglichkeiten des Netzes Gebrauch und sind interaktiv gestaltet. Das bedeutet: Sie können sich von dort direkt auf die Seiten der inserierenden Firmen klicken. Im allgemeinen übernehmen die Zeitungen aber lediglich ihre bereits gedruckten Anzeigen ins Internet.

Für Sie als Bewerber ist die Suche auf den Internet-Seiten der Zeitungen vor allem dann von Vorteil, wenn Sie sich in internationalen Publikationen oder mehreren Zeitungen gleichzeitig umsehen wollen. Sie ersparen sich damit den Weg zum Bahnhofskiosk. Achten Sie in jedem Fall darauf, wie aktuell die Anzeigen sind! Obwohl das Internet in der Theorie ein hochaktuelles Medium ist, sind die elektronischen Anzeigen der Zeitungen nicht immer up to date.

Die Internet-Adressen der jeweiligen Printmedien finden Sie in den Zeitungen selbst, meistens im Impressum. Sie können natürlich auch nach den elektronischen Adressen via Suchmaschine fahnden. Wenn Sie auf diese Weise auf der richtigen Homepage gelandet sind, klicken Sie sich von dort auf den Anzeigenmarkt weiter. Als *starting point* ist der Anzeigenmarkt der Wochenzeitung *Die Zeit www.jobs.zeit.de* zu empfehlen, da er übersichtlich organisiert ist und man von dort zu anderen Anzeigenmärkten gelangt, vorausgesetzt, daß diese funktional eingerichtet sind.

Ein weiterer Tip: Auch Fachzeitungen und -zeitschriften bieten Stelleninserate per Internet an. Wenn Sie sich also in der günstigen Situation befinden, schon genau zu wissen, welchen Bereich Sie anstreben, suchen Sie auch in kleineren, möglicherweise hochspeziellen Fachpublikationen.

3. Die Suche nach Stellenangeboten auf den Seiten der Firmen

Viele Firmen unterhalten eigene Stellenmärkte. Das bedeutet: Sie können sich von der Homepage aus zu den Seiten klicken, auf denen die Firma bekanntgibt, welche Stellen zu besetzen sind. Dabei sollten Sie sich nicht überwältigen lassen von schönen Angeboten und großen Versprechungen, die Ihnen dort gemacht werden. Schließlich geht es bei Stellenangeboten immer auch ein bißchen um Imagepflege und das Nach-außen-hin-Zeigen: Wir sind innovativ und so erfolgreich, daß wir auch mitten in der Rezession noch Leute einstellen. Mit der Realität hat das oft nur am Rande zu tun.

Wie bereits erwähnt sind die Jobseiten der Firmen in einigen Fällen mit einer Funktion verknüpft, über die sich ein Bewerbungsformular aufrufen läßt. Mit dem entsprechenden Button holen Sie sich das Formular auf den Bildschirm, das Sie wie einen standardisierten Bewerbungsvordruck ausfüllen und via E-Mail zurückschicken. Seien Sie allerdings gewarnt: Dieses automatisierte Auswahlverfahren kann recht brutal sein. So geben viele Firmen z.B. als Auswahlkriterium ein, daß Bewerber die Durchschnittsstudiendauer nicht überschreiten dürfen. Haben Sie also BWL oder Maschinenbau studiert und dies, wegen verschiedener Praktika und Auslandsaufenthalte, 14 anstatt nur 9 Semester, interessiert das den Computer, der Ihre Bewerbung standardisiert auswertet, nicht die Bohne. Oft werden Sie postwendend informiert, daß man Sie nicht für qualifiziert genug hält. Sind Sie trotzdem an dem ausgeschriebenen Job interessiert, hilft nur eins: nehmen Sie herkömmliche Mittel und Wege in Anspruch, und greifen Sie zum Telefon. Die Kontaktadressen und

Telefonnummern Ihrer Ansprechpartner sind gewöhnlich auf den jeweiligen Internetseiten angegeben.

4. Die Suche auf virtuellen Arbeitsmärkten

Unter etwa 70 Internet-Adressen veröffentlichen kommerzielle Anbieter Stellenangebote. Meist zahlen die Arbeitgeber einen gewissen Betrag, um ihr Angebot dort zu präsentieren. Als Bewerber können Sie in diesen virtuellen Arbeitsämtern ein für Sie passendes Angebot suchen. Wenn Sie in der ältesten Jobdatenbank der Bundesrepublik *www.jobs.adverts.de* die Begriffe ›Marketing‹ und ›Hamburg‹ eingeben, werden Ihnen aus knapp 4.000 Angeboten die passenden Stellen ausgewählt. Auch hier gelangen Sie oft durch Anklicken bestimmter Felder direkt auf die Seiten der jeweiligen Firmen. Die Jobbörse »Karriere direkt« *www.karriere.direkt.de* wirbt mit 1.000 Angeboten für Fach und Führungskräfte.

Die Jobbörse der Berliner Agentur Index sortiert unter *www.index.de* etwa 1.100 Angebote überwiegend im EDV-Bereich nach Datum und Postleitzahl. Die Anzeigen bleiben üblicherweise vier Wochen im Netz. Trotzdem auch hier immer auf die Aktualität der Anzeigen achten!

Viele dieser Jobbörsen bieten den Bewerbern gegen eine Gebühr an, ihre Lebensläufe aufzunehmen, so daß auch Arbeitgeber in Ruhe die Profile der einzelnen Bewerber studieren können. Das Centrum für Internationale Migration und Entwicklung in Frankfurt/M. (CIM) beispielsweise hat sich folgendes einfallen lassen: Es sucht im Auftrag der malaysischen Regierung und Wirtschaft in den nächsten Jahren über 20.000 junge Ingenieure, die bereit sind, hochqualifizierte Positionen im aufstrebenden Tigerstaat zu übernehmen. Wer als deutscher Ingenieur vom CIM für das Programm ausgewählt wird, kann seinen Lebenslauf auf dem hauseigenen Server veröffentlichen. Trotz der geographischen Entfernung von Arbeitsplatzanbieter und Bewerber ist auf diese Weise eine informative Kontaktaufnahme möglich – ohne Zeitverlust und ohne die Unsicherheiten eines langen Postwegs. Die Adresse des CIM im Netz: *www.cimffm.de*

5. Die elektronische Kontaktaufnahme

Sie können zu dem Unternehmen Ihrer Wahl auch elektronischen Kontakt aufnehmen. Über alle Internet-Seiten verstreut finden Sie Kontaktbuttons, mit denen Sie eine Mail-Maske aufrufen und an den von Ihnen ausgesuchten Ansprechpartner eine Art elektronische Postkarte abschicken können.

Auf eines müssen Sie sich jedoch gefaßt machen: die Hemmschwelle vieler Mitarbeiter, gerade in traditionellen Unternehmen, gegenüber dem neuen Medium ist hoch. Daher fragen viele Mitarbeiter ihre E-Mails erfahrungsgemäß nicht ab – selbst wenn die E-Mail-Adresse auf der Visitenkarte vermerkt ist. Allerdings ist es nur eine Frage der Zeit, bis sich hier etwas ändert und die neue Technik immer mehr akzeptiert wird. Lassen Sie sich deshalb nicht entmutigen, wenn auf Ihre E-Mail nicht geantwortet wird!

Sehen Sie das Internet einfach als eine weitere, aber eben nicht ausschließliche Möglichkeit der Kontaktaufnahme an. Falls Sie keine Antwort bekommen, greifen Sie auf die traditionellen Kommunikationsmittel mit Telefonhörer und Briefmarke zurück. Eine Ausnahme bildet wenig überraschend die Computer- und Multimediabranche. Dort wird heutzutage oft die gesamte Kommunikation übers Netz abgewickelt. Was bedeutet, daß Sie sich mit dem Medium schnellstens vertraut machen sollten, falls Sie einen Job in der EDV-Branche anstreben.

Weitere Möglichkeiten

Mit ein bißchen Phantasie können Sie das Internet noch an weiteren Punkten Ihrer Bewerbungsprozedur einsetzen. Wer beispielsweise eine dreimonatige Australienreise dazu nutzen möchte, sich dort nach einem Arbeitsplatz umzusehen, kann ein E-Mail-Account als Kontaktadresse angeben. Das hat den Vorteil, daß selbst ein reisender Bewerber von jedem beliebigen Internet-Cafe aus seine E-Mails checken und beantworten kann.

Sie können auch Ihre eigene Homepage ins Internet stellen, auf der Sie sich und Ihre Arbeiten präsentieren. Die Möglichkeiten einer interaktiven Präsentation gehen weit über die einer Bewerbungsmappe hinaus. Die meisten Internetprovider bieten eigene Homepages als kostengünstigen Service für ihre Kunden an. In Ihren schriftlichen Bewerbungsunterlagen weisen Sie dann einfach auf Ihre Seiten im Internet hin.

Warning!

Auch auf einige Nachteile sollten Sie bei Ihrer Bewerbung im Netz der unendlichen Möglichkeiten vorbereitet sein. Einige davon haben wir bereits angesprochen, vor allem die aus unerfindlichen Gründen manchmal funktionsuntüchtigen Web-Seiten oder die Unmenschlichkeit der computergesteuerten Auswahlverfahren. Ein weiterer Nachteil ist die mangelnde Geschwindigkeit des Netzes in Stoßzeiten. Nach 18 Uhr kann die Suche sehr mühsam werden, auch wenn Sie das schnellste Modem der Welt haben. Wenn die Telekom die Gebühren zum Feierabend senkt und alle Bewerber gleichzeitig ans Netz wollen, sind Leitungen und Server maßlos überlastet. Besser also, Sie versuchen es nach 23 Uhr oder am frühen Morgen. Langes Wachbleiben und frühes Aufstehen rentieren sich bestimmt, da Sie sonst schnell die Lust verlieren, wenn Sie allein 15 Minuten warten müssen, bis eine von Ihnen gewünschte Web-Seite sich vollständig auf dem Bildschirm aufgebaut hat.

Ein letzter Hinweis: In den Medien wird gern verbreitet, das Surfen im Netz sei kinderleicht. Wenn Sie allerdings versuchen, ein für Sie passendes Jobangebot zu finden, werden Sie schnell feststellen, daß es ganz so kinderleicht nun auch wieder nicht ist. Besonders anfänglich kann das riesige Überangebot an Information schnell lähmend wirken. Deshalb ist es ratsam, sich bei den ersten Surfversuchen im Netz ein bißchen Zeit zu nehmen. Lassen Sie sich nicht entmutigen, auch wenn Sie erst einmal wie wild durch die Gegend klicken, ohne direkt das Passende zu finden. Mit Praxis und etwas Erfahrung kann jeder schnell lernen zu surfen wie ein Profi. Und wer weiß? Ihr Traumjob ist möglicherweise nur einen Mausklick weit entfernt …

Talking Internet – Was hinter den Fachbegriffen steckt

Browser
Software, die Zugang zum Internet gewährt, z B. Netscape, Internet Explorer

Homepage
Erste Seite eines Unternehmens. Wird auch generell für alle Internetseiten benutzt.

ISDN
Integrated Services Digital Network, das neue digitale Telefon- und Daten-

netz, das besonders in der Bundesrepublik an Bedeutung gewinnt und schnelle Datenübermittlungen erlaubt.

Link

Verweis auf eine Internet-Seite, auf die man durch Anklicken verbunden wird. Meist farblich abgesetzt.

Modem

Verbindung zwischen Computer und Telefonleitung.

Provider

Internet-Dienstleister, der Ihnen über seinen Rechner Zugang zum Internet gewährt.

Suchmaschine

Suchfunktion, die sich über Suchen/Search aufrufen läßt (z.B. *Excite*, *Yahoo*, *Infoseek*)

Server

Computer im Internet, der WWW-Seiten bereithält. Alle Server sind miteinander verbunden, jeder Server ist einzeln anwählbar.

URL/Universal Resource Locator

Adresse im World Wide Web.

Webmaster

Betreut die Web-Seiten eines Rechners im Internet. Der Webmaster ist Ansprechpartner für Fehlerkorrekturen und Verbesserungsvorschläge.

WWW/World Wide Web

Populärster Dienst im Internet. Grafisch gestaltete Seiten im HTML-Format. Durch grafische Gestaltung und Links sehr benutzerfreundlich aufbereitet.

Telefonieren – ein effizientes Bewerbungsinstrument

Die meisten Bewerberinnen und Bewerber unterschätzen die Chancen, die der gezielte Einsatz des Telefons in ihrem Bewerbungsvorhaben birgt: lediglich 10 % greifen während der Stellensuche zum Hörer. Die schweigende Mehrheit dagegen pirscht sich nur schriftlich an die begehrten Arbeitsplätze heran. Ein strategischer Fehler, wie unsere Erfahrungen aus dem Büro für Berufsstrategie in Berlin beweisen. Wie man das Telefon am wirkungsvollsten für die eigenen Bewerbungszwecke nutzt, möchten wir im folgenden zeigen. Allerdings darf nicht unterschätzt werden, daß die praktische Erfahrung und Einübung der beste Lehrmeister und durch nichts zu ersetzen ist.

Das Telefon ist das am häufigsten eingesetzte Mittel, Informationen von A nach B zu transportieren. Um so unverständlicher scheint, daß sich viele Führungskräfte unendlich schwer damit tun, ihre potentiellen Arbeitgeber anzurufen. Viele haben Angst, nicht die richtigen Worte zu finden oder einen schlechten Eindruck zu hinterlassen. Dabei liegen die Vorteile eines Telefonats klar auf der Hand: durch einen Anruf kann man sich bereits im Vorfeld der Bewerbungsmappenauslese positiv von anderen Kandidaten abheben. Schließlich suchen die meisten Unternehmen heute kontaktfreudige und kommunikative Mitarbeiter. Ein gut vorbereitetes Telefongespräch ist die beste Möglichkeit, die eigene Kommunikationsfähigkeit (neudeutsch: soziale Kompetenz) deutlich unter Beweis zu stellen. Hier können bereits die Weichen in Richtung Interesse am Kandidaten wirksam gestellt werden, es kann eine erste bedeutsame Sympathieattribution erfolgen.

Folgende Situationen bieten sich besonders für den Einsatz des Telefons im Bewerbungsvorhaben an:

1. Informationen sammeln

Bevor Sie mit Ihrer Bewerbung beginnen, sollten Sie möglichst viele Informationen über das anvisierte Unternehmen einholen. Schließlich wollen Sie sich als optimaler Problemlöser für genau dieses Unternehmen präsentieren. Beginnen Sie Ihre Recherche in der Telefonzentrale des Unternehmens oder der Institution, bei der Sie sich bewerben wollen. Oft wird man Sie dort mit der Öffentlichkeitsabteilung weiterverbinden. Lassen Sie sich ein Profil, eine Pressemappe oder ähnliche Unterlagen zusenden. Bei großen Unternehmen gibt es außerdem Broschüren und Mitarbeiterzeitungen für einzelne Geschäftsbereiche.

2. Kontakt aufnehmen

Bevor Sie Ihre Bewerbungsunterlagen einsenden, sollten Sie auf jeden Fall (natürlich gut vorbereitet) bei dem in der Anzeige genannten Ansprechpartner anrufen. Ist keine Telefonnummer angegeben, hilft eine kurze Nachfrage bei der Auskunft. Um so besser übrigens, weil Ihr Such-Engagement verdeutlicht, wie groß Ihr Interesse ist.

Wer nicht anruft, signalisiert eigentlich: So groß ist mein Engagement für den Job nun auch wieder nicht. Nutzen Sie diese Kontaktmöglichkeit, um den ersten positiven Eindruck zu hinterlassen.

Außerdem fällt Ihnen nach einem Telefonat der erste Satz Ihres an den Gesprächspartner adressierten Anschreibens leichter. Der lautet dann nämlich etwa so: »Vielen Dank für das informative Telefonat vom 1. August. Das Gespräch hat mich weiter darin bestärkt, mich bei Ihnen um eine Stelle als Junior-Produktmanager zu bewerben ...«

Sollten Sie den wichtigen Entscheidungsträger/Geschäftsführer/Personalchef etc. nicht persönlich an die »Strippe« bekommen und (nur) mit seinem Referenten oder der Sekretärin telefoniert haben, ist dennoch der Hinweis im Einleitungssatz Ihres Bewerbungsanschreibens sinnvoll: »Nach einem Telefonat mit Ihrem Mitarbeiter, Herrn ... / Ihrer Sekretärin, Frau ... Nicht ganz unwahrscheinlich übrigens, daß sich der Adressat in einem solchen Fall bei Herrn bzw. Frau ... über den Anrufenden erkundigt und sich den persönlichen Eindruck schildern läßt.

Ziel dieser ersten telefonischen Kontaktaufnahme ist es, Interesse zu wecken und den Personalentscheider neugierig auf Ihre Bewerbungsunterlagen zu machen. Im besten Fall wirkt Ihr Telefongespräch wie ein gut gemachter Trailer in der Film- und Fernsehbranche, der als kurzgefaßte Vorankündigung Werbung für den eigentlichen Hauptfilm macht. Vielleicht schaffen Sie es, bereits während des Telefonats persönliche Sympathie bei Ihrem Gesprächspartner zu mobilisieren. Das gelingt beispielsweise durch das Feststellen von Gemeinsamkeiten (gleiche Universität, ähnliche Auslandserfahrungen etc.). Übertreiben Sie aber nicht. Weniger ist oft mehr.

3. Kontakt halten

Nutzen Sie das Telefon, um mit Ihrem Wunsch-Arbeitgeber in Verbindung zu bleiben. Seien Sie sich nicht zu schade, regelmäßig nachzufragen, wie der Stand der Dinge ist, ob es etwas Neues gibt. Natürlich sollen Sie dem Mensch am anderen Ende nicht auf die Nerven gehen, aber doch Ihr Interesse verdeutlichen und sich natürlich auch immer wieder in Erinnerung bringen. Sie sehen: Mal wieder wird Ihnen eine Gratwanderung abverlangt.

Bei solchen Aktionen sollte man immer eine Kopie seiner Bewerbung griffbereit neben dem Telefon haben. Schließlich wissen Sie nach zwanzig Bewerbungen nicht mehr so genau, was Sie wem und wie geschrieben haben. Seien Sie außerdem darauf vorbereitet, angeben zu können, wie hoch Ihre Gehaltsvorstellung ist. Am besten, Sie antworten auf eine solche Frage nicht direkt, sondern streichen heraus, daß Sie inhaltlich, d.h. intrinsisch motiviert sind und Geld zwar eine Rolle, aber nicht die entscheidende spielt. Bei weiteren Nachfragen benennen Sie besser eine Spanne, also z.B. 100 – 110.000 DM Jahresgehalt. Sprechen Sie jedoch niemals über ein Monatssalär. Schließlich sind Sie kein Handwerker.

4. Nachfassen

Wenn Sie drei Wochen nach Einsendung der Unterlagen noch nichts gehört haben, sollten Sie telefonisch aktiv werden und nachfragen, wie der Stand der Bewerberauslese ist. Dabei können ganz unerwartete Dinge passieren. So wie es dem Diplomingenieur Martin Buchholtz aus Erlangen erging: er hatte seine Unterlagen an einen Handy-Entwickler geschickt und sechs Wochen später immer noch nichts gehört. Telefonisch erkundigte er sich höflich nach dem Stand der Dinge. Der Personalleiter ergriff die Gelegenheit beim Schopf: »Wie sieht es aus, Herr Buchholtz, können Sie morgen um 16 Uhr zum Vorstellungsgespräch kommen?« Der Kandidat kam zum vereinbarten Termin und wurde umgehend eingestellt.

Es gibt noch weitere Situationen, in denen Sie während der Bewerbungsphase zum Telefon greifen sollten. Wenn Sie beispielsweise nach einem Vorstellungsgespräch eine Absage erhalten, dürfen Sie ruhig nach den Gründen fragen (auf keinen Fall beleidigt oder vorwurfsvoll! Schließlich wollen Sie ehrlich wissen, warum man sich nicht für Sie entschieden hat). Besser jedoch, Sie fragen nach einem persönlichen Tip, den man Ihnen für Ihre weiteren Bewerbungen mit auf den Weg geben kann. Denn erstens geben alle Leute anderen gern Ratschläge, und zweitens bringen Sie sich auf diese Weise noch einmal in Erinnerung und zeigen Einsatzbereitschaft und soziale Kompetenz auch in einer für Sie schwierigen Situation.

5. Initiativ bewerben

Selbstverständlich können Sie sich auch am Telefon initiativ bewerben. Etwa so:

Personalchef: *»Weber ...«*

Bewerber: *»Guten Tag, Herr Weber, mein Name ist Wolfgang Schmidt. Ich rufe Sie aus Köln an. Ich bin Volljurist, kenne mich gut aus im Bereich der kommunalen Müllentsorgung und habe bereits neun Jahre bei der Stadtverwaltung in diesem Bereich gearbeitet. Haben Sie einen Augenblick Zeit, oder paßt es Ihnen besser, wenn ich Sie morgen früh gegen 10 Uhr noch einmal anrufe?«*

Personalchef: (etwas ungeduldig) *»Worum geht es denn?«*

Bewerber: *»Herr Weber, es geht darum, daß ich mich bei Ihnen als Leiter des Osteuropa-Projekts bewerben möchte. Sehen Sie da eine Chance? Ich spreche Polnisch und Russisch, war fünf Jahren in Polen in leitender Position einer Umweltschutzorganisation tätig ....* (Hier folgen weitere Werbeargumente in eigener Sache).

Wenn Sie sich initiativ bewerben, sollten Sie als erstes fragen, ob ihr Gesprächspartner in diesem Augenblick Zeit für Sie hat: »Frau Strube, da Ihr Unternehmen plant, die Ölpumpenserien auszubauen, möchte ich mich gerne als Leiter der neuen Abteilung bewerben. Haben Sie fünf Minuten Zeit für mich, oder paßt es Ihnen besser, wenn ich Sie morgen nachmittag, sagen wir gegen 15 Uhr, wieder anrufe?« Achtung: unbedingt eine konkrete Anrufzeit alternativ vorschlagen und ggf. fest vereinbaren: »Gut, dann rufe ich Sie morgen um 15 Uhr noch einmal an. Ich würde mich freuen, wenn Sie dann ein paar Minuten Zeit für mich haben.«

Vorsicht vor unerwarteten Eindringlingen!

Auch Personalentscheider greifen während der Bewerberauslese zum Telefon. Sie rufen ohne Vorwarnung bei den Kandidaten an, um sich Zugang zu deren Privatsphäre zu verschaffen. Wie reagiert der Bewerber auf diese unerwartete Situation? Mit wem lebt er zusammen, und welchen Eindruck macht sein privater Hintergrund? Manche Personalleiter ziehen daraus Schlüsse und entscheiden so, bei wem sich eine Einladung zum Vorstellungsgespräch wahrscheinlich nicht lohnt.

Ein solches Vor-Vorstellungsgespräch ist auch eine Prüfungssituation und geeignet, entsprechende Verunsicherung hervorzurufen. Bleiben Sie ruhig, atmen Sie tief durch, und sprechen Sie deutlich und flüssig, nicht zu langsam und nicht zu schnell. Erzählen Sie auf Nachfrage möglichst die interessantesten und wichtigsten Dinge, die für den Arbeitgeber und den Auswahlprozeß relevant sein könnten.

Besonders auf die provozierende Frage des Personalchefs – ob ausgesprochen oder indirekt zwischen den Zeilen mitschwingend – »Warum sollten wir unbedingt Sie einladen?«, müssen Sie gut vorbereitet sein. Sie sollten jetzt (quasi wie aus dem Stegreif) eine Werbebotschaft, Verkaufsargumente in eigener Sache überzeugend vortragen. Vermitteln Sie bei alledem gute Laune und Aktionspotential (selbst wenn gerade die Badewanne überläuft, das Omelett in der Pfanne anbrät, Ihr Laubfrosch von der Leiter fällt). Fassen Sie sich trotzdem kurz! Chefs haben wenig Zeit, freuen sich jedoch immer über ein interessantes Gespräch.

Auch am späten Abend und am Wochenende müssen Sie auf solche »Einbrecher«-Anrufe vorbereitet sein. Klären Sie Ihre Familienmitglieder oder Mitbewohner auf, was im Fall eines Anrufs in Ihrer Abwesenheit zu tun ist: freundlich-höfliches Reagieren, Namen von Anrufer und Firma aufschreiben, ebenso die Telefonnummer, einen Rückruf zu einer konkreten Zeit zusagen und am Schluß für den Anruf danken. Veranstalten Sie ruhig eine kleine Schulung mit allen, die möglicherweise Ihr Telefon abheben! Sprechen Sie außerdem eine freundlich-verbindliche, professionell klingende Ansage auf Ihren Anrufbeantworter, und verabschieden Sie sich von akustischen Visitenkarten mit Jux und Dollerei.

Lächeln nicht vergessen

Vielleicht denken Sie jetzt: *telefonieren kann doch jeder ....* Stimmt schon, aber Sie wollen bei der ersten Kontaktaufnahme ja nicht klingen *wie jeder*. Stehen Sie daher auf, wenn Sie telefonieren. Das gibt Ihrer Stimme Kraft und vermittelt einen dynamischen Eindruck. Wenn Ihr Telefon es erlaubt (und Sie gerade nichts notieren müssen), können Sie während des Gesprächs auf und ab gehen. Ziehen Sie sich für ein wichtiges Telefonat an wie für ein Vorstellungsgespräch. Mit Jogginganzug und Puschen, zusammengesunken auf Ihrem Sofa, werden Sie andere nicht überzeugen können. Schauen Sie in einen auf dem Schreibtisch aufgestellten Spiegel – lächeln Sie sich selbst an. Nicht grinsen! Sie werden sehen, wie positiv es Ihre Ausstrahlung am Telefon beeinflußt. »Die Form des Mundes hat Einfluß auf den Klang der Stimme«, so der Amerikaner George Walther, Autor des Buches *Phone power* und Profi-Telefontrainer.

Alle diese Empfehlungen mögen Sie vielleicht jetzt zunächst einmal befremden, aber wenn Sie sich mit der Materie wirklich intensiv beschäftigen, merken Sie schnell, daß es sich hier um erprobte und hilfreiche Tips handelt.

Keine verräterischen Hintergrundgeräusche

Während des Telefongesprächs mit Ihrem potentiellen Arbeitgeber muß Ihre Umgebung absolut ruhig sein, woraus sich bereits ergibt, daß Sie besser nicht aus einer Zelle anrufen. Aber sorgen Sie auch dafür, daß Ihr Partner nicht gerade im Hintergrund mit Geschirr klappert, Ihr Hund nicht zu bellen anfängt, die Katze nicht auf das Telefon springt und die Kinder nicht ihre Benjamin-Blümchen-Kassette mit voller Lautstärke hören. Vermeiden Sie ebenso Bürolärm, der den Eindruck erweckt, Sie telefonieren auf Kosten Ihres jetzigen Arbeitgebers, ein Fauxpas, den Sie nie wiedergutmachen können.

Ihre Türklingel sollten Sie wenn möglich abschalten oder wenigstens akustisch abschotten. Nicht auszudenken, wie nervös Sie werden, wenn Sie endlich »den Richtigen« ans Telefon bekommen haben und dann ein paar Kinder Klingelmännchen spielen, die Nachbarin nach einer Tasse Mehl fragt oder ein weitläufiger Bekannter aus Amerika plötzlich unangemeldet vor der Tür steht.

Und noch etwas: Auch der Begrüßungstext (-musik und andere Geräusche) Ihres Anrufbeantworters sind eine Art persönlicher Visitenkarte, die unweigerlich interpretiert wird. Was einem da so manchmal zugemutet wird, ist vielleicht für die Bewerbungssituation/Kontaktaufnahme eher unglücklich (»Hallo, hallo, hallo – hier spricht Kurt, leider nicht persönlich, sondern nur vom Gurt, äh, Band ... «).

Das Telefonskript

Da es natürlich nicht nur auf die Form, sondern auch auf den Inhalt Ihres Anrufs ankommt, sollten Sie vor dem Telefonieren ein Skript mit Ihren wichtigsten Punkten verfassen. Schreiben Sie auf, was Sie sagen wollen. (Auch hier ist die AIDA-Formel hilfreich; vgl. S. 102.) Ihr Gesprächspartner wird Sie sonst durch seine gehetzte Art leicht aus dem Konzept bringen. Auch wer lieber improvisiert, sollte für den Notfall ein Skript vor sich liegen haben! Notieren Sie ganz oben den Namen Ihres gewünschten Gesprächpartners, notfalls erkundigen Sie sich vorher nach der korrekten Aussprache. Sprechen Sie den Menschen am anderen Ende der Leitung regelmäßig mit Namen an: »Herr Ebermann, haben Sie einen Augenblick Zeit für mich, es dauert nicht länger als drei Minuten?« »Frau Voß, ich habe im Internet gesehen, daß Sie ein neues Projekt im Bereich automatische Spracherkennung ins Leben gerufen haben.« »Herr Rudolf, ich danke Ihnen herzlich für diese Informationen. Ich schicke Ihnen dann meine Unterlagen ...«

Konkret sein

Unabhängig davon, in welcher Phase Ihrer Bewerbung Sie anrufen, müssen Sie stets den Eindruck vermitteln, daß Sie wirklich etwas zu sagen oder zu fragen haben. Personalchefs sprechen gern über ihre Firma, vor allem über Größe und die Zahl der Mitarbeiter. Zeigen Sie Interesse am Umfeld Ihres angestrebten Arbeitsplatzes. Außerdem können Sie durch konkrete Fragen zur Stellenausschreibung Ihr Interesse belegen. Beispiele:

> *»Guten Tag, Frau Hallmann, gerade habe ich Ihre Anzeige in der* Süddeutschen Zeitung *gelesen. Ich interessiere mich sehr für die Stelle im Bereich Kongreßmanagement. Ich habe eine Frage, bevor ich Ihnen meine Unterlagen sende: Die Stelle ist ja für Geisteswissenschaftler ausgeschrieben. Nun bin ich promovierter Physiker, habe aber bereits eine ganze Reihe von Erfahrungen im Veranstalten wissenschaftlicher Kongresse. Zum Beispiel habe ich letztes Jahr die Hauptversammlung der Internationalen Naturwissenschaftlervereinigung gestaltet. Sehen Sie da eine Chance für mich, oder sind Sie auf Geisteswissenschaftler festgelegt?«*

> *»Guten Tag, Herr Gerhard, ich rufe auf Ihre Anzeige an, in der Sie einen Juristen mit Führungserfahrung für Ihre Rechtsabteilung suchen. Ich bin derzeit stellvertretender Leiter eines großen Verlags und fühle mich sehr angesprochen von der Aufgabe, die Sie beschreiben. Ich würde Ihnen heute nachmittag gern meine Unterlagen vorbeibringen. Wäre es Ihnen gegen 15 Uhr recht?«*

Lassen Sie sich dabei nicht zu schnell abwimmeln. Sie können Ihre Unterlagen ja auch bei der Sekretärin abgeben. Auf diese Weise lernen Sie die Dame kennen, und vielleicht gelingt es, sie zu Ihrer Verbündeten zu machen. Das wird Ihnen beim nächsten Anruf ganz bestimmt gute Dienste leisten! Außerdem ist Ihr Kurzbesuch ein weiteres Zeichen Ihrer Einsatzbereitschaft und Motivation. Wenn dann noch der Zufall mitspielt und der Chef vorbeiläuft, kann sich durchaus ein kurzes erstes Vorstellungsgespräch entwickeln. Auch hierauf sollten Sie vorbereitet sein. So wird man sich später bei Durchsicht der Bewerbungsmappenberge gern an Sie erinnern.

Präsenz am Telefon

Viele Leute sind unsicher, wie ihre Stimme am Telefon klingt. In solchen Fällen ist es hilfreich, Freunde oder Bekannte gezielt auf diese Frage hin anzusprechen. Vielleicht können Sie mit Ihrem besten Freund, Ihrer besten Freundin ein auf Tonband aufgezeichnetes Probetelefonat veranstalten. Überhaupt: Rollenspiele am Telefon sind sehr zu empfehlen. Übrigens: auch Atem-, Entspannungs- und Stimmübungen tun gute Dienste und verschaffen der Stimme mehr Präsenz. Die Persönlichkeitstrainerin Sabine Asgodom rät, das Telefonskript vorher zu singen (ja, Sie haben richtig gelesen: zu *singen*!) – nach einer bekannten oder erfundenen Melodie. Das wird Ihrem Vortrag mehr Klang und Fülle geben. Schließlich wollen Sie am Telefon nicht nur als Stimme, sondern auch als Person »rüberkommen«.

Übung und Glück

Natürlich sollte der Tag, an dem Sie wichtige Telefongespräche führen, ein *lucky day* sein. Gut ausgeschlafen, gut gelaunt und voller Tatendrang greifen Sie zum Telefon. Günther Greff, Telefonexperte aus dem norddeutschen Jever, rät Bewerbern: »Erfolgreich zu telefonieren ist auch eine Frage des Biorhythmus. Ein Morgenmuffel kann nicht schon vormittags mit der Stimme kraftvolle Bilder malen, Ideen vermitteln und Power rüberbringen. Außerdem sollte man sich nicht vorher über irgend jemanden furchtbar geärgert haben. So etwas überträgt sich garantiert auf das Telefonat.«

Apropos Frühaufsteher: wenn Sie Sorge haben, mit Ihrem Anliegen nicht an der Sekretärin vorbeizukommen, versuchen Sie es doch einmal morgens zwischen 7 und 8.30 Uhr. Vielleicht haben Sie Glück, und der Chef ist Frühaufsteher. Als Morgenmuffel versuchen Sie es besser nach 17 Uhr, am Freitag nachmittag oder in kleineren Unternehmen auch mal am Wochenende. Nicht selten sind Chefs auch noch um 18 Uhr oder 20 Uhr bzw. samstags vormittags im Büro und neugierig wie jeder Mensch, wenn das Telefon klingelt. Auch wenn Ihr Gegenüber sich nicht gleich zu erkennen gibt und sich z.B. nur mit »Hallo« meldet, gehen Sie ruhig davon aus, daß Sie einen wichtigen Entscheidungsträger am anderen Ende der Leitung haben. Das ist Ihre Chance. Tragen Sie Ihr Anliegen vor.

Natürlich ist Telefonieren – wie eingangs bereits erwähnt – in erster Linie Übungssache. Melden Sie sich ruhig zunächst bei Unternehmen, an denen Sie eigentlich weniger interessiert sind. Sie bekommen dadurch die nötige Routine. Nach ein paar Telefongesprächen wird es Ihnen nicht mehr schwerfallen, auch per Kabel souverän und sympathisch zu wirken.

Bewerbungs-Botschaften – schriftlich überzeugen

Sich be-werben bedeutet Werbung für Ihre Person und Ihre Dienstleistung, d.h. für Ihre Arbeitskraft zu machen. Mit der schriftlichen Bewerbung geben Sie eine Art Visitenkarte ab, eine erste Arbeitsprobe und erzeugen damit einen ersten Eindruck bei dem potentiellen Arbeitgeber bzw. seinen Vertretern (Personalchef, Sekretärin etc.). Daß dieser wichtige erste Eindruck positiv sein sollte und Ihnen deshalb zu einer Einladung zu einem Bewerbungsgespräch verhilft, ist das erklärte Ziel.

Selbst erfolgreiche Berufsvertreter mit einem wirklich bestechenden Bildungs- und Berufserfahrungshintergrund scheitern oft kläglich, wenn es in einer Bewerbungssituation darum geht, die eigene Person in schriftlicher Form angemessen zu präsentieren. Das führt zu dem erschreckenden Ergebnis, daß im Schnitt von 100 eingegangenen schriftlichen Bewerbungen bis zu 80 quasi sofort aussortiert werden müssen, weil formale (Präsentations-)Fehler ein intensiveres Befassen mit dem Bewerber von vornherein nicht lohnenswert erscheinen lassen.

Werbung in eigener Sache

Nicht ohne Grund tun wir uns schwer, wenn es um die positive Darstellung unserer selbst geht, das Benennen von Qualitäten, von herausragenden Leistungen, die wir erbracht haben. Das Erziehungsmotto »Eigenlob stinkt«, die uns mit teilweise brachialer elterlicher Gewalt antrainierte Bescheidenheit, die uns stets auferlegte Zurückhaltung kulminiert jetzt in der Bewerbungssituation in Form eines mangelnden Selbstwertgefühls, eines defizitären narzißtischen Gleichgewichts.

Wir alle kennen das Phänomen: für eine fremde Sache oder andere Personen können wir uns viel besser engagieren, deren Interessen deutlich erfolgreicher vertreten als unsere eigenen Belange. So versagen auch viele nachweislich erfolgreiche Top-Führungskräfte, wenn es darum geht, die eigenen Qualitäten und Leistungen auf den Punkt zu bringen und überzeugend darzustellen.

Vielleicht ist es gerade deshalb so schwer, sich angemessen einer anderen Person gegenüber darzustellen, weil man diese nicht kennt und nicht weiß, worauf es dem Gegenüber in der Bewerbungssituation wirklich ankommt, ganz besonders dann, wenn man das Ganze zunächst einmal schriftlich bewältigen muß.

Sie werden uns zustimmen, daß die Formulierung einer Heiratsannonce oder das Antwortschreiben auf eine solche eine heikle Sache ist. Heikel nicht etwa im moralischen Sinne, sondern wirklich schwierig, denn es ist ein zeitaufwendiges Unterfangen, wenn man seiner eigenen Person gerecht werden und damit auch Erfolg haben will.

Nicht viel anders verhält es sich bei der Gestaltung des Bewerbungsanschreibens, insbesondere des Lebenslaufes. Dabei steht außer Zweifel, daß jeder Mensch im persönlichen wie im beruflichen Bereich Qualitäten besitzt. Die Frage ist nur, ob Sie diese wirklich kennen und in der schriftlichen Bewerbung angemessen darstellen können, so daß Ihr Gegenüber, der Leser Ihrer Bewerbungsunterlagen, Interesse an Ihrer Person bekommt, verbunden mit dem Wunsch, Sie persönlich kennenzulernen.

Sie kommen wahrscheinlich nicht daran vorbei, eine neue Form der Selbstdarstellung zu erlernen. Für die Bewerbungssituation, den Arbeitsplatzwechsel, gelten besondere Spielregeln und Kommunikationsformen. Ein wichtiger Aspekt für Ihre weitere berufliche Zukunft ist also das Erlernen von speziellen Bewerbungstechniken und -strategien, um die eigenen Interessen und Ziele durchzusetzen.

Gut verpackt ist jede Ware attraktiver für den potentiellen Käufer. Das gilt insbesondere für die »Ware« Arbeitskraft. – Schon Geheimrat Goethe aus Weimar hielt für Bewerbungssituationen einen wertvollen Hinweis bereit: »Nur die Lumpen sind bescheiden – Brave freuen sich der Tat.«

Verdeutlichen Sie sich das noch einmal: Die Ablehnungsgründe beziehen sich in dieser allerersten Auslesephase überwiegend noch nicht auf inhaltlich-qualitative Aspekte! Daraus läßt sich mit Recht schlußfolgern, daß die perfekte Gestaltung der schriftlichen Bewerbungsunterlagen ein absolutes Muß ist.

Entsprechend sollte sich derjenige, der bereits in dieser Bewerbungsphase nicht die notwendige Mühe und Sorgfalt walten läßt, auf seine Motive hinterfragen lassen. Aus psychologischer Sicht erscheint es uns gerechtfertigt, in diesem Fall von einer enormen Risikobereitschaft mit Selbstschädigungstendenz zu sprechen (drastisch: als ob Sie als Autofahrer mit abgefahrenen Reifen bei regennasser Straße mit 140 Sachen in eine scharfe Kurve rasten). Was könnten die versteckten Motive dieses schon im Anfang provozierten Scheiterns sein?

Hintergrund ist vielleicht die mehr oder weniger bewußte Verweigerung einer Anpassungsleistung. Die rigiden Gestaltungsregeln, festgelegt durch die als übermächtig empfundenen Arbeitgeber, provozieren bei den deutlich schwächeren Bewerbern einen Widerwillen, sich den einseitig vorgebenen Bedingungen gefügig zu unterwerfen.

Es könnte auch an der (unbewußten) Strategie liegen, die Gefahr von Niederlage, Ablehnung und Kränkung in einer späteren Bewerbungsphase (z. B. Vorstellungsgespräch) aktiv vorwegzunehmen. Dies geschieht, indem man sich selbst vormacht, etwas zu unternehmen und gleichzeitig unbewußt dem Adressaten signalisiert: »Laß mich in Ruhe, lad mich gar nicht erst ein, beschäftige dich nicht intensiver mit mir.«

Das dritte Motiv basiert eventuell auf der unbewußten Tendenz, einen notwendigen Stellenwechsel möglichst zu vermeiden. Vielleicht möchte man gar nicht wirklich wechseln, sondern aus verschiedenen, z. T. unbewußten Gründen in der jetzigen Position ausharren.

Man will sich nicht von materiellen Vergünstigungen und/oder zwischenmenschlichen Annehmlichkeiten trennen, die der aktuelle Arbeitsplatz immer noch bietet. Manchmal gibt es auch ein unbewußtes Bedürfnis, leiden zu müssen, das eine autonome Trennungsentscheidung verhindert oder sehr (zu) lange hinauszögern läßt.

Ein anderes Motiv für die nachlässige Gestaltung der Bewerbungsunterlagen könnte auch die Angst vor den Anforderungen sein, die ein Arbeitsplatzwechsel mit sich bringt. Selbstwertzweifel und Versagensängste sind hier die bremsenden Kräfte.

Die Tendenz, den neuen Arbeitsplatz nicht wirklich haben zu wollen, könnte auch auf der unbewußten Strategie basieren, Partnern oder Angehörigen eine Enttäuschung zuzufügen. Vielleicht ist man in die Ausbildungs- und Berufsrolle gegen die eigene Überzeugung gedrängt worden (»Großvater war Arzt, Vater ist es, natürlich wirst auch du, mein Sohn, Mediziner!«) und das Bewerbungsversagen ermöglicht jetzt eine späte Rache an den »Lieben«. So wird – um beim Arztbeispiel zu bleiben – die Position des

Chefarztes zwar formal angestrebt, aber gleichzeitig legt man sich selbst Stolpersteine in den Weg.

Ihr Ziel ist es, durch das Bewerbungsanschreiben und die beigefügten Unterlagen eine Einladung zum Vorstellungsgespräch oder erst mal zum Test (wenn dieser sein muß) zu erhalten.

Deshalb ist es durchaus nicht außergewöhnlich, angesichts der Bedeutung einer Bewerbung, allein für das Anschreiben zunächst sechs Stunden Zeit und mehr zu investieren. Nach einiger Routine schaffen Sie es aber auch bereits in weniger als der Hälfte der Zeit. Hoffentlich steht Ihnen ein PC und ein entsprechend guter Drucker zur Verfügung. Ohne solide technische Ausstattung gestaltet sich alles viel langsamer und mühevoller.

Profis entwickeln übrigens drei alternative Anschreiben, um diese einer selbst ausgewählten »Personalkommission« vorzulegen. Durch Tips und Kritik von anderer Seite läßt sich das Bewerbungsanschreiben wesentlich optimieren und immer »fehlerfreier« sowie überzeugender gestalten.

Bedenken Sie: Es geht um den ersten guten Eindruck mittels Ihrer Be-Werbungsunterlagen. Dabei kann Ihnen die folgende Grundformel aus der Werbepsychologie behilflich sein:

AIDA

Nein, keine Angst, Sie müssen nun nicht auch noch Ihre Opernkenntnisse auffrischen!

A I D A steht hier für:

A = attention (Aufmerksamkeit erzeugen)
I = interest (Interesse wecken)
D = desire (Wunsch zur Vorstellungsgesprächs-Einladung auslösen)
A = action (die Handlungsaktivität »einladen« provozieren)

Das AIDA-Modell ist eine hilfreiche allgemeine Leitlinie für den Aufbau Ihrer Bewerbungsunterlagen:

Es kommt darauf an, in kurzer, komprimierter Form alle wichtigen Argumente, die für Sie sprechen (und zu einer Einladung führen könnten), gut formuliert vorzutragen. Der Leser soll neugierig gemacht werden auf Sie als Person. Der Wunsch, Sie kennenzulernen, muß entstehen. Den Arbeitgeber interessiert vor allem, ob er in den Bewerbungsunterlagen Hinweise auf eine

Übereinstimmung mit den von ihm gewünschten Eignungskriterien und Anforderungsmerkmalen entnehmen kann.

Häufig treffen »Arbeitvergeber« schon beim Lesen der ersten Seiten der Bewerbungsmappe die Entscheidung, ob sie sich weiter für Sie und Ihre beigefügten Unterlagen interessieren oder ob gleich das nächste Bewerbungsschreiben in die Hand genommen und Ihnen eine Absage erteilt wird (»Time is money«).

Neben den oben erwähnten wichtigen formalen Regeln sollten Sie z.B. bei Ihrem Bewerbungsanschreiben vor allem das alte Sprichwort »In der Kürze liegt die Würze« berücksichtigen und nicht mehr als eine Seite schreiben (optimale Lösung). Eineinhalb bis maximal zwei Seiten sind in ganz besonderen Fällen vielleicht gerechtfertigt, erzeugen aber beim eiligen Leser schon große Ungeduld. Wer drei Seiten oder gar mehr schreibt, bringt sich um jede Chance. Erzählungen oder ganze Romane sind für den weiteren Bewerbungsverlauf absolut »tödlich«. Es soll Personalchefs geben, die die eingegangenen Unterlagen erst einmal auf die Briefwaage legen und bei klarem Übergewicht mit dem Vermerk »Absage« auf die Ablage. – Kurze Briefe, viel Glaubens; lange Briefe, wenig Glaubens (altes norddeutsches Sprichwort).

Lebenslauf – so stellen Sie die entscheidende Weiche

Die Analyse der eingereichten Bewerbungsunterlagen, insbesondere Ihres beruflichen Werdegangs stellt die entscheidende Weiche für die Einladung zum Vorstellungsgespräch – so die Auffassung von Personalausleseprofis. Bei einer von uns durchgeführten Befragung der Personalabteilungen führender deutscher Unternehmen gaben fast 90% an, die sogenannte Lebenslaufanalyse als Auswahlverfahren bei Personalentscheidungen im Führungsbereich einzusetzen.

In einem für Personalchefs verfaßten schlauen Buch heißt es dazu: »Der Lebenslauf ist wohl diejenige Unterlage, die uns (den Arbeitgebern) den größten Einblick in die Gesamtentwicklung des Bewerbers ermöglicht und einige wesentliche Lebensstrukturen – und damit meistens auch Charakterstrukturen – aufzeigt ... Versteht man es, den Lebenslauf richtig zu lesen und sich Gedanken über Hintergründe und Antriebe, Leitmotive und Umweltbedingungen des Lebenslaufes zu machen, so ist er interessant und spannend wie das Leben selbst.«[6]

Dem Lebenslauf will man entnehmen, ob Sie sowohl aufgrund Ihrer fachlichen Kompetenz, Ihrer Berufserfahrung und -stationen als auch aufgrund Ihrer Persönlichkeit (u.a. Hobbys, Interessen, außerberufliche Engagements) für den angebotenen Arbeitsplatz geeignet sind.

Der sogenannte Lebenslauf (gemeint ist damit in der Regel die berufliche Entwicklung) ist aus den eben geschilderten Gründen das wichtigste Doku- und Argument, das für oder gegen Sie spricht. Somit darf man sich nicht wundern, wenn für die sorgfältige Formulierung dieses Bewerbungsabschnittes wiederum acht und mehr Stunden aufgewendet werden müssen. Möglicherweise haben Sie schon einige praktische Vorerfahrung auf diesem Gebiet: dann schaffen Sie es vielleicht in einem Drittel der Zeit.

Im Gegensatz zur landläufigen Meinung gibt es für Sie bei Bewerbungen nicht nur einen ein für alle Mal feststehenden Lebenslauf, sondern immer mehrere Varianten. Notwendig ist die jeweilige »Anpassung« des Lebenslaufes an die besonderen Anforderungsmerkmale des angestrebten Arbeitsplatzes.

Die wichtigsten Informationen und Argumente, die für Sie sprechen, müssen klar und übersichtlich geordnet sein. Man bevorzugt heute computergeschriebene tabellarische Lebensläufe, die möglichst nicht länger als maximal drei Seiten sein dürfen. In der grafischen Gestaltung sind Sie relativ frei.

Ausformulierte oder mit der Hand geschriebene Lebensläufe sind nur auf ausdrückliche Anforderung (maximal ein bis zwei Seiten) anzufertigen. Wir schlagen vor: Widersetzen Sie sich dem Wunsch nach einem handschriftlichen Lebenslauf (wählen Sie die tabellarische, computergeschriebene Form), und legen Sie dafür eine handschriftlich geschriebene Extraseite als Schriftprobe mit einem vernünftigen Werbetext in eigener Sache bei.

Wichtig ist die Möglichkeit, mit zusätzlichen Qualifikationen zu glänzen und aus der Masse hervorzutreten. Vielleicht haben Sie ein berufsspezifisches Ehrenamt oder Engagement, vielleicht haben Sie an Wettbewerben teilgenommen und diese gewonnen, Auslandsaufenthalte oder besondere Spezialkurse absolviert. Aber auch Hobbys oder Interessen sind relevant, wenn sie mit den spezifischen Anforderungsmerkmalen des angestrebten Arbeitsplatzes in Zusammenhang zu bringen sind (plastisch-übertrieben: Angeln = Geduld/Heimleiter eines Heimes für schwererziehbare Kinder).

Inhalt

Der entscheidende Gedanke bei der Gestaltung des Lebenslaufes ist: Was könnte Sie bei dem angestrebten Arbeitsplatz in den Augen des Arbeitgebers interessant machen, aufwerten, von anderen Mitbewerbern positiv unterscheiden? Vielleicht ist es ja das besondere Image Ihrer Universität, Ausbildungsfirma, Ihres jetzigen Arbeitgebers oder einer Mitgliedschaft (in Vereinen usw.), das beim Leser Ihrer Unterlagen »ein Glöckchen klingeln« läßt (hoffentlich das richtige). Aber seien Sie gewarnt, übertreiben Sie nicht, oftmals ist weniger mehr.

Personalchefs und Arbeitgeber versuchen, den Lebenslauf vor allem unter zwei Aspekten zu analysieren: Zeitfolge- und Positionsanalyse.

Bei der *Zeitfolgeanalyse* geht es um zeitliche Lücken und Arbeitsplatzwechsel, hinter denen Ungutes vermutet wird. Findet ein Arbeitsplatzwechsel in zu kurzen Abständen statt (deutlich unter fünf Jahren) mutmaßt man Schwierigkeiten, mangelndes Durchhaltevermögen etc. Dies wird bei jüngeren Bewerbern anders interpretiert als bei älteren. Wechselt man erst nach zehn oder fünfzehn Jahren, kann einem auch das negativ ausgelegt werden (z. B. mangelnde Risikobereitschaft, verminderte Flexibilität, zu geringe Lern- und Anpassungsfähigkeit).

Bei der *Positionsanalyse* geht es um den Auf- bzw. Abstieg, Berufs- bzw. Arbeitsgebietswechsel. Hier kommt es auf die Geradlinigkeit und Folgerichtigkeit an. Wurde ziellos gewechselt? Wurden die Arbeitsgebiete ohne inneren Zusammenhang gewählt? Hat man es mit einem »Hansdampf in allen Gassen« zu tun? Oder zeichnet sich ein Bild konsequenter, klarer Laufbahnplanung ab, was zugunsten der Motivations- und Leistungsbereitschaft des Bewerbers interpretiert werden kann?

Was bei der Gestaltung der Bewerbungsunterlagen von Ihnen verlangt wird, ist eine Anpassungsübung. Sie mögen noch so qualifiziert sein: mit fehlerhaft – nicht normgerecht – abgefaßtem Bewerbungsanschreiben und Lebenslauf werden Sie erst gar nicht zum Vorstellungsgespräch eingeladen. Dies wäre vergleichbar mit dem Fauxpas, in legerer Freizeitkleidung zum Vorstellungsgespräch zu erscheinen, was ebenfalls »unangepaßt« wäre und Sie umgehend aus der »engeren Wahl« katapultieren würde.

Und dennoch: inwieweit Sie sich anpassen und in ein bestimmtes Bild einfügen (wollen), bestimmen immer noch Sie (oder Ihr Bankkonto bzw. andere zwingende Umstände).

Form

Folgendes Schema hat sich bei der tabellarischen Lebenslaufdarstellung bewährt und sollte Ihnen zur Anregung bzw. zur individuellen Weiterentwicklung dienen:

1. Persönliche Daten
- Vor- und Zuname
- Anschrift/Telefon (muß nicht sein)
- Geburtsdatum und Ort
- Religionszugehörigkeit (muß nicht sein, es sei denn ...)
- Familienstand, ggf. Zahl und Alter der Kinder
- Name und Beruf des Ehepartners (muß nicht unbedingt sein)
- Staatsangehörigkeit (aber nur wenn man/frau nicht aus diesem unseren Land ist) (Und bitte nicht mehr die Eltern aufführen!)

2. Schulausbildung
- besuchte Schulen (Typen)
- Schulabschluß
  (alle Informationen mit grober Zeitangabe)

3. Hochschulstudium
- Fach/Fächer
- Universität
- Schwerpunkte
- ggf. Thema der Examensarbeit/Promotion
- Art der Examina

4. Berufstätigkeit
- Art der Berufsausbildung
- Ausbildungsfirma/-Institution evtl. mit Ortsangabe
- Abschluß evtl. mit Hinweis auf besonderen Erfolg
- Berufsbezeichnungen, -positionen, evtl. Kurzbeschreibung
- Arbeitgeber mit Ortsangaben
  (alles mit Zeitangaben)

5. **berufliche Weiterbildung**
(alles, was der Berufspraxis genützt hat)

6. **außerberufliche Weiterbildung**
(aufgepaßt bei Kursen: Fremdsprachen ja, Fallschirmspringen, Psycho- oder Astrokurs an der VHS – Vorsicht: welches Bild entwerfen Sie möglicherweise hier von sich?)

7. **Besondere Kenntnisse**
z.B. Fremdsprachen, EDV, Führer- und andere Scheine (aber auch hier Vorsicht und überlegen, welches Bild man von sich abgibt)

8. **Hobbys/Interessen**
(gern künstlerisch), ehrenamtliches und/oder soziales Engagement, Sport (wichtig), sogar Politik (nur die richtige Richtung muß es natürlich sein). Das alles will gut überlegt sein und sollte irgendwie zu Ihnen und Ihrer Bewerbung um den speziellen Arbeitsplatz passen; hier kann auch noch eine kleine Botschaft, Erklärung etc. untergebracht werden ..., wenn Platz ist und Sie eine gute Idee dazu haben (und sich damit nicht noch zu guter Letzt schaden ...).

9. **Sonderinformationen**
über Auslandsaufenthalte während Schulzeit/Studium/Berufstätigkeit

10. **Ort, Datum, Unterschrift**
bloß keine ehrenrührigen Erklärungen, Versicherungen etc.

11. **und ein gutes Foto**
z. B. oben rechts (Rückseite mit Namen versehen für den Fall der Fälle) gut festgeklebt, nicht geklammert oder gar geheftet (wie gehen Sie mit sich um?) rundet den Lebenslauf ab (Dazu unsere Beispiele ab S. 120).

Übrigens ...
versteht es sich eigentlich von selbst, daß Angaben über die Glaubensrichtung, politische Orientierung/Aktivität (Ausnahme: Bewerbungen bei Tendenzunternehmen), Vermögensverhältnisse und den Gesundheitszustand nicht in den Lebenslauf gehören. Das wird evtl. später – unzulässigerweise! – im Personalfragebogen oder im Vorstellungsgespräch ausgeforscht.

Falls Sie noch recht jung sein sollten: Wer Ihre Eltern sind und was diese beruflich tun bzw. getan haben, mag in ländlichen Gegenden den Inhaber einer kleineren Firma vielleicht beeindrucken, möglicherweise schüren Sie aber auch Neid oder andere Vorurteile. Wir raten ab. Ähnlich sehen wir die Problematik beim Thema Lebenslauf/Geschwister.

Einen Lebenslauf kann man – das ist Ihnen sicherlich schon längst klar – in der Regel nur ein einziges Mal für eine gezielte Bewerbung verwenden. Er muß, wenn er wirklich überzeugen soll, individuell auf den angebotenen Arbeitsplatz zugeschnitten sein und entsprechend frisch wirken.

Also keine Kopie schicken – aber natürlich für sich selbst eine machen und gut aufheben, damit man im Einladungsfall weiß, was der Arbeitgeber schwarz auf weiß von einem in der Hand hält. Das Gedächtnis kann doch recht trügerisch sein, und so sollte man sich auf einen Vorstellungstermin hin mit eben dieser Kopie des Lebenslaufes noch einmal gut auseinandersetzen.

Sympathieträger Foto

Die Macht der Bilder (hier Ihres Fotos) sollten Sie nicht unterschätzen, und so ist auch an dieser Stelle wieder einmal höchste Sorgfalt und noch etwas mehr (Engagement, Einfühlungsvermögen usw.) angezeigt. Zu jedem erfolgreichen Bewerbungsanschreiben gehört unbedingt ein gutes Foto. Wer mit seinem Foto schon zu Beginn des Auswahlverfahrens Sympathie mobilisieren kann, hat einfach die besseren Chancen, ganz besonders dann, wenn die papierenen Qualifikationsnachweise doch nicht so ganz eindeutig sind (und wann sind sie das schon?). Eins jedenfalls ist sicher: Ihr Lichtbild – um es noch einmal zu betonen – findet Aufmerksamkeit, wird betrachtet, ja sogar einer sorgfältigen Analyse unterzogen.

Wenn auch in wissenschaftlichen Untersuchungen festgestellt wurde, daß von der Physiognomie abgeleitete Beurteilungen aufgrund eines Porträtfotos zu Fehlschlüssen führen, ja vollkommen spekulativ sind, gibt es doch immer wieder Personalchefs, die aufgrund ihrer langjährigen Erfahrung Ihr Lichtbild intuitiv richtig zu interpretieren glauben.

Obwohl eine Reihe von Experimenten (nicht mit Bewerbern!) gezeigt hat, daß beispielsweise Brutalitäts- wie auch Intelligenzmerkmale auf Porträtfotos nicht zu erkennen sind und häufig den falschen Testpersonen zugeschrieben werden, findet man in der einschlägigen Personalberatungs- und Auswahlliteratur die Ansicht vertreten, daß eine Bewerber-Charakteranalyse aufgrund des Gesichtsausdrucks allein anhand des Fotos sehr wohl möglich sei.

Da können wir in Raschkes weitverbreitetem *Taschenbuch für Bewerberauslese* nachlesen, daß bei älteren Bewerbern das Gesicht als Ausdruck der Lebensgeschichte gewertet werden kann und z. B. Verbitterung oder Depression eindeutig abzulesen sind.

Ohne darauf weiter einzugehen, wollen wir Ihnen doch die drei wichtigen Kriterien bei der Lichtbildanalyse nicht vorenthalten, die auch ohne den Anspruch einer Charakteranalyse generell zum Tragen kommen: da geht es um die Qualität Ihres Fotos, um das Format und um die Kleidung, mit der Sie sich beim Fototermin präsentierten.

Fazit: Der Weg zum Fotografen lohnt sich. Automaten-Paßfotos sind zwar wesentlich billiger, sehen aber entsprechend aus und führen zu falschen Rückschlüssen (mangelndes Selbstwertgefühl, fehlende Bemühung und Motivation für den Arbeitsplatz, Geiz etc.).

Also keine alten Fotos, Urlaubsbilder oder Schnappschüsse bei der feuchtfröhlichen Familienfeier und keine Fotos, zu denen Sie erklären müssen, »das da hinten links bin ich, und das vorn ist ...« – das kommt übrigens in der Bewerbungsrealität häufiger vor, als Sie glauben – sondern ein ansprechendes professionelles Porträt-Foto (Format etwa 5,5 x 4 cm oder etwas größer, aber bitte keine Postkartengröße; Stichworte Narzißmus und Bescheidenheit).

Nach Meinung führender Personalberater ergibt sich aus der Qualität des Fotos ein Hinweis auf die Zielstrebigkeit des Bewerbers. Ein qualitativ schlechtes Foto und/oder ein falsch gewähltes Format sprechen eher für eine generell nicht besonders ausgeprägte Leistungsmotivation, für ein niedriges Anspruchsniveau sowie für eine mangelnde Motivation in bezug auf die ausgeschriebene Position. Bei der Vorlage eines professionellen, nicht zu kleinen, aber auch nicht zu großen Atelierfotos attribuiert man dem Bewerber immerhin ein besonderes Bemühen um den neuen Job.

Vom Format Ihres Fotos versucht man Rückschlüsse auf die Ausprägung Ihres Selbstbewußtseins abzuleiten. Hier bewegt sich die Beurteilung eines größeren Atelierfotos zwischen den folgenden Aspekten: einerseits der Unterstellung von »Eitelkeit« (und damit der Kompensation von Minderwertigkeitsgefühlen) und andererseits der Zuschreibung eines perfektionistischen Dranges, einer besonderen Bemühtheit, Aufmerksamkeit als Bewerber zu erzielen. Sie sehen: Es ist nicht leicht, die goldene Mitte zu treffen, die ein vernünftiges Maß an Selbstbewußtsein und Narzißmus signalisiert.

Wir empfehlen ein Schwarzweißfoto, aber es darf auch farbig sein. Nur eben gut gemacht – also nicht grellbunt mit unnatürlich roten Lippen oder Augen, wo Sie den Eindruck eines Kleindarstellers aus der Gruselkomödie *Wenn Dracula kommt* machen. Schwarzweißfotos wirken in der Regel dezenter, seriöser – aber das sollten Sie mit sich und Ihren »Lieben« besprechen.

Richtig (ver-)kleiden müssen Sie sich zum Fototermin natürlich auch noch. Dennoch bitte nicht vergessen: Sie bewerben sich weder beim Theater noch beim Film, oder? Der Eindruck, den Sie auf dem Foto machen, wird gewertet und interpretiert. Vom offenenen Hemdkragen ist ebenso abzuraten wie vom allzu offenherzigen Dekolleté. Ist Ihr Foto, auf dem Sie sich mit kurzen Ärmeln ohne Jackett, und Sie, gnädige Frau, mit schlichtem schwarzen Rollkragenpullover präsentieren, wirklich als Ersteindruck geeignet?

Überhaupt: Es sollte Ihr Tag (*lucky day*) sein, wenn Sie sich zu dem Besuch eines guten Fotografen entschließen. Dezent geschminkt (die Damen), die berufsangemessene (Ver-)Kleidung (Ärzte und Schlachter bitte nicht im weißen Kittel), Haare, Frisur, rasiert (die Herren), Bart und überhaupt alles gepflegt, gut gelaunt und dieses auch noch ausstrahlend – also nicht so, daß man Ihnen ansehen kann, daß Sie soeben ein Strafmandat fürs Falschparken bekommen haben.

Und noch etwas zur (Ver-)Kleidung: Hier setzen Personalbeurteiler mit ihren Vermutungen über Ihr Repräsentationsvermögen an. Dabei wird auf die farbliche Harmonie und den modischen Geschmack geachtet, bis hin zur Art Ihrer Krawattenbindung. So lesen wir: »Ein bis oben hin Zugeknöpftsein kann …ein Anhaltspunkt für einen verschlossenen Menschen sein. Das Tragen einer Fliege statt einer Krawatte deutet …auf den Drang hin, sich abzuheben. Dasselbe gilt auch für den Bartträger. Diese Feststellungen geben erste Aufschlüsse über die Personalbetreuungsfähigkeit«.[7]

Der Leser fragt sich zu Recht: Wie wirkt man der Mutmaßung auf Personalentscheidungsseite entgegen, zugeknöpft zu sein, wenn man sich mit Krawatte fotografieren läßt? Und die Krawatte ist ja nun mal ein Muß. Nicht leicht, den vielfältigen Interpretationsmöglichkeiten ungeschoren zu entkommen.

Zurück zum empfehlenswerten Procedere: Lassen Sie sich gleich (das ist eigentlich auch üblich) mehrmals fotografieren, und legen Sie die Bilder einigen Freunden und Bekannten vor. Sie werden feststellen: es kristallisiert sich im Laufe der Befragung doch ein Foto heraus (da machen Sie eben so ein Gesicht, so einen Ein- und Ausdruck, als ob …), das die Leute bevorzugen, diesem Bewerber würden sie eher den Arbeitsplatz geben, die Aufgabe zutrauen. ... Na, und das ist es, was Sie wollen. Mit diesem Foto werden Sie die Herzen der Personalentscheider ja öffnen und zum Vorstellungsgespräch eingeladen.

Schließlich kleben Sie nun noch das beste Foto – mit Ihrem Namen auf der Rückseite versehen – richtig auf den Lebenslauf (siehe S. 107).

Bewerbungsanschreiben optimal gestalten

Nehmen Sie Bezug auf den Text im Stellenangebot (wenn es sich um ein Bewerbungsschreiben auf eine Anzeige hin handelt) oder den sonstigen Bewerbungsanlaß (z. B. bei einer unaufgeforderten Bewerbung oder nach einem Telefonat). Welche Argumente sprechen dafür, daß Sie der richtige Bewerber bzw. die richtige Bewerberin für die zu besetzende Stelle sind? Was sind Ihre Qualifikationen und Qualitäten (Kenntnisse, Fähigkeiten, Eigenschaften), die z. B. den im Anzeigentext genannten Anforderungen entsprechen? Warum bewerben Sie sich (Motivation), was ist Ihr Ausgangspunkt und was sind Ihre Ziele (ggf., ab wann Sie verfügbar sind)?

Nach diesen ca. vier bis maximal acht oder zehn gut formulierten, überzeugenden Sätzen endet Ihr Bewerbungsanschreiben (hoffentlich nur eine Seite!) mit der Bitte um ein Vorstellungsgespräch, der Grußformel, Ihrer Unterschrift und dem Hinweis auf die Anlagen.

Schematisch stellt sich das so dar:

(1 Leerzeile)
Vorname, Name Ort, Datum
Straße, Hausnummer
Postleitzahl, Ort
Vorwahl- /Telefonnummer

(4 Leerzeilen)
Firmen-/Institutionsname
Frau/Herrn (bitte nicht: »z.Hd.« oder »zu Händen«)
Straße, Hausnummer bzw. Postfach
(1 Leerzeile)
Postleitzahl, Ort

(3-4 Leerzeilen)
Bezugszeile (»Betr.:« zu schreiben ist heute unüblich!)

(2-3 Leerzeilen)
Anrede (wenn nicht namentlich bekannt: »Sehr geehrte Damen und Herren«, besser jedoch: telefonisch herausfinden!)
(1 Leerzeile)
Text (wie oben beschrieben; nicht zu lange Sätze, mit Absätzen strukturieren)
(1 Leerzeile)
Grußformel (üblich: »Mit freundlichen Grüßen«)

(2-3 Leerzeilen)
Unterschrift (Vor- und Nachname)
(Warnung vor dem Graphologen – keine Autogramme schmieren)

(2-4 Leerzeilen)
Anlagen (evtl., wenn noch Platz: beigefügte Unterlagen aufführen)

Auftakt und Finale

Aller Anfang ist schwer – aber gerade beim Bewerbungsanschreiben ist eine gute Eröffnung, ähnlich wie beim Schach, sehr wichtig. Typische und sehr langweilige Eröffnungen sind: »Hiermit bewerbe ich mich um ... « oder »Ich beziehe mich auf Ihre Anzeige ... «

Hier einige Beispiele, die eine etwas elegantere Eröffnung gestatten:

»Mit großem Interesse habe ich Ihre Anzeige gelesen und möchte mich Ihnen als ... vorstellen ...«
»Ich stelle mich Ihnen als ... vor und habe großes Interesse an ...«
»In Ihrer Anzeige vom ... suchen Sie einen ...«
»Sie beschreiben eine berufliche Aufgabe, die mich besonders interessiert ...«
»Ich beziehe mich auf die von Ihnen ausgeschriebene Position ...«
»Sie suchen einen ...«
»Ich bin ... und habe mit großem Interesse ... gelesen ...«
»Die von Ihnen ausgeschriebene Position/Aufgabe ...«

Beim Briefende werden von den meisten Bewerbern schon weniger Fehler gemacht, aber auch dabei gilt es, verbindlich-freundlich und gut zu formulieren, also einen guten »Abgang« zu bieten. Hier einige Vorschläge für Abschlußformulierungen:

»Wenn ich Ihr Interesse geweckt haben sollte, würde ich mich über eine Einladung zu einem Vorstellungsgespräch sehr freuen.«
»Sollten Ihnen meine Bewerbungsunterlagen zusagen, stehe ich Ihnen gern zu einem Vorstellungsgespräch zur Verfügung.«
»Sollten Sie nach Durchsicht der Unterlagen weitere Informationen bzw. ein erstes persönliches Gespräch wünschen, so stehe ich hierfür gern zur Verfügung.«
»Ich würde mich freuen, wenn Sie mich nach Prüfung der Unterlagen zu einem Vorstellungsgespräch einladen. Hier könnten wir dann gegebenenfalls weitere Details wie Eintrittstermin und Anfangsgehalt besprechen.«
»Für alle weiteren Auskünfte stehe ich Ihnen gerne in einem persönlichen Gespräch jederzeit zur Verfügung.«

So vermeiden Sie Formfehler

Immer wieder werden bei der schriftlichen Bewerbung Formfehler gemacht, die – wie bereits erwähnt – zum vorzeitigen Ausscheiden aus dem »Bewerbungsrennen«« führen. Da können Sie noch so flott formuliert und überzeugend argumentiert haben – über Formfehler wird nicht hinweggesehen. Deshalb sollten Sie die formalen Standards unbedingt berücksichtigen. Hier unsere allgemeinen Empfehlungen für die Gestaltung der Bewerbungsunterlagen:

- Verwenden Sie für Ihr Bewerbungsanschreiben und alle weiteren Textseiten gutes weißes oder auch dezent getöntes Papier (z.B. grau, beige – bitte keine knalligen, schrillen Farben), unliniert im DIN-A4-Format, das Sie natürlich nur einseitig beschreiben.
- Auch eigenes Briefpapier mit Namen und Anschrift (gedruckt; dezentes Design) ist durchaus empfehlenswert (Kosten ca. ab 100 Mark aufwärts; mit einem modernen PC und Drucker läßt sich ein Briefkopf problemlos auch selbst gestalten).
- Benutzen Sie für das Bewerbungsanschreiben und die übrigen von Ihnen verfaßten Unterlagen möglichst keine Schreibmaschine, sondern einen PC mit gutem (Laser-/Tintenstrahl-)Drucker. In größeren Städten bieten Fotokopiergeschäfte den Service an, Ihre Unterlagen direkt von der Diskette in Top-Qualität auszudrucken. Übrigens: Wir empfehlen, für Ihre Texte keinen Block-, sondern Flattersatz zu verwenden, weil das lebendiger wirkt.
- Für Ihre Unterschrift empfehlen wir konservatives Königsblau aus einem Füllfederhalter oder Tintenschreiber. Rot, grün oder schwarz kommen schlecht an. Nicht selten vergessen Bewerber/innen die Unterschrift unter dem Anschreiben oder Lebenslauf (Freudsche Fehlleistung!).
- Für all Ihre Schreiben gilt: Nicht radieren, durchstreichen oder mit Tipp-Ex korrigieren. Auch wenn's mühsam ist. Auf jeden Fall neu schreiben bzw. korrigiert neu ausdrucken.
- Rechtschreibung, Grammatik und Zeichensetzung müssen absolut korrekt sein. Bitten Sie deshalb Freunde oder den Partner, Ihre Unterlagen zu lesen. Vier Augen sehen mehr als zwei …
- Achten Sie auf eine übersichtliche, klare Gliederung (Absätze!).
- Wichtig sind eine gute Platzeinteilung und angemessene Ränder (ca. 4 cm links, ca. 3 cm rechts), korrekter Umbruch, keine »Löcher« in den Zeilen oder an deren Ende.

- Flecken, Eselsohren, zerknülltes Papier fallen extrem negativ auf, aber alles in Klarsichtfolien »einzuschweißen« ist auch keine Lösung. Noch schlimmer: alle Unterlagen in eine einzige Hülle zwängen, aus der sie der Personalchef dann nur mühsam hervorzerren kann.
- Das Anschreiben lose, gesondert obenauf, die anderen Unterlagen in einer adäquaten Bewerbungsmappe: Es gibt schöne, moderne Präsentationssysteme und -mappen. Thermoschnell- bzw. Spiralbindungssysteme mit Klarsichtfolien- und Kartondeckel stellen eine solche Alternative dar. Ähnliche Effekte erzielt man auch schon mit einer Plastikkonzeptschienenhalterung. Als Vorlagemodell könnten Ihnen z.B. Konzeptpräsentationen von Werbeagenturen dienen. In Bürofachgeschäften gibt es da bereits eine größere Auswahl. Fotokopierläden haben inzwischen auch andere Bindungssysteme anzubieten, die sehr attraktiv wirken. Suchen Sie sich das zu Ihnen passende System aus.
- Traditionell ist die Reihenfolge der Unterlagen:
  - Lebenslauf (Foto oben rechts, gut festgeklebt)
  - eventuell Handschriftenprobe
  - Arbeitszeugnisse (Kopien!)
  - ggf. weitere Zeugnisse (z.B. berufliche Fortbildung)

Generell gilt: Je wichtiger die Unterlage, das Dokument, desto weiter vorn abheften. Wir empfehlen – insbesondere bei der Eroberung eines qualifizierten Arbeitsplatzes mit einem Jahresbruttoeinkommen von rund 100.000 DM und mehr – neue Wege der dramaturgischen Inszenierung und damit der Gestaltung und Anordnung der Bewerbungsunterlagen zu beschreiten (s.S. 116 ff.).

- Für die Anlagen (Zeugnisse etc.) unbedingt nur gute, neue Fotokopien verwenden (nicht solche, denen man eine mehrfache Postreise bereits ansieht). Möglich sind auch Kopien auf dezent getöntem Papier.
- Achtung: Verschicken Sie bloß keine Originalzeugnisse oder -bescheinigungen (nur Anschreiben, Lebenslauf und eine Handschriftenprobe müssen im Original eingereicht werden).
- Machen Sie unbedingt Fotokopien von allen Unterlagen, die Sie verschicken, damit Sie nach sechs oder gar zehn Wochen noch wissen, was man wo von Ihnen weiß bzw. auf dem Tisch hat.
- Verwenden Sie für die postalische Zusendung aller Unterlagen einen stabilen, rückenkartonierten DIN-C4-Umschlag (meistens braun – viel ästhetischer, aber schwieriger zu bekommen, ist allerdings weiß; Steigerungs-

möglichkeit: mit Adressenfenster!). Einen noch besseren Schutz Ihrer Unterlagen gewährleisten Buchversandtaschen (auch Buchbox genannt) aus grauem Karton; z.B. zu beziehen über die Firma *ratioform Verpackungsmittel*, Tel. 089/99 14 60).

- Achten Sie auf die korrekte Umschlaggestaltung – keine innovativen Experimente bei Adresse, Absender, Briefmarkenpositionierung (bloß keine Aufkleber, egal ob für den Frieden, Umwelt oder Weihnachten). Professionell wirken maschinengeschriebene Adressen- und Absenderetiketten (bzw. Absenderstempel).
- Versandart: Ganz normal, nicht unbedingt Expreß (könnte zu drängend wirken, es gibt aber auch Ausnahmen), auf keinen Fall jedoch per Einschreiben mit Rückschein oder Wertbrief (= Zwangscharakter).
- Wichtig: die richtige Frankierung
- Bevor Sie alles abschicken, empfiehlt sich ein letzter Check durch eine von Ihnen ausgewählte »Personalkommission«.
- Wenn Sie am Ort Ihrer Bewerbung bzw. in der Nähe wohnen, haben Sie die Möglichkeit, Ihre Unterlagen dem Entscheidungsträger persönlich zu überbringen: Geben Sie doch die Bewerbungsunterlagen persönlich ab! Fragen Sie sich im Unternehmen bis zur richtigen Stelle durch. Nutzen Sie die Gelegenheit für ein Schwätzchen mit der Sekretärin – nicht selten hat auch sie bei der Einstellung von neuen Mitarbeitern »ein Wörtchen« mitzureden, zumindest kann sie ihren ersten Eindruck von Ihnen an die Entscheidungsträger weiterleiten.

Innovative Möglichkeiten

Auf dem Weg zu einer neuen, spannenderen Präsentationsform können Sie sich gar nicht intensiv genug Gedanken darüber machen, wie Sie Ihren Verkaufsprospekt »komponieren«. Voraussetzung dafür ist natürlich eine ausführliche Vorbereitung und das Verständnis für die psychologische Leitlinie, Interesse und Sympathie für Ihre Person erwecken zu wollen.

Vernachlässigen wir dabei einmal den wichtigen Verpackungsaspekt (Mappenformwahl) ebenso wie das Bewerbungsanschreiben, und verdeutlichen wir erneut, daß es neben den typischen und deshalb so bekannten Bausteinen (Lebenslauf, Foto, Zeugnisse) neue, zusätzliche und sehr spannende, weil effektive Komponenten gibt. Dazu zählen folgende Möglichkeiten:

Die Seite drei

Diese zusätzliche, sich an den Lebenslauf anschließende Seite ist in ihrer Form relativ neu und maßgeblich von uns in unserer Beratungspraxis im Büro für Berufsstrategie in Berlin entwickelt worden. Vielen der von uns betreuten Bewerber hat nicht zuletzt dieses Novum eine Einladung zur Vorstellung eingebracht.

Auch bei Zeitungen und Zeitschriften gilt die *Dritte Seite* immer als etwas Besonderes. Weil es eine rechte Seite ist, stellt sie einen Blickfang dar. Auch Sie können für Ihre Unterlagen eine solche »Hingucker-Seite« entwickeln.

Die im Bewerbungsanschreiben vorgetragenen Informationen und »Verkaufsargumente« werden in der Regel vom Arbeitgeber wegen der Vielzahl der eingehenden Bewerbungsunterlagen und des Zeitdrucks viel zuwenig beachtet.

So wird der Anschreibentext häufig nur überflogen, um sich dann der beigefügten Bewerbungsmappe und hier vor allem dem Foto der Bewerber, deren Interessen, Hobbys oder sonstigen Kenntnissen, den formalen Arbeits- und Ausbildungszeugnissen zuzuwenden. Dabei geht es immer um die Trias Kompetenz, Leistungsmotivation und Persönlichkeit der Kandidaten.

In diesem Moment stößt der Personalchef auf die für ihn – wahrscheinlich – neue, unerwartete Seite in Ihren Bewerbungsunterlagen mit der verheißungsvollen Überschrift:

»Was Sie noch von mir wissen sollten ...«
oder:
»Was ich noch sagen wollte ...«
»Warum ich mich bewerbe«
»Einige Worte zu meiner Person«
»Resümee«

Ein solcher Text wird bestimmt aufmerksam gelesen und schon wegen des Überraschungseffekts mit Wohlwollen registriert. Wem es an dieser Stelle gelingt, in wenigen kurzen Sätzen das richtige Bild zu vermitteln, kann – wenn die anderen Eckdaten stimmen – mit einer Einladung zum Vorstellungsgespräch rechnen. Die *Dritte Seite* bietet gerade für einen älteren Arbeitsuchenden die Chance, noch einmal deutlich zu machen, daß er lernwillig und bereit ist, sich in eine neue Materie einzuarbeiten und gleichzeitig seinen großen Schatz an Erfahrungen beizusteuern.

Die *Dritte Seite* hebt Sie positiv von der Menge der eingesandten Bewerbungsunterlagen Ihrer (jüngeren) Konkurrenz ab. Eine sehr gute Chance für Sie als Bewerber, als »Drehbuchautor« Ihrer Verkaufs(Bewerbungs)unterlagen.

Sie sollten aber vermeiden, zu viele Informationen auf die Seite zu pressen. Die *Dritte Seite* soll kleine »Appetithäppchen« anbieten, die den Leser dazu verleiten, Sie einzuladen, um Näheres über Sie zu erfahren. Inhaltlich darf die von Ihnen gewählte Botschaft in Zusammenhang stehen mit Aussagen im Anschreiben, Lebenslauf- und Arbeitsplatzstationen und darüber hinaus noch etwas persönlicher, pointierter formuliert sein.

Das Deckblatt

Für welche Präsentationsform Sie sich auch immer entscheiden – es macht Sinn, den Leser Ihrer Unterlagen nicht direkt in den sogenannten Lebenslauf oder beruflichen Werdegang »fallenzulassen«. Ähnlich wie ein Buch nicht sofort mit dem Inhaltsverzeichnis oder gar mit dem Hauptkapitel beginnt, hat das Deckblatt die Funktion eines Titelblatts, wie auch immer Sie es dramaturgisch gestalten.

Am häufigsten ist folgende Variante: »Bewerbungsunterlagen für die Firma XY von XYZ, Diplomingenieur« und man fügt die Adresse inklusive Telefonnummer hinzu. Nicht selten erscheint auf dem Titelblatt auch lediglich der Name des Bewerbers ohne weitere Angaben (oder alternativ der Adressat). Häufig wird auch dieser Platz bevorzugt für die Bewerberfotopräsentation ausgewählt. Selbst ein literarisches Zitat in Form eines Mottos, das Ihre Arbeitsweise, Ihre Lebensauffassung gut wiedergibt, ist denkbar.

Die Inhaltsübersicht

Eine weitere Variante der Aufmerksamkeitserzielung ist die Inhaltsübersicht, die wir aus jedem Buch gut kennen und die die Funktion hat, den Leser zu informieren, was ihn inhaltlich auf den nächsten Seiten erwartet und somit eine schnelle Orientierung ermöglicht, wo was zu finden ist. Die Inhaltsübersicht lohnt sich jedoch kaum für Mappen, die weniger als etwa zehn Seiten stark sind.

Die Einleitungsseite

Statt gleich mit dem beruflichen Werdegang (Lebenslauf) zu beginnen, kann die Einleitungsseite mit oder ohne Bewerberfoto und den persönlichen Daten eine Art Vorschau bilden, die den Leser kurz mit den wissenswerten Essentials über den Bewerber, mit Schwerpunkten und beruflichen Highlights bekannt macht.

Seite mit persönlichen Daten

Sie hat die Funktion, den Bewerber persönlich vorzustellen. Neben Name, Beruf, Alter, Geburtsort, Familienstand, gegebenenfalls Kinder etc. bis hin zu der persönlichen Unterschrift unter dem dann auf dieser Seite plazierten Foto, geht es darum, die Bewerberpersönlichkeit optimal textlich zu präsentieren und zu visualisieren. Häufig werden auch Elemente aus den vorangegangenen Bausteinen hier auf dieser Seite thematisch ausgeführt.

Das Anlagenverzeichnis

Dieses Verzeichnis wird hinter den Lebenslauf bzw. die *Dritte Seite* geheftet und enthält eine Auflistung der jetzt folgenden Unterlagen bzw. Kopien. Der eilige Leser sieht auf einen Blick, welche Unterlagen beigefügt wurden, und findet die ihn interessierende Kopie schneller, da nicht erst der ganze Stapel durchgesehen werden muß.

Verstehen Sie sich bitte in der Rolle eines Filmproduzenten, der sich für ein besonderes Filmgenre entscheiden muß, sich einen Drehbuchautoren und Regisseur sucht, bei der Auswahl der Hauptdarsteller ein entscheidendes Wort mitredet und der mit dem Film dem Publikum eine spezielle Botschaft vermitteln möchte. Sie sind Produzent Ihrer Unterlagen, Drehbuchautor, bestimmen die Dramaturgie und – wenn Sie zum Vorstellungsgespräch eingeladen werden – sind Sie logischerweise der Hauptdarsteller.

Wie eine solche, optimal gestaltete Bewerbungsmappe aussehen kann, sollen folgende Beispiele veranschaulichen:

Die optimale Bewerbungsmappe – kommentierte Beispiele

Wir zeigen Ihnen nun vier komplette Bewerbungsmappen (lediglich Anlagen wie Arbeitszeugnisse etc. fehlen). In den beigefügten Kommentaren werden verschiedene Punkte angesprochen und eine Gesamtbewertung vorgenommen. Die Beispiele verdeutlichen einen innovativen Standard in der Gestaltung einer Bewerbungsmappe für gehobene Ansprüche. *(In unseren speziellen Bewerbungsmappenbüchern in Original Din-A4-Größe finden Sie weitere Beispiele und viele Anregungen.)*

andreas schwarz
stresemannstr. 27 10963 berlin   (030) 2 81 22 22

---

a. schwarz, stresemannstr. 27, 10963 berlin
Herrn
Dr. Bruno Mayer
Mayer Marketing GmbH
Berliner Platz 3-7

34119 Kassel

Berlin, 28. April 1998

Bewerbungsunterlagen
Problemlösung: EDV, Marketing, Organisation

Sehr geehrter Herr Dr. Mayer,

auf Empfehlung von Herrn Heinrich wende ich mich heute direkt an Sie und überreiche Ihnen meine Bewerbungsunterlagen.

Meine Arbeits- und Fähigkeitsschwerpunkte liegen auf den Gebieten EDV, Marketing und Organisation.

Aus persönlichen Gründen strebe ich eine Tätigkeit im Raum Kassel an.

Über die Gelegenheit zu einem persönlichen Gespräch freue ich mich. Ich erlaube mir, Sie in den nächsten Tagen anzurufen.

Mit freundlichen Grüßen aus Berlin

Andreas Schwarz

Anlagen

Bewerbungsunterlagen

für Herrn Dr. Bruno Mayer
Mayer Marketing GmbH

von Andreas Schwarz,
EDV-Fachmann
Stresemannstraße 27, 10963 Berlin
Tel (030) 281 22 22

geboren am 16. Oktober 1959
in Zürich

schweizerische Staatsangehörigkeit

ledig, ortsunabhängig

Foto

Andreas Schwarz, 38 Jahre alt

Ich biete Ihnen...

Problemlösungen in den Bereichen
EDV, Marketing und Organisation.
Mein Arbeitsstil ist geprägt durch

- schnelles Auffassungsvermögen
- einen geübten Blick für das Wesentliche
- ein hohes Maß an Selbständigkeit, Disziplin und Eigenverantwortung
- die Fähigkeit, schnell innovative Lösungen zu finden.

Beruflicher Hintergrund

seit Feb. 1996	Telefonseelsorge Berlin e.V. Spendenmarketing, Öffentlichkeitsarbeit und Organisation bei der Vorbereitung der Jubiläumsfeierlichkeiten; Aufrüstung der EDV-Anlage, Systemoptimierung und Schulung der Mitarbeiter
1996 - 1995	Fortbildung bei der Deutschen Kaufmännischen Akademie Schwerpunkte Marketing und EDV
1995 - 1991	Sachbearbeiter mit EDV-Systembetreuung beim Sanitätshaus Schlau. Einführung und Optimierung der EDV
1993 - 1991	Berufsbegleitende EDV-Weiterbildung an der FU Berlin
1989/1990	Umsiedlung nach Berlin Mitarbeit in der Abteilung Reha beim Sanitätshaus Schlau
1989	Mitarbeit bei der Verlagsdruckerei Projekt 88 in Zürich Organisation, EDV, Grafik, Satz und Fotografie Leiter Bildredaktion bei der Zeitung "Nachricht" in Zürich
1988 - 1986	Geschäftsführer einer Aral-Tankstelle in Zürich mit Personalverantwortung
1986 - 1982	Sachbearbeiter bei einer Aral-Raststätte in Zürich

Schulbildung

1980 - 1978	Zugangsprüfung zur technischen Fachhochschule Abschluß (Abitur) als Industriekaufmann
1978 - 1975	Berufsbildende Fachoberschule Ausbildung zum technischen Zeichner
1975 - 1965	Grund- und Hauptschule in Zürich

Weiterbildung

1996 - 1995	Deutsche Kaufmännische Akademie Berlin: "Kaufmännische Fachkraft mit Schwerpunkt Marketing, EDV, allgemeine Betriebswirtschaftslehre mit Finanzbuchhaltung" Abschlußnote 1,4
1993 - 1991	Weiterbildung an der Freien Universität Berlin "EDV-Anwendung in der kaufmännischen Sachbearbeitung" Abschlußprüfung bei der IHK Berlin: Abschlußnote 1,25

Besondere Kenntnisse

EDV	vertiefte Kenntnis des Betriebssystems Windows 95 LAN- und DFÜ-Netzwerk unter Windows 95 umfassende Kenntnis des Betriebssystems MS-DOS sehr gute Kenntnis der Umgebung Windows 3.11 alle gängigen Anwendungsprogramme: Winword, Excel, Access vertiefte Erfahrungen im Einsatz von Corel Draw bis Version 6.0 bei der Herstellung von grafischen Erzeugnissen Adobe Photoshop, Aldus Page Maker Programmierumgebung Borland Turbo Pascal 6.0
Fotografie	berufliche Erfahrungen bei der Zeitung und im Verlagswesen, Reportage und Illustration mehrere Ausstellungen von digital verfremdeten Bildern
Sprachen	Englisch, Italienisch, Spanisch
Hobbys	Computer-Grafik, Verfremdung von Bildern, Fraktalgrafik, Multimedia, Fotografieren und Bergwanderungen in den Alpen
Beruflich...	**bin ich flexibel und offen für** ✎ *projektbezogene oder globale Aufgaben* ✎ *Voll- oder Teilzeitbeschäftigung* ✎ *freie oder feste Mitarbeit*

Berlin, 28. April 1998 Andreas Schwarz

Verzeichnis der Zeugnisse

Arbeitszeugnis der Telefonseelsorge Berlin e.V.

Zeugnis der Deutschen Kaufmännischen Akademie

Prüfungszeugnis der IHK zu Berlin

Arbeitszeugnis der Firma Schlau

Abiturzeugnis

Zu den Unterlagen von Andreas Schwarz

Eine Initiativbewerbung, die sich im **Anschreiben** auf eine persönliche Empfehlung bezieht und kurz und knapp auf den Punkt bringt, was der Kandidat anzubieten hat. Hier werden auch gleich die Bewerbungsmotive benannt. Ein gelungenes Beispiel für einen prägnanten Auftakt.

Die außergewöhnliche Briefkopfgestaltung (Kleinschreibung) fällt durchaus positiv auf, ist aber sicherlich Geschmackssache. Insgesamt eine gute Demonstration, daß sich das Anschreiben auf wenige Zeilen beschränken kann, wenn man weiß, was man vermitteln will, und die folgenden Unterlagen entsprechend aufbereitet sind.

Das **Deckblatt** übernimmt bereits Informationsfunktionen, die traditionell der Lebenslauf hatte. Auch hier wäre ein Foto denkbar.

Die nun folgenden zwei Seiten sind in der Dramaturgie äußerst interessant gestaltet und übermitteln auf höchst angenehme Weise wichtige Informationen. Besser kann man einen Überblick über den eigenen Werdegang kombiniert mit wichtigen »Werbebotschaften« kaum gestalten.

Sehr lesefreundlich: das **Verzeichnis** der beigefügten Zeugnisse.

Einschätzung: Ein sehr gelungenes Beispiel in Form eines überzeugenden Beweises für Eigeninitiative. Eine außergewöhnlich interessante Präsentationsform der eigenen »Werbebotschaft«.

Manuela Müller
Staatl. geprüfte
Hotelbetriebswirtin
Kurfürstenstr. 6
54295 Trier
Tel. (0782) 692 28 92

Herrn
Direktor Schmidt
Hotel Schweizerhof
Hardenbergplatz 1

10623 Berlin

Trier, 13.10.1998

Meine Bewerbung / Unser Telefonat

Sehr geehrter Herr Schmidt,

vielen Dank für das informative Telefonat am heutigen Nachmittag.
Wie besprochen hier meine vollständigen Bewerbungsunterlagen.

Ich bin Betriebswirtin für das Hotel- und Gaststättenwesen
(Studium in Dortmund an der Wirtschaftsfachschule),
37 Jahre alt, ursprünglich gelernte Köchin und
zur Zeit in einem Hotel mit 335 Betten in Trier
als Verkaufsleiterin in ungekündigter Stellung tätig.

Aus persönlichen Gründen möchte ich mein Wirkungsfeld
nach Berlin verlagern und bin sehr interessiert, Ihr Haus
und das in unserem heutigen Telefonat besprochene
Aufgabengebiet näher kennenzulernen.

Auf eine persönliche Begegnung mit Ihnen freue ich mich

und grüße Sie herzlich aus Trier

Anlage

Bewerbungsunterlagen

für Herrn Direktor Schmidt
Hotel Schweizerhof, Berlin

Foto

Manuela Müller
Staatl. geprüfte
Hotelbetriebswirtin
Kurfürstenstr. 6
54295 Trier
Tel. (0782) 692 28 92

Lebenslauf

Zur Person:	Manuela Müller staatlich geprüfte Betriebswirtin für das Hotel- und Gaststättenwesen geboren am 11.09.1961 in Stuttgart verheiratet, zwei Kinder, 4 und 6 Jahre alt
Angestrebte Position:	Direktorin Verkauf und Marketing
Ausgangssituation:	seit 01.1996 Verkaufsleiterin in ungekündigter Position Kongreßhotel Königshof Trier, ein 335-Bettenhaus Personalverantwortung: 10 Mitarbeiter Etatverantwortung: 500 TDM

Beruflicher Werdegang

07/92 - 12/95	**Verkaufsleiterin / stellv. Geschäftsführerin** ABC-Hotel GmbH, Berlin Tiergarten
07/91 - 06/92	**Direktionsassistentin** Astro Hotel, Wiesbaden
04/88 - 08/89	**Stellvertretende Küchenchefin (Sous-Chef)** Hotel-Restaurant Poch, Bellingen
07/87 - 03/88	**Chef-Entremetier / Chef de Rotisseur** Hotel-Restaurant Poch, Bellingen
01/85 - 08/86	**Kfm. Angestellte Verkauf (Gastronomie, Abt. Food)** REWE-Süd-Großhandel, Spellbach
04/83 - 12/84	**Chef-Entremetier** Hotel-Restaurant Rössle, Waldenburg bei Stuttgart
04/82 - 03/83	**Demi-Chef Entremetier** Hotel Hirsch, Fellbach/Schwarzwald
01/81 - 03/82	**Köchin** Hotel-Restaurant Zur Linde, Heilbronn
07/77 - 07/80	**Ausbildung zur Köchin** Höhenhotel Berghaus, Wesslingen/Neckar

Seminare und Praktika

09/92	**- Controlling** **- Produkt-Marketing und -Werbung** **- strategische Unternehmensführung** Seminare bei Unternehmensberatung Hell, Berlin
03/92	**Public Relations im Hotel- und Gaststättengewerbe** Karla Dicks, Chefredakteurin NGZ service manager
01/91	Prüfung zur **"Anerkannten Fachberaterin für Deutschen Wein"** Deutsches Weinbauinstitut, Mainz
01 - 06/91	**Reservierungs- und Verkaufsabteilung** Praktikum Hotel v. Korff, Berlin-Charlottenburg
07 - 10/90	**Reservierungs- und Empfangsabteilung** Praktikum im Hotel Astro, Wiesbaden

---

Schulische und berufliche Ausbildung

08/68 - 06/77	Grund- und Hauptschule in Willingen
07/77 - 07/80	Ausbildung zur Köchin im Höhenhotel Berghaus, Wesslingen/Neckar
09/86 - 06/87	Weiterbildung: Berufsoberschule Münster (Fachschulreife)

Fachschulstudium

09/89 - 06/91	Wirtschaftsfachschule für Hotellerie und Gastronomie, Dortmund
25.06.1991	Abschlußprüfung zur staatlich geprüften Betriebswirtin für das Hotel- und Gaststättenwesen mit bestandener Ausbildereignungsprüfung Studienfächer: - Betriebswirtschaftslehre - Betriebliches Rechnungswesen - Touristik- und Hotel-Marketing - Angewandte Datenverarbeitung ((EDV) - Technologie des Hotel- und Gaststättengewerbes - Praxisorientierte Fallstudien - Rechts- und Steuerlehre - Englisch / Französisch - Berufs- und Arbeitspädagogik (AEVO)

Sprachkenntnisse	Englisch in Wort und Schrift (fließend) Französisch (gute Kenntnisse)
EDV-Kenntnisse	Reservierungssystem "Fidelio-Micro", "HORES", "RIO 80862" Windows 95, Microsoft Office Professional 97
Engagement	Voll-Mitglied in der Hotel Sales and Marketing Association (HSMA), German-Chapter, Region 1
Sonstiges	Führerschein Kl.3
Hobbys	mein Beruf, hier insbesondere Marketing und Werbung Blues und Jazzmusik (ich spiele Saxophon)/ Reisen / Fotografieren / mit Holz arbeiten
Was Sie sonst noch über mich wissen sollten	Meine Handlungsweise ist geprägt vom Umgang mit Menschen sowie dem Streben nach optimaler Dienstleistung und größtmöglicher Zufriedenheit des mir anvertrauten Gastes. Mein Denken wird dabei selbstverständlich auch von betriebswirtschaftlichen Zahlen bestimmt. Ökonomische Zusammenhänge schnell zu erfassen und analytisch auszuwerten, um auf dieser Basis nach neuen, effektiveren Lösungen zu suchen, ist Grundlage meiner unternehmerischen Aktivitäten.

Berlin, 13.10.1998

Anlagen / Inhaltliche Gliederung:

Arbeitszeugnisse / Referenzen:

- Kongreßhotel Königshof, Trier
- ABC-Hotel GmbH, Berlin
- Astro Hotel, Wiesbaden
- Hotel-Restaurant Poch, Bellingen
- REWE-Süd-Großhandel, Spellbach
- Hotel-Restaurant Rössle, Waldenburg
- Hotel Hirsch, Fellbach
- Hotel-Restaurant Zur Linde, Heilbronn
- Höhenhotel Berghaus, Wesslingen/Neckar

Seminare / Praktika:

- Grundkurs Excel 5.0
- Grundkurs MS-Windows 3.1
- Produkt-Marketing & Werbung
- Controlling
- strategische Unternehmensführung
- anerkannte Beraterin für Deutschen Wein
- Praktikumszeugnis Hotel Astro
- Praktikumszeugnis Hotel v. Korff

Schulzeugnisse:

- Hotelwirtschaftsschule, Berlin
- Ausbildereignungsprüfung, IHK Berlin
- Berufsoberschule, Bellingen
- Fachgehilfenbrief zur Köchin

Zu den Unterlagen von Manuela Müller

Ein sehr angenehm kurzes **Anschreiben** bringt die Botschaft schnell und souverän auf den Punkt. Hier wurde vorab telefoniert, die Einsendung der Unterlagen vorher angekündigt! Übrigens: Wieder die sehr persönliche, interessante Grußformel.

Die für das **Deckblatt** gewählte Form ist wegen des hier plazierten Fotos schon ein bißchen außergewöhnlich. Denkbar wäre auch eine Unterschrift unter dem Foto.

Die mit der Überschrift **Lebenslauf** versehene folgende Seite enthält zunächst die üblichen Daten zur Person, dann folgen Angaben zur angestrebten Position sowie zur Ausgangssituation, die für Sie als Leser neu sind. Der weitere Lebenslauf ist nach amerikanischer Art gestaltet, d.h. es wird mit der Berufspraxis begonnen, und im folgenden sind Angaben zu Seminaren und Praktika, schulischer und beruflicher Ausbildung und sonstigen Kenntnissen und Hobbys aufgeführt. Innerhalb der Themenblöcke sind die zeitlichen Angaben so aufgelistet, daß die aktuellsten Daten zuerst genannt werden. Die grafische Gestaltung ist auch klar und übersichtlich. Alle Aussagen werden gut lesbar präsentiert. Einziger Kritikpunkt: vielleicht etwas weniger Hobbys aufzählen, und schade, daß der Zeilenumbruch *Fachberaterin für Deutschen Wein* so unglücklich ist. Ein Schaden, der jedoch leicht zu beheben ist.

Jetzt neu für Sie als Leser: das Aufführen einer weiteren Mitteilung, die zusätzliche Informationen zur Person liefert (unter der Überschrift *Was Sie sonst noch über mich wissen sollten*). Wenn diese Angaben auf einer einzelnen Seite stehen, nennen wir sie die ***Dritte Seite,*** eine Novität, die wir in unseren Bewerbungsstrategiebüchern ausführlich vorgestellt haben (s.a.S. 117). Hier wurde diese spezielle Werbebotschaft in eigener Sache einfach an das Ende des Lebenslaufes gesetzt. Dies stellt auch eine gute Möglichkeit dar, noch einmal positiv für sich zu werben. Die Botschaft ist ausdrucksstark formuliert und vermittelt einen Anreiz, die sich hier bewerbende Kandidatin möglichst schnell auch persönlich kennenlernen zu wollen. Auch hier wäre der Umbruch noch zu verbessern. Die Unterschrift an dieser Stelle wirkt verstärkend. Die Inhaltsübersicht zu den weiteren Anlagen macht einen überzeugenden Eindruck.

Einschätzung: Die gesamte Bewerbungsmappe verdient sicherlich die Note »gut«.

Hans Herrmann
Diplom-Betriebswirt
Mommsenstr. 73
10629 Berlin
Tel.: 030 / 881 49 03
e-mail: Herrmann@t-online.de

Manpower Personaldienstleistungen
Personaldirektion
Dr. Franke
Wiesbadener Str. 40

12181 Berlin

Berlin, 31. Dezember 1998

Ihre Anzeige in der FAZ vom 20.12.1998 / Niederlassungsleiter

Sehr geehrter Herr Dr. Franke,

nach dem freundlich-informativen Telefonat mit Herrn Müller-Berger erhalten Sie hier meine Bewerbungsunterlagen. Im folgenden eine kurze Darstellung meiner Person:

- Diplom-Betriebswirt, Kommunikationstechniker, 37 Jahre alt
- 6 Jahre IBN-Berufserfahrung, Gebietsleiter (Teamleiter)
- hochmotiviert, leistungsstark und zielorientiert
- Erfahrung in Personaldienstleistungen

Meine Gehaltsvorstellung liegt im Bereich DM 140.000,-- p.a. Ein optimaler Eintrittstermin wäre für mich der 1. April 1999.

Über eine Einladung zu einem persönlichen Gespräch freue ich mich.

Mit freundlichen Grüßen und allen guten Wünschen für das neue Jahr

Hans Herrmann

Anlagen

BEWERBUNGSUNTERLAGEN
KENNZIFFER 229

MANPOWER PERSONALDIENSTLEITUNGEN

Hans Herrmann

Diplom-Betriebswirt
Mommsenstr. 73

10629 Berlin

Hans Herrmann, Diplom-Betriebswirt, Mommsenstr. 73, 10629 Berlin

---

Hans Herrmann

Mommsenstr. 73
10629 Berlin

Tel.: 030 / 881 49 03

e-mail: Herrmann@t-online.de

geboren am 13. August 1961 in Berlin

ledig, keine Kinder

Foto

Resümee
berufliche und persönliche Kenntnisse, Erfahrungen und Fähigkeiten

IBN

Vom Trainee bis zum Gebietsleiter (Umsatz DM 16 Mio.) habe ich mir, aufbauend auf dem Betriebswirt-Studium, wichtige Kenntnisse und Fertigkeiten in der freien Wirtschaft angeeignet.

USA

Auslandserfahrung, mit Abschluß eines „High School Diplom", hat meinen Horizont wesentlich erweitert.

ZIEL

Zu meinen wichtigen persönlichen Eigenschaften gehört das Vermögen, mir Ziele zu setzen, und diese dann gemeinsam mit meinen Partnern zu erreichen.

Hans Herrmann, Diplom-Betriebswirt, Mommsenstr. 73, 10629 Berlin

LEBENSLAUF

BERUFSPRAXIS

Juni 1994 Dez. 1998	IBN Komm Berlin AG Gebietsleiter für die NBL Vertriebsbeauftragter • Gebietsleiter (Teamleiter für eine 4er Gruppe) Umsatzverantwortung von DM 16 Mio. Betreuung der autorisierten Händler • Portefeuille-Analysen und Erarbeitung von Marketingstrategien Vertriebsbeauftragter für Multimedia • Projektleiter für Industriemessen • Projektleitung für die Neuentwicklung von CD-ROMs auf dem Telefonmarketingsektor
Febr. 1991 Juni 1994	IBN Komm Deutschland AG, Frankfurt am Main Bereich Feinmarketing • Leitung eines Projektes für den Europäischen Markt im Bereich der Bankautomation • Planung der Logistik und Materialbestellung
Jan. 1987 Dez. 1988	Job-Zeitarbeit GmbH Bereichsstellenleiter

Hans Herrmann, Diplom-Betriebswirt, Mommsenstr. 73, 10629 Berlin

STUDIUM UND BERUFSAUSBILDUNG

Sept.	1989	Schule für Kommunikation und EDV, Nixdorf AG
Febr.	1991	Abschluß: Kommunikationstechniker
Jan.	1989	Auslandsaufenthalt in Canberra, Australien
Aug.	1989	Sprachintensivkurs
Okt.	1982	Fachhochschule für Wirtschaft, Hamburg
Sept.	1985	Abschluß: Diplom-Betriebswirt

SCHULAUSBILDUNG

Aug.	1979	Oberstufenzentrum für Wirtschaft, Hamburg
Dez.	1980	Abschluß: Abitur
Aug.	1978	Austauschschüler in den USA
Juli	1979	High School in Baltimore/USA
		Abschluß: High School Diplom
April	1968	Carl-von-Ossietzky-Grundschule, Hamburg
Juni	1974	Heinrich-Heine-Gymnasium, Hamburg

WEITERE TÄTIGKEITEN

von	1981	zur Finanzierung des Studiums Tätigkeiten im
bis Dez.	1986	Gastronomiebereich sowie
		Wissenschaftlicher Mitarbeiter bei Steuerberater Wilske, Hamburg

ENGAGEMENT UND HOBBYS

Leitung einer Jungengruppe im Paritätischen Wohlfahrtsverband Berlin (Ausbildung zum Jugendleiter)
Golf und Tauchen
Mitglied im Golfclub Hohenkremmen

Berlin, 31.12.1998 Hans Herrmann

Hans Herrmann, Diplom-Betriebswirt, Mommsenstr. 73, 10629 Berlin

WIE ICH WURDE, WAS ICH BIN

Meine privaten und beruflichen Aufenthalte in angloamerikanischen Ländern, wie den USA und Australien, prägten nachhaltig meinen Wunsch, in einem amerikanisch geführten Unternehmen zu arbeiten.

In acht Jahren vielseitiger IBN-Erfahrung, zunächst als Trainee und später als Gebietsleiter im Vertrieb, konnte ich mir einen sehr guten Überblick über das Zusammenspiel der verschiedenen Bereiche in einem Unternehmen erarbeiten. Mit Kundenkontakten auf jeder Ebene, Verkauf und Logistik bin ich bestens vertraut. Umsatz- und Marketingziele sind für mich persönliche Herausforderungen, denen ich mich gern und mit hohem Engagement stelle.

Teamgeist, Durchsetzungsvermögen und Lernbereitschaft kennzeichnen mich ebenso wie meine Fähigkeiten, guten Kontakt zu Mitmenschen aufzubauen, um gemeinsam mit ihnen etwas zu bewegen, zu erreichen.

Hans Herrmann, Diplom-Betriebswirt, Mommsenstr. 73, 10629 Berlin

ANLAGEN

- Zeugnis IBN Komm Berlin AG
- Zwischenzeugnis IBN Komm Deutschland AG, Frankfurt a.M.
- Kurzbeschreibung der Firma Job-Zeitarbeit GmbH
- Zeugnis Nixdorf AG, Schule für Kommunikation und EDV
- Urkunde Diplom-Betriebswirt
- Sprachschul-Zertifikat, Canberra, Australien
- Diplom Baltimore High School, USA

Zu den Unterlagen von Hans Herrmann

Ein kurzes, knappes, sehr übersichtliches **Anschreiben** eröffnet den Reigen. Hier wurde vorab telefoniert, wenn auch nicht direkt mit dem personalverantwortlichen Ansprechpartner. Dessen Name wurde aber ermittelt und in der Anschrift sowie in der Anrede angegeben. Nach einem kurzen Bezug auf das Vorabgespräch mit Herrn Müller-Berger kommt der Kandidat schnell auf den Punkt. Er liefert eine gelungene Kurzpräsentation mit vier wichtigen Botschaften: beruflicher Ausbildungshintergrund und Alter, Berufserfahrung, persönliche Eigenschaften und spezielle berufliche Kenntnisse. Die dann vorgetragenen Daten zur Gehaltsvorstellung und zum frühesten Eintrittstermin waren in der Anzeige explizit erbeten. Der Kandidat sah keine Chance, sich hier weiter bedeckt zu halten, hat aber dieses Problem, wie den ganzen Brief, kurz und präzise gelöst. Die Neujahrswünsche sind aufgrund des Datums angemessen.

Das **Deckblatt** ist klar und übersichtlich und bietet evtl. bereits Platz für das Foto. Die präsentierten Angaben sind für Empfänger wie Absender gut gewählt (z.B. Verzicht auf die Anschrift des Empfängers, Weglassen der Telefonnummer des sich bewerbenden Absenders) .

Die sich anschließende **erste Seite** mit Foto, persönlichen Daten und Resümee überrascht in ihrer klaren, informativen und präzisen Gestaltung. Die gewählte Überschrift (Resümee) mit Erklärungszeile sowie die drei folgenden Kurztitel der Info-Blöcke verführen zum Lesen und sind inhaltlich auch wirklich spannend gestaltet. Grafisch exzellent gestaltet, läßt sich mit kurzem Blick das Wesentliche schnell erfassen, wird man neugierig auf die folgenden Seiten. Schon jetzt sind die Weichen für den Kandidaten positiv gestellt.

Apropos Ästhetik: Wenig Text und viel weißer Raum lassen die Beschäftigung mit den Unterlagen nie schwer oder mühevoll erscheinen. Die geschickte Schrifttype und -art (Fettdruck, Groß- und Kleinschreibung) trägt ganz wesentlich dazu bei.

Beim **Lebenslauf** wird mit der Berufspraxis und den neuesten Daten begonnen. Auch hier wieder alle guten Eigenschaften, die wir auf den vorangegangenen Seiten positiv gewürdigt haben (interessante, präzise Informationen, sehr ästhetisch und damit leicht lesbar präsentiert, also keine Bleiwüste, keine Angst vor dem weißen Papier).

Die nächste Seite informiert über Studium, Berufs- und Schulausbildung und endet mit Informationen zu Engagement und Hobbys.

Die von uns so genannte ***Dritte Seite*** hat eine recht provokant gewählte Überschrift, die aber durch den folgenden Inhalt gerechtfertigt erscheint. Die Gliederung und die relativ kurzen Absätze machen den Text nicht nur gut lesbar, sondern tragen mit dazu bei, die Botschaft glaubwürdig zu vermitteln. Die hier getroffenen Aussagen runden das gute Eindrucksbild des Bewerbers ab und führten übrigens in der Bewerbungsrealität zu einer wahren Flut von Einladungen – mit der Konsequenz, daß sich der Kandidat unter mehreren attraktiven Arbeitsplatzangeboten das interessanteste aussuchen konnte.

An dieser Stelle, liebe Leserin, lieber Leser: Haben Sie bemerkt, daß sich unser Kandidat aus der Arbeitslosigkeit heraus beworben hat? Zu guter Letzt: Das hier vorgelegte **Anlagenverzeichnis** ist »kundenfreundlich«.

Einschätzung: top, sehr sehr gut.

Bernd Behrends • Bärenstraße 94 • 31200 Oberwesel • Tel. 0 201 - 12 34 56

Kino-Center Hamburg GmbH
Herrn Mertens
Neue Straße 176

20148 Hamburg

Oberwesel, 11. März 1997

Betriebsleiter Kino-Center Hamburg
Ihre Anzeige im Hamburger Abendblatt vom 2./3. März 1997

Sehr geehrter Herr Mertens,

in einem Telefonat mit Ihrem Büro erfuhr ich heute, daß das Auswahlverfahren für die zu besetzende Position noch nicht abgeschlossen ist. Sie beschreiben in Ihrer Anzeige eine Herausforderung, die mich sehr interessiert.

Seit Jahren bin ich als Führungskraft mit Personal- und Budgetverantwortung in Unternehmen der Hotellerie und Touristik tätig. Dabei konnte ich Kommunikations- und Teamfähigkeit sowie Organisationsgeschick beweisen. Überdurchschnittliche Flexibilität und Einsatzbereitschaft runden mein Profil ab.

Ich strebe eine Führungsposition mit einem zu mir passenden Anforderungsprofil an. Als meine besonderen persönlichen und beruflichen Stärken empfinde ich:

- Erfahrung in der Führung und Motivation von Mitarbeitern
- gutes Organisations- und Verhandlungsgeschick
- Leistungsbereitschaft, Erfolgswille und Durchsetzungsfähigkeit.

Es würde mich freuen, wenn Sie mich nach Prüfung meiner Bewerbungsunterlagen zu einem Vorstellungsgespräch einladen. Hier könnten wir weitere Details wie Eintrittstermin und Gehaltsfragen besprechen.

Mit freundlichen Grüßen

Bernd Behrends

Anlagen

Bernd Behrends • Bärenstraße 94 • 31200 Oberwesel • Tel. 0 201 - 12 34 56

Bewerbung

Foto

als	Betriebsleiter
für	Kino-Center Hamburg GmbH Herrn Mertens Neue Straße 176 20148 Hamburg
es folgen	Überblick Resümee Werdegang Anlagen

↳ Überblick

Bernd Behrends • Bärenstraße 94 • 31200 Oberwesel • Tel. 0 201 - 12 34 56

Überblick

Personendaten	Alter geboren am Familienstand	34 Jahre 11. Juli 1962 in Marburg verheiratet, zwei Kinder
Werdegang	letzte Tätigkeit Berufsausbildung Schulabschluß	Kurdirektor Bad Wesel Betriebsassistent Hotellerie Abitur/US-High-School-Diplom
aktuelle Situation	Fortbildung "WWW.Akademie" Kassel	Digitales Marketing/Internet 4wöchiger Vollzeitkurs
Kenntnisse	Fremdsprachen	Englisch fließend Französisch gut
	Ausbilderprüfung PC mit gängiger Software Führerschein Klasse 3	
Interessen	Sport: Reiten, Jogging Werbung und Gestaltung Psychologie	
Gehaltswunsch	110-120 TDM p.a.	

↳ Resümee

Bernd Behrends • Bärenstraße 94 • 31200 Oberwesel • Tel. 0 201 - 12 34 56

Resümee

Ich bin ein optimistischer Mensch mit ausgeprägtem Selbstvertrauen und viel Eigeninitiative.
Es ist meine Überzeugung, daß alles wirklich Gewollte im Leben machbar ist.
Entscheidungen und Risiken gehe ich nicht aus dem Weg.
Auf Ehrlichkeit und Echtheit in Ausdruck und Verhalten lege ich großen Wert.
Und noch etwas: Ich habe Humor.

Ich kann mir Ziele selbst definieren und erreichen, viel leisten, Streß positiv erleben, gut planen und organisieren und mich voll und ganz engagieren.

Ich habe Berufs- und Lebenserfahrung, ein gut entwickeltes Talent für Kommunikation und den Umgang mit Menschen.
Dies macht mich erfolgreich.
Dabei habe ich mir die Fähigkeit zu Teamarbeit bewahrt.
Neben fachlicher Kompetenz waren für meinen beruflichen Aufstieg vor allem Begeisterungsfähigkeit, Lernbereitschaft und Flexibilität entscheidend.

Ich will eine Leitungsaufgabe, die meine Kenntnisse fordert, die Handlungsspielraum u. Entwicklungschancen bietet, eine Position, in der ich meine Führungsqualitäten einsetzen und weiter ausbauen kann;
ein Unternehmen, mit dem ich mich identifiziere.

↳ Werdegang

Bernd Behrends • Bärenstraße 94 • 31200 Oberwesel • Tel. 0 201 - 12 34 56

Werdegang

Tourismus und Hotellerie

07.93 - 12.96 Bad Wesel Kurzentrum
⌛ *Kurdirektor* (Leitung des Kurbetriebes)

04.90 - 06.91 Weiter-Reisen GmbH, Hamburg
⌛ *Verkaufsleiter* (ein Jahr im Ausland)

10.82 - 03.90 Meyer International Hotelkonzern:
Meyer Hotel, Augsburg
⌛ *Verwaltungsleiter*

Meyer Hotel Verwaltungs-GmbH, Frankfurt
Hauptabteilung Rechnungswesen
⌛ *Trainee zum Verwaltungsleiter*

Meyer Hotel, Davos
⌛ *stv. Verwaltungsleiter und Finanzbuchhalter*

Meyer Hotel, Berlin
⌛ *Trainee zum Betriebsassistenten*
Parallel: Fernstudium beim "Educational Institute of the American Hotel Association"

neue Horizonte

07.91 - 06.93 Veranstaltungen GmbH, Berlin
⌛ *Projektmanagement*

Pear Werbeagentur GmbH, Berlin
⌛ *Office Management, Werbung*

↳ Werdegang

Bernd Behrends • Bärenstraße 94 • 31200 Oberwesel • Tel. 0 201 - 12 34 56

	Qualifizierung
02.97	Fortbildung an der "WWW.Akademie" in Kassel Digitales Marketing und Internet-Publishing
04.94	Ausbilderprüfung vor der IHK zu Bremen
	andere Länder
10.95 - 12.95	Richmond, Virginia/USA ⌛ *Erweiterung der Sprachkenntnisse*
10.88 - 12.88	Meyer Hotel Saanen-Gstaad ⌛ *Unterstützung der Verwaltungsleitung*
12.84 - 02.85	Hotel Lancaster, Paris ⌛ *Praktikum in Housemanagement*
08.79 - 06.80	Ein Schuljahr im Ausland, Winter Haven, Florida/USA ⌛ *Abschluß der US-High-School mit Diplom*
	Engagement
11.91 - 02.96	Management-Vereinigung e.V. Niedersachsen ⌛ *Kassenführer im Bundesvorstand*
	Schulbildung
09.72 - 05.82	Goethe-Gymnasium, Hamburg ⌛ *Abitur*

↳ Anlagen

Bernd Behrends • Bärenstraße 94 • 31200 Oberwesel • Tel. 0 201 - 12 34 56

Anlagen

zum Werdegang

Arbeitszwischenzeugnis Kurdirektion Bad Wesel

Weiter-Reisen GmbH, Hamburg

Meyer Hotel, Augsburg

Meyer Hotel, Frankfurt

Meyer Hotel, Davos

Meyer Hotel, Berlin

zu den Auslandsaufenthalten

Hotel Lancaster, Paris

Diplom High School, USA

zur Qualifizierung

IHK Bremen, Ausbilderprüfung

zur Schulbildung

Zeugnis Allgemeine Hochschulreife

↳ Zeugniskopien

Bernd Behrends • Bärenstraße 94 • 31200 Oberwesel • Tel. 0 201 - 12 34 56

Kino-Center Hamburg GmbH
Herrn Mertens
Neue Straße 176

20148 Hamburg

23. März 1997

Vorstellungsgespräch am Freitag, den 22. März 1997
Meine Bewerbung als Leiter des Kino-Centers Hamburg

Sehr geehrter Herr Mertens,

vielen Dank für das ausführliche und informative Gespräch. Besonders die offene, gute Gesprächsatmosphäre sowie Ihre Ausführungen über Unternehmensaktivitäten und Ziele wußte ich zu schätzen.

Sehr gerne möchte ich als hauptverantwortlicher Leiter Ihres Hauses tätig werden und mein ganzes Wissen und Engagement für die Optimierung Ihres Unternehmens einbringen.

Aus meiner Sicht spricht für mich
- mein breites Spektrum an Organisationserfahrung
- meine Mitarbeiter-Führungskompetenz
- meine besondere Streßresistenz.

Bereits zum 1. April 1997 könnte ich Ihrem Unternehmen zur Verfügung stehen. Wenn Sie mir bei der Wohnungsbeschaffung behilflich sind, sehe ich einem erfolgversprechenden Start noch im Frühling mit Freude entgegen.

Auf die Fortsetzung unseres Gespräches gespannt
grüße ich Sie herzlichst

Bernd Behrends

Zu den Unterlagen von Bernd Behrends

Ein gut gegliedertes **Anschreiben** argumentiert überzeugend, warum der Bewerber eingeladen werden sollte. Der Abschlußabsatz hätte vielleicht etwas souveräner ausfallen können.

Die **Deckblatt**-Seite ist überraschend anders, recht kreativ und dabei spannend *(es folgen ...)* gestaltet. Interessant auch das Foto (-format!). Auf der nächsten Seite wieder eine gelungene, sinnvolle Überraschung, die schnell und übersichtlich über den Kandidaten informiert (bis hin zum Gehaltswunsch!). Die Fußzeile ermöglicht eine Vorschau auf die nächste Seite. Mit Spannung blättert der Leser weiter und wird mit dem nun folgenden Resümee-Text gut bedient.

Sicher, alles eine Frage des persönlichen Geschmackes, aber man kann nicht allen gefallen wollen. Diese hier vorgestellte Form findet garantiert ihre Wertschätzer und bringt sicherlich viele Einladungen.

Aber es geht sogar noch weiter, und sowohl die beiden folgenden Seiten zum **Werdegang** als auch das übersichtliche **Anlagenverzeichnis** verstärken den bis dato gewonnenen positiven Gesamteindruck.

Einschätzung: Eine wirklich angenehme und beeindruckende Bewerbungsmappe, die kaum noch Wünsche offen läßt.

Krönender Beispielabschluß ist hier der sogenannte **Nachfaßbrief** – eine hervorragende Chance, nach dem absolvierten Vorstellungsgespräch, einen ungemein positiven »Eindrucksverstärker« zu inszenieren (s.a. S. 258).

Ihre Anlagen im einzelnen

Arbeitszeugnisse

Auch wenn viele Personalchefs nicht mehr so richtig daran glauben (und sie haben recht), aber Arbeitszeugnisse gehören – wenn es um die Bewerbung einer Führungskraft geht – zur Vervollständigung der Bewerbungsunterlagen. Dabei verschicken Sie als Bewerber natürlich nur Kopien; man akzeptiert sie durchaus unbeglaubigt.

Aber bitte: Seien Sie zurückhaltend mit Schulabschlußzeugnissen bzw. Zeugnissen der berufsorientierten Basisausbildung (Lehre), es sei denn, Sie sind jung (nicht älter als 33) und haben noch nicht viel anderes vorzuweisen. Es wirkt einfach lächerlich, wenn ein 50jähriger Bewerber den Bewerbungsunterlagen sein Abiturzeugnis beilegt. Und doch sagt es wieder etwas über ihn aus, hören wir schon den Personalchef sagen (hat er ja auch nicht ganz unrecht).

Diplom- oder Examenszeugnisse könnten, wenn sie nicht älter sind als zehn Jahre, vielleicht schon etwas sinnvoller sein. Zeugnisse von ehemaligen Arbeitgebern dagegen sind für den Personalchef immer interessant. So stürzen sie sich gern auch auf zwanzig Jahre alte Beurteilungen und versuchen zu interpretieren. Manchmal ist es nur die berufliche Neugier, der »historische Reiz«, zu sehen, wie die Kollegen damals formuliert haben. Eigentlich sind die beiden letzten Arbeitszeugnisse ausreichend bzw. Zeugnisse über einen Zeitraum von ca. zehn Jahren.

Nun hat es sich herumgesprochen, daß Arbeitszeugnisse die Leistung des Arbeitnehmers in einer Art Geheimsprache zu beurteilen versuchen. Jedoch kennt nicht jeder Chef (z. B. eines kleineren Unternehmens) die entsprechenden Formulierungen dieser Geheimsprache, und nicht jeder kann deshalb Zeugnistexte richtig interpretieren. Natürlich weiß dieser unbedarfte Chef nicht, wenn er selbst ein Zeugnis ausstellen muß, was er damit dem nächsten Arbeitgeber – vielleicht völlig unbeabsichtigt – über den Bewerber mitteilt.

Arbeitszeugnisse sind ein Kapitel für sich. Zu unterscheiden sind das einfache Zeugnis (es beschreibt lediglich Art und Dauer der Beschäftigung, wird immer seltener verwendet und ist für Sie als qualifizierte Arbeitskraft nicht akzeptabel) und das qualifizierte Zeugnis. Es enthält neben Angaben über die

Art und Dauer der Beschäftigung eine ausführliche Beurteilung von Führung und Leistung.

Sinn und Zweck des qualifizierten Zeugnisses ist es, zu bescheinigen, in welcher Qualität der Arbeitnehmer die ihm gestellten Aufgaben bewältigt hat und wie sein Verhalten insgesamt aus Arbeitgebersicht beurteilt wird.

Zu den gängigen Zeugnisinhalten im einzelnen:

- Angaben zu Person, Dauer der Beschäftigung, Ein- und Austrittsdatum
- ausführliche Darstellung des Arbeitsplatzes und des Aufgabengebietes (ggf. verschiedener Arbeitsplätze und Aufgaben im Laufe der Zeit) inklusive eventueller Sonderaufgaben
- Erfahrungen, Kenntnisse und Kompetenz
- Beurteilung der Arbeitsleistung und Würdigung positiver Eigenschaften (z. B. Fähigkeiten, Stärken, Erfolge)
- Bewertung der Fortbildungsbereitschaft
- Beurteilung des Verhaltens gegenüber Vorgesetzten, Kollegen, Mitarbeitern, Kunden oder anderen Kooperationspartnern
- Beurteilung von Führungsverhalten und -qualitäten inklusive einer Information über die ausgeübte Personalverantwortung
- Angaben über Gründe für die Auflösung des Arbeitsvertrages
- Abschließende Dankes- und Wunschformeln (z. B. Bedauern über Ausscheiden, gute Wünsche für die Zukunft ...)

Wichtige formale Standards sind:

- Zeugnis auf Firmenpapier, fehlerlos getippt – Datum des Zeugnisses sollte möglichst dicht am Austrittsdatum liegen, besser noch identisch sein
- Mindestumfang eine Seite, besser eineinhalb bis zwei
- Unterschrift von einem deutlich ranghöheren Mitarbeiter bzw. der Firmenleitung selbst

Wie Sie sicherlich wissen, ist der Arbeitgeber arbeitsrechtlich gehalten, seinem Arbeitnehmer kein negatives Zeugnis auszustellen. Dies hat zur Folge, daß alle Formulierungen zwar positiv klingen, sich aber eine Art Geheimsprache entwickelt hat, die chiffriert signalisiert, was wirklich gut und was schlecht war. Dazu zwei Beispiele:

1. *Herr/Frau XY hat die ihm/ihr übertragenen Arbeiten stets und ganz zu unserer vollsten Zufriedenheit erledigt.*

2. *Herr/Frau Z zeigte für seine/ihre Arbeit Verständnis und war mit Interes-*

se bei der Sache. Dabei bemühte er/sie sich immer, allen Anforderungen gerecht zu werden.

Während die erste Formulierung für XY ein wirklich dickes Lob beinhaltet (sehr gute Leistungen), ist die zweite Beurteilung für Z eine Bankrottbescheinigung. Der Text sagt eigentlich: Hier handelt es sich um einen faulen, nichts leistenden Versager.

Die folgende Übersicht entschlüsselt die gängigsten Formulierungen in ihrem Benotungsgehalt:

Sehr gute Leistungen werden mit folgenden Formulierungen beschrieben:

» ...hat die ihm/ihr übertragenen Arbeiten stets zu unserer vollsten Zufriedenheit erledigt.«

» ...waren wir mit seinen/ihren Leistungen in jeder Hinsicht außerordentlich zufrieden.«

» ...haben seine/ihre Leistungen in jeder Hinsicht unsere volle/vollste Anerkennung gefunden.«

Gute Leistungen werden mit folgenden Formulierungen beschrieben:

» ...hat die ihm/ihr übertragenen Arbeiten stets zu unserer vollen Zufriedenheit erledigt.«

» ...haben ihre/seine Leistungen unsere volle Anerkennung gefunden.«

» ....waren wir mit seinen/ihren Leistungen voll und ganz zufrieden.«

Befriedigende Leistungen werden folgendermaßen formuliert:

» ...hat die ihm übertragenen Arbeiten zu unserer vollen Zufriedenheit erledigt.«

» ...waren wir mit seinen/ihren Leistungen voll/jederzeit zufrieden.«

» ...hat unseren Erwartungen in jeder Hinsicht entsprochen.«

Ausreichende Leistungen werden umschrieben mit:

» ...hat die ihm/ihr übertragenen Arbeiten zu unserer Zufriedenheit erledigt.«

» ...waren wir mit seinen/ihren Leistungen zufrieden.«

Mangelhafte Leistungen werden umschrieben mit:

» ...hat die ihm/ihr übertragen Arbeiten im großen und ganzen zu unserer Zufriedenheit erledigt.«

» ...haben seine/ihre Leistungen weitestgehend unseren Erwartungen entsprochen.«

Unzureichende Leistungen werden umschrieben mit:

» ...hat sich bemüht, die ihm/ihr übertragenen Aufgaben zu unserer Zufriedenheit zu erledigen.«

» ...hat sich bemüht, unseren Erwartungen/Anforderungen zu entsprechen.«

Auf die kleinen Worte kommt es an: Die Beschreibung von Zufriedenheit im Arbeitszeugnis ohne weitere Zusätze attestiert lediglich ausreichende Leistungen. Im Zusammenhang mit dem adjektiv »voll« oder besser noch »vollst« – einer sprachlichen Steigerung, die grammatikalisch bedenklich ist – werden qualifizierte, also bessere Leistungen attestiert. Wichtig: Damit es wirklich »gut« bzw. »sehr gut« bedeutet, bedarf es der Zusätze »stets«, »jederzeit« bzw. der Kombination »jederzeit und in jeder Hinsicht«.

Die Formulierung » ...bescheinigen wir Herrn/Frau XYZ, daß wir mit seinen/ihren Leistungen zufrieden waren ...« oder » ... hat Herr/Frau XYZ zufriedenstellend gearbeitet ...«, sind Urteile, die in ihrer Schlichtheit knapp die Untergrenze des Akzeptablen beschreiben, also vielleicht gerade noch ein »Ausreichend« darstellen.

Heißt es aber: Herr/Frau XY » ... erledigte die ihm/ihr übertragenen Arbeiten im großen und ganzen zu unserer Zufriedenheit ...« oder » ... wurde Herr/Frau XY den ihm/ihr übertragenen vielseitigen Aufgaben im wesentlichen gerecht ...« oder » ... entsprachen die Leistungen von Herrn/Frau XY weitestgehend unseren Erwartungen ...«, werden damit mangelhafte bis unzureichende Arbeitsleistungen attestiert.

Die entsprechenden Negativ-Formulierungen stecken in den Zusätzen: »Im großen und ganzen«, »im wesentlichen«, »teilweise«, »in etwa«.

Noch Schlimmeres wird bescheinigt, wenn man zu Umschreibungen greift wie: »bemüht«, »bestrebt« oder »willens«. Auch die Formulierung » ... hatte Gelegenheit, die gestellten Aufgaben zu unserer Zufriedenheit zu erledigen ...« oder » ... zeigte für seine/ihre Arbeit Verständnis ...« enthalten im Klartext eine krasse Abwertung der Arbeitsleistung, herbe Rügen.

Aussagen über Ihre Führung, wie z. B. vorbildliches Verhalten, aufgeschlossenes Wesen, Hilfsbereitschaft sind mit entsprechendem zeitlichen Zusatz wie »jederzeit« oder »in jeder Hinsicht« positiv.

Wird aber formuliert: » ... können wir Herrn/Frau XY bestätigen, daß ihr/sein Verhalten gegenüber Kollegen und Kunden einwandfrei war ...« oder » ... bestätigen wir, daß das persönliche Verhalten von Herrn/Frau XY einwandfrei war ...« (alternativ: » ... gab es zu Beanstandungen keinen Anlaß ...«) steckt hier der bös-kritische Hinweis auf Fehlverhalten in der Tatsache, daß im ersten Beispiel nichts über das Verhalten gegenüber dem Vorgesetzten gesagt wurde.

Gemeint ist: Achtung, hier gab/gibt es Probleme. Auch sind die beiden letzten Formulierungen so knapp (insbesondere der ausdrückliche Hinweis »müssen wir bestätigen«), daß diese die denkbar schlechteste Benotung bedeuten.

Selbst dabei kann es noch Steigerungsformen geben, z. B. durch den Hinweis » ... war im wesentlichen ...« bzw. » ... gab selten zu Beanstandungen Anlaß ...«

Arbeitgeber können ihre Unzufriedenheit auch in einer Art beredtem Schweigen und durch die Kunst der Weglassung zum Ausdruck bringen:

» ... Herr/Frau XY war fleißig und ehrlich ... Darüber hinaus verfügt Herr/Frau XY über ein bemerkenswertes Bildungsniveau, das ihn/sie stets zu einem interessanten Gesprächspartner machte. Seine/ihre Kolleginnen und Kollegen schätzten ihn/sie insbesondere wegen seiner/ihrer mannigfachen Fähigkeiten und seines/ihres humorvollen Wesens. Auch in schwierigen Situationen kam Herrn/Frau XY seine/ihre stets freundliche Gelassenheit zugute ...«

Dieses vermeintlich wohlwollend-lobend klingende Traktat eines Arbeitszeugnisses ist in Wahrheit ein Faustschlag ins Gesicht. Es fängt damit an, daß die – falls überhaupt aufgeführt – eigentlich nur als Trias zu verwendende Beschreibung Ehrlichkeit, Pünktlichkeit und Fleiß hier eine böse Lücke aufweist und damit grobe Unpünktlichkeit, Unzuverlässigkeit signalisiert. In einer übergeordneten Position dürften diese Beschreibungskriterien übrigens überhaupt nicht auftauchen, weil sie schlicht beschreibungsunwürdig sind, es sei denn, man möchte jemandem schaden.

Der »interessante Gesprächspartner« bedeutet in der Interpretation Geschwätzigkeit, das humorvolle Wesen: unangenehmer Witzbold und die bescheinigte »freundliche Gelassenheit in schwierigen Situationen« heißt soviel wie: der Beurteilte leistete passiven Widerstand.

Folgendes wird auf Arbeitgeber- und Auswählerseite an Ihrem Arbeitszeugnis analysiert: zunächst geht es um den formalen Rahmen, um Angaben über Art und Inhalt Ihrer Tätigkeit, Leistung und Führung, Einschätzung Ihres

Arbeitserfolges, eine Bewertung Ihres interpersonellen betrieblichen Verhaltens, Kündigungs- bzw. Ausscheidungsgrund sowie ein globaler Gesamteindruck, der sich aus verschiedenen Aspekten zusammensetzt.

Für die Interpretation Ihres Arbeitszeugnisses wird herangezogen, wie was gesagt bzw. nicht gesagt, d.h. weggelassen wird. Da – wie schon betont – nach dem Gesetz Arbeitszeugnisse einerseits vom Arbeitgeber für den Arbeitnehmer wohlwollend zu formulieren sind, um sein weiteres berufliches Fortkommen nicht unnötig zu erschweren, andererseits aber auch die Aussagen der Wahrheit entsprechen müssen, hat sich eine bestimmte Zeugnis-Codesprache entwickelt, deren Inhalte nun wirklich ganz anders klingen, als sie gemeint sind.

Die nachfolgende Übersicht gibt einen weiteren kurzen Einblick in die Interpretation von Standardformulierungen und deren wirkliche Bedeutungen:

»*... erledigte alle Arbeiten mit großem Fleiß und Interesse ...*«
= Eifer ja, aber kein Erfolg.

»*... hat alle übertragenen Arbeiten ordnungsgemäß erledigt ...*«
= ein Bürokrat ohne Eigeninitiative.

»*... war tüchtig und wußte sich gut zu verkaufen ...*«
= ein unangenehmer Mitarbeiter und Zeitgenosse.

»*... war wegen seiner Pünktlichkeit stets ein gutes Vorbild ...*«
= eine totale Niete.

»*... lernten wir als umgänglichen Kollegen kennen ...*«
= man sah ihn lieber von hinten als von vorn.

»*... trug durch seine Geselligkeit zur Verbesserung des Betriebsklimas bei ...*«
= Vorsicht, Alkoholiker!

»*... bewies stets Einfühlungsvermögen für die Belange der Belegschaft ...*«
= Vorsicht, sucht Sexkontakte bei Mitarbeiterinnen!

»*... bewies ein umfassendes Einfühlungsvermögen für die Belegschaft ...*«
= ist homosexuell veranlagt.

»*... galt im Kollegenkreis als toleranter Mitarbeiter ...*«
= für seine Vorgesetzten ein harter Brocken.

Zu guter Letzt sind Abschlußformulierungen und sogar das Datum von Bedeutung. Ein Zeugnisdatum, das z. B. Wochen oder gar Monate nach dem realen Austrittsdatum liegt, muß als Zeichen dafür gewertet werden, daß es zwischen Arbeitnehmer und Arbeitgeber juristische Auseinandersetzungen, zumindest aber Schwierigkeiten gegeben hat, die zu einer Verzögerung und deshalb also zu diesem späten Ausstellungsdatum des Zeugnisses geführt haben.

Achten Sie auch darauf, daß nicht zufällig ein schwarzer Punkt am Rand des Zeugnisses oder ein »Ausrutscher« (möglicherweise »Doppelausrutscher« – Doppelhäkchen) links stehend vor der Unterschrift Ihr Zeugnis kennzeichnet. Der Gesetzgeber verbietet Geheimzeichen und Codes in Arbeitszeugnissen (Punkt = Gewerkschaftsmitglied; Strich = Mitglied einer linksgerichteten Organisation).

Wir können hier nicht detaillierter auf diese Geheimsprache eingehen. Nur muß abermals betont werden, daß nicht jeder Chef diese Codierungs- und Dechiffrierungskunst beherrscht. Damit gibt es einen gewissen Spielraum für Mißverständnisse. Darüber hinaus kann der Arbeitnehmer in Absprache mit dem Arbeitgeber deutlichen Einfluß auf die Formulierungen des Zeugnisses nehmen. Manche Chefs versuchen aber auch, ihre »überflüssigen« oder ungeliebten Mitarbeiter durch ein besonders gutes Zeugnis loszuwerden (wegzuloben). Papier ist geduldig.

Abschließend eine Checkliste, worauf Sie bei Ihrem Zeugnis achten sollten:

1. Formales

- Ist Ihr Zeugnis auf Firmenpapier fehlerfrei getippt, und enthält es formal richtig Ihre persönlichen und arbeitsbezogenen Daten? Ist das Zeugnis von einer bei Ihrem Arbeitgeber hierarchisch klar über Ihnen stehenden Person mit Vertretungsvollmacht unterschrieben worden und nicht später als maximal 3–4 Tage nach Ausscheiden aus dem Unternehmen datiert?
- Können Sie Merkwürdigkeiten in Richtung Kenn- bzw. Geheimzeichen entdecken (Punkte, Striche etc.)?

2. Tätigkeitsbeschreibung

- Ist Art und Inhalt Ihrer Tätigkeit ausführlich geschildert, so daß sich ein Dritter ein zutreffendes Bild von Ihren Arbeitsaufgaben machen kann?
- Stimmen Stellen- und Tätigkeitsbeschreibung inhaltlich überein?
- Sind besonders qualifizierende Tätigkeiten entsprechend detailliert dargestellt, werden Selbständigkeit und Eigenverantwortlichkeit angemessen betont?
- Ist Ihre Teilnahme an betrieblichen Fort- und Weiterbildungsveranstaltungen erwähnt worden?

- Wichtig: Wirkt die Aufgaben- und Tätigkeitsbeschreibung angemessen, entsprechend Ihrer Beschäftigungszeit, oder ist sie eher knapp und lieblos?
- Nicht akzeptabel: Wenn Ihre Tätigkeitsbeschreibung Formulierungen enthält, die man abwertend interpretieren könnte, die mehrdeutig auszulegen sind, die eher Selbstverständlichkeiten oder Nebensächlichkeiten in den Vordergrund stellen und ausführlich beschreiben.

3. Leistungs- und Führungsbeurteilung

- Findet beides im Text Erwähnung, und wie wird beurteilt? Welche Leistungen, Verhaltensweisen oder Eigenschaften finden besondere lobende Erwähnung?
- Welcher Grad der Zufriedenheit mit Ihrer Arbeitsleistung wird formuliert?
- Achtung: Was wird weggelassen, welche Nebensächlichkeiten werden in den Vordergrund gerückt?
- Werden Kenntnisse und Können, Arbeitsweise und Arbeitsstil beschrieben und bewertet?
- Attestiert man Ihnen und Ihrer Arbeit auch entsprechenden Erfolg?
- Wie verhalten sich Einzelbeurteilungen zur Gesamtbewertung?
- Achtung: Gibt es Aussagen, die Einschränkungen, wie z. B. »im großen und ganzen«, »im allgemeinen«, »im wesentlichen«, enthalten?
- Werden berufsrelevante Eigenschaften stillschweigend übergangen bzw. nicht gelobt?
- Gibt es doppeldeutige Aussagen, die Ihr Verhalten zu Vorgesetzten, Kollegen, Untergebenen, Kunden, Kooperationspartnern beschreiben?
- Oder wird Ihr Verhalten bestimmten Personengruppen gegenüber besonders betont, während andere weggelassen werden?
- Attestiert man Ihnen Personalkompetenz, d.h. den richtigen Umgang mit Mitarbeitern, für die Sie verantwortlich sind?
- Was sagt Ihr Zeugnis über Ihre Fähigkeit aus, andere Menschen zu führen?
- Wie beurteilt man Ihre Verantwortungs- und Delegationsbereitschaft?
- Welche Aussagen gibt es über Ihre Fähigkeit, Ihre Mitarbeiter zu motivieren?
- Welche Formulierungen hinsichtlich Ihrer organisatorischen Fähigkeiten?
- Welche Aussage über Ihr Informationsverhalten gegenüber Vorgesetzten und Mitarbeitern?

4. Auflösungsgrund

- Steht in Ihrem Zeugnis, daß Sie auf eigenen Wunsch gekündigt haben bzw. den Arbeitgeber verlassen?
- Bedauert das Unternehmen Ihr Ausscheiden?
- Dankt man Ihnen für die geleistete Arbeit?
- Spricht man Ihnen gute Wünsche für die Zukunft aus?

5. Gesamteindruck

- In welchem Tenor ist Ihr Zeugnis geschrieben (wohlwollend und warm, kühl, kurz, knapp, verkomplizierend, lange, schwer nachzuvollziehende Sätze, Floskeln bzw. allgemeine Redewendungen oder präzise, klare Informationen und Formulierungen)?
- Stimmen Orthographie und Interpunktion?
- Entdecken Sie Ausrufezeichen (dürften in Arbeitszeugnissen nicht vorkommen)?
- Bitten Sie rechtzeitig um Ihr Arbeitszeugnis, und machen Sie, wann immer möglich, davon Gebrauch, wichtige Punkte Ihres Arbeitszeugnisses selbst vorzuschlagen. Lassen Sie Ihr Arbeitszeugnis auch von anderen gegenlesen, und informieren Sie sich im Zweifelsfalle bei einem Profi, wie er Ihr Zeugnis ehrlich (ungeschminkt) einschätzt.
- Versuchen Sie bei Differenzen, eine gütliche Einigung über den Inhalt des Zeugnisses herbeizuführen. Wenn nötig, können Sie Ihr Arbeitszeugnis vor dem Arbeitsgericht mit guter Aussicht auf Erfolg ganz entscheidend verbessern.
- Wichtigster Hinweis aber: Erbitten Sie bei einer günstigen Gelegenheit (wenn die Zeiten gut sind) ein Zwischenzeugnis. Dieses sicherlich positive Zwischenzeugnis kann dann zu einem späteren Zeitpunkt (z. B. ein halbes bis zu zwei Jahre später) für Sie sehr wichtig sein, falls Sie (aus welchem Grund auch immer) beim Verlassen der Firma ein ungerechtfertigt schlechtes Arbeitszeugnis bekommen sollten (z. B. aus Rache).

Handschriftenprobe

Für den Fall, daß – z.B. in der Stellenanzeige – etwas Handschriftliches von Ihnen gewünscht wird, sollten Sie die Gelegenheit nutzen und auf einer Extraseite (nach dem Lebenslauf) mit einigen gut plazierten Sätzen den Motiven Ihrer Bewerbung und Ihren Qualitäten noch einmal Ausdruck verleihen.

Schreiben Sie also bloß nicht irgend etwas aus der Zeitung ab, oder versuchen Sie sich nicht als Lebenslauf-Romanschriftsteller, sondern nutzen Sie diese zusätzlichen Zeilen für eine erneute Werbebotschaft in eigener Sache.

Den Lebenslauf in handschriftlicher Form anzufertigen ist selbstquälerisch und wird – ob tabellarisch oder ausformuliert – den inhaltlichen Anforderungen kaum gerecht. Außerdem kann es leicht Platzprobleme (Überlänge) geben.

Wird von Ihnen etwas Handschriftliches gefordert, können Sie fast sicher sein, daß sich ein Graphologe mit Ihrer Persönlichkeitsstruktur auseinandersetzt. Ob Sie dabei etwas zu gewinnen oder zu befürchten haben, vermögen wir von dieser Stelle aus nicht vorherzusagen.

Obwohl die wissenschaftliche Anerkennung der Graphologie nach wie vor aussteht, hat sie in Mitteleuropa, insbesondere jedoch in unserem Land als Hilfsmittel zur Auslese von Bewerbern eine starke Bedeutung. Immerhin wird in etwa 20% der Inserate für Führungspositionen entweder der Lebenslauf oder das Bewerbungsschreiben handschriftlich gewünscht oder zumindest eine zusätzliche Handschriftenprobe verlangt. Bei Top-Führungspositionen ist dieser Prozentsatz noch wesentlich höher.

Ohne an dieser Stelle näher auf das Wie eingehen zu können, ist es doch erstaunlich, was für ein Spektrum an Aus- und Vorhersagen die Graphologie anbietet. Da geht es um Aussagen über die Lösung von Routineaufgaben, die Kreativität, die Planungs- und Organisationsfähigkeit, die Problemlösungsfähigkeit und die künstlerische Begabung. Weiterhin erhält der Schriftgelehrte angeblich Hinweise auf Informationsbereitschaft, Kooperations- und Kontaktfähigkeit, Verhandlungsgeschick, Personalbetreuungs-, -auslese- und -motivationsfähigkeit, Durchsetzungsvermögen, Zielstrebigkeit, Selbst- und Verantwortungsbewußtsein, Verantwortungsbereitschaft, Kritikfähigkeit, Verläßlichkeit, Risikoeinstellung, Entscheidungsfreudigkeit, Delegationsbereitschaft und -verhalten, Streßresistenz, Flexibilität und Repräsentationsvermögen.

Daß die Handschrift eines Bewerbers Ausdruck seiner Individualität ist und Züge seiner Persönlichkeit widerspiegelt, ist sicher richtig. Es bleibt aber die Frage, was man der Handschrift wirklich entnehmen kann. Nicht wenige Personalmenschen spielen sich dabei gerne als kompetente Graphologen auf. Nach dem Motto »Schlechte Schrift – schlechter Charakter« lassen sie die Bewerberschriftzüge auf sich wirken und versuchen, das Formniveau zu erfassen.

Dabei geht es um die Verteilung des Geschriebenen auf dem Blatt, den Rhythmus der Schriftzüge, das Auf und Ab, den Pulsschlag der Schreibbewegungen, Schriftzüge und Zwischenräume. Man unterscheidet zwischen hohem, mittlerem und niedrigem Formniveau und glaubt an den Grundsatz: je höher das Formniveau, desto harmonischer der Charakter des Schreibers.

Andere glauben, aus dem Grad der Leserlichkeit das Verhältnis des Schreibers zu seiner sozialen Umwelt herausinterpretieren zu können (jetzt wissen wir, warum Ärzte eine so furchtbare Handschrift haben). Da gibt es auf der einen Seite Weltoffenheit und -gewandtheit, Sinn für die Realität des Lebens, Anpassungsbereitschaft und Fähigkeit zur Teamarbeit. Auf der anderen Seite besteht die Gefahr des Schematismus, der Schablonenhaftigkeit, der konventionellen Oberflächlichkeit, des Formalismus und der Pedanterie. So hat eben das Schöne und Klare wieder zwei Seiten, und es obliegt der subjektiven Interpretation (dehnbar wie Kaugummi).

Ordentliche Schrift gleich ordentlicher Charakter und somit Eignung für ordnende Berufe. Wo etwas anderes und mehr erwartet wird, darf's dann auch etwas origineller bzw. egozentrischer sein (= schwerer lesbar) – so das kleine Einmaleins der Bewerberauslese-Graphologie. Alles ist eben relativ, und dies gilt für die Interpretation der Handschrift um so mehr.

Und noch ein Hinweis der Schriftgelehrten zum Verhältnis von Unterschrift zu Normalschrift: die Unterschrift, eine Art Schutzmarke unseres Selbst, entwickelt sich mit der übrigen Textschrift und nimmt nach Erreichen der Reife (welche?) ihre Sonderform an. Sie ist gleichsam ein Werbeplakat der eigenen Persönlichkeit und läuft Gefahr, zum Spielball aller Geltungs-, Eitelkeits- und Selbstdarstellungsbedürfnisse zu werden. Klar, daß die Graphologen hieraus Rückschlüsse auf das Selbstwertgefühl ziehen.

Ist also die Unterschrift größer als der Normaltext (Normaltext = Normalschrift als Ausdruck des Normalcharakters), so ist das Selbstwertgefühl stärker, als normalerweise zugegeben wird. Im umgekehrten Falle (kleinere Unterschrift) gibt sich der Schreiber bescheidener, als er möglicherweise ist. Je deutlicher man seinen Namen ausschreibt, desto klarer – glauben die Interpreten – sei Wesen und Ausdruck des Schreibers. So einfach ist das also.

Und weil zehn Graphologen von ein und derselben Handschrift zehn verschiedene Gutachten über dieselbe Person liefern, kann man schon mit Recht an den Schriftdiagnosen und der Aussagekraft der Graphologie verzweifeln.

Nachfolgend eine Kurzübersicht über die Standardinterpretation der Grundformen der Handschrift:

Winkel (eckig): willens- und verstandesausgerichtet
Girlande (kurvig): gefühlsbetont, verbindlich
Arkade (bogenartig): zurückhaltend bis verschlossen, förmlich
Fadenduktus (unbestimmte Schreibform): anpassungs- und wandlungsfähig

Die eigene Handschrift zu verstellen ginge nun wirklich zu weit. Jemand anderen zu bitten, etwas für das eigene Bewerbungsschreiben zu Papier zu bringen, weil man sich seiner Handschrift und deren Interpretation nicht sicher ist, wäre ebenso abwegig (ist aber bereits vorgekommen!).

Referenzen

Referenzen vorweisen zu können bedeutet, daß Sie jemanden benennen, der als Fürsprecher auftritt und bestätigt, Sie seien so und so, also überhaupt ganz toll und für diesen Job genau der Richtige. Das darf aber natürlich nicht Ihre Großmutter sein, weil die ja vielleicht nicht so ganz objektiv ist, und so wünschen sich Profis (falls überhaupt) hier Personen genannt zu bekommen, die mit Ihnen zusammengearbeitet bzw. für die Sie mal (längere Zeit und erfolgreich) tätig gewesen sind.

Das können in der Regel nur Chefs oder andere Vorgesetzte sein, vielleicht in (seltenen) Ausnahmefällen eine andere Person, die öffentliche Autorität und/oder Kompetenz genießt (der Bürgermeister, Vorsitzende eines wichtigen Vereins oder einer Institution, der Pfarrer etc.).

Kennen Sie solche, von Personalfachleuten akzeptierte Personen? Sind Sie sich sicher, daß diese gern und in Ihrem Sinne bei eventuellen Anfragen positive Auskünfte über Sie erteilen würden? Wenn ja, toll – aber sprechen Sie sicherheitshalber die Referenz, insbesondere die wichtigsten Fähigkeiten, mit denen Sie in diesem Schriftstück beeindrucken wollen, vorher ab.

Haben Sie Zweifel, ob Sie jemanden um diesen Gefallen bitten können? Dann hilft nur eins: potentielle Referenzgeber ansprechen und es herausfinden. Fällt Ihnen niemand ein, den Sie als akzeptablen Fürsprecher benennen können – plagen Sie sich nicht, allzu häufig wird auf dieses Bewerber-Imponiergehabe sowieso nicht zurückgegriffen, und viele Personalausleser sind nicht leicht mit Referenzadressen zu beeindrucken. Personalchefs, die etwas über einen Bewerber in Erfahrung bringen wollen, bevorzugen in der Regel eigene Informationswege. Da verläßt man sich nicht gerne nur auf die Aussage eines vom Bewerber benannten Fürsprechers.

Interessante, aufschlußreiche Ergebnisse erhalten Sie übrigens, wenn Sie selbst oder eine Person Ihres Vertrauens bei Ihrem letzten bzw. vorletzten Chef anrufen und sich nach der Einschätzung von Herrn/Frau XYZ (Sie selbst) höflich (kollegial – wie Arbeitgeber es zu tun pflegen) erkundigen.

Wir kennen die Geschichte eines aus seiner Firma nicht ganz harmonisch ausgeschiedenen hochbezahlten Managers (trotzdem sehr gutes Zeugnis), der, allen Bemühungen zum Trotz, auch nach gut verlaufenden Vorstellungsgesprächen immer wieder eine Absage bekam und sich mehr und mehr wunderte. Irgendwann wurde dieser kluge Mensch mißtrauisch und ließ einen mit ihm befreundeten Unternehmer bei seinem früheren Arbeitgeber anrufen und nachfragen: »Wir haben hier einen interessanten Bewerber, den Herrn XYZ. Der war doch vorher bei Ihnen. Mal im Vertrauen, was können Sie mir sagen ...?« Nach anfänglichem Zögern (schon das setzt Signale) wurde doch telefonisch deutlich vor diesem Bewerber, also unserem Herrn XYZ gewarnt, der ... Das war also des Rätsels Lösung, die Erklärung, warum es immer wieder nicht klappen wollte. Der Bewerber konnte nun mit diesem Wissen dem Negativ-Auskunftgeber bei seiner ehemaligen Firma gegenübertreten und in wenigen, aber bedeutsamen Worten weitere Sabotageauskünfte abstellen. Der »Saboteur« war übrigens pikanterweise sein Nachfolger in der alten Firma, der damals erfolgreich den Stuhl von XYZ angesägt hatte, um nun selbst darauf zu sitzen.

Nochmals: Ein ehemaliger Arbeitgeber darf (laut Gesetz) nichts Nachteiliges über einen ausgeschiedenen Mitarbeiter sagen und muß, falls er durch seine Negativauskünfte eine Beschäftigung des Bewerbers bei einer anderen Firma verhindert, für den Schaden (Verdienstausfall etc.) des so Abgelehnten aufkommen. In der Arbeitsrealität ist dies natürlich sehr schwer nachweisbar.

Arbeitsproben

Woran viele nicht denken: Ihre Bewerbungsunterlagen sind bereits eine erste Arbeitsprobe. Wenn Sie sich bei der Bewerbung Mühe geben, dann – so die mögliche Schlußfolgerung des Personalchefs – werden Sie sich auch bei der Arbeit anstrengen. Reagieren Sie schnell auf eine Stellenanzeige oder brauchen Sie ewig? Wer viel Zeit vergehen läßt, könnte den Eindruck erwecken, daß er auch wichtige Dinge auf die lange Bank schiebt. Das bedeutet aber nicht, daß Sie gleich am Erscheinungstag der Anzeige schreiben sollen. Dann wiederum könnte der Eindruck entstehen, daß Sie es »nötig« haben. Ein paar Tage bis zu zwei Wochen dürfen Sie ruhig verstreichen lassen.

Gut formulierte und strukturierte Bewerbungsunterlagen sprechen für die Klarheit des Denkens.

Bei kreativen und wissenschaftlichen Berufen sind »echte« Arbeitsproben üblich. Werbeleute und Grafiker können beispielsweise auf eine Anzeigenkampagne hinweisen, die sie entworfen haben. Wissenschaftler fügen eine Publikationsliste, Journalisten ausgewählte Artikel bei.

Dies sind aber Ausnahmefälle. Generell gilt: heben Sie sich die konkreten Arbeitsproben für einen späteren Zeitpunkt auf. Wenn Sie die nächste Stufe, das Vorstellungsgespräch, erklommen haben, können Sie eventuell geeignete Arbeitsproben mitbringen.

Anspruchsvolle Präsentation

Sie haben jetzt alle Unterlagen für Ihre Bewerbung zusammengetragen. Der Stapel liegt vor Ihnen: hoffentlich blütenweiß (oder in einem dezenten Farbton) ohne Eselsohren und Flecken.

Es geht nun darum, den kostbaren Stapel möglichst ästhetisch zu verpacken und damit auf den Inhalt neugierig zu machen. Vielleicht wählen Sie eine etwas anspruchsvollere Präsentationsform. Wir erwähnten es schon: Sehen Sie sich mal in Ihrem Schreibwarengeschäft bzw. Kopierladen um, was da alles zur Auswahl steht: edle Mappen, Klemmschienen und Einlegesystem (z.B. Thermo-Bindesysteme, Vollmappen, Spiralbindesysteme usw.) bieten sich je nach Bewerbungsvorhaben gut an.

Wir möchten Sie aber auch vor zuviel Perfektionismus warnen. Eine Einlegemappe, in der jedes Dokument einzeln in Klarsichthüllen präsentiert wird, könnte Ihnen leicht als Zwanghaftigkeit ausgelegt werden. Achten Sie auch auf die Farbauswahl: Rosa z.B. kommt nicht gut an, Weiß ist neutral, dazwischen gibt es eine große Farbpalette. Verzichten Sie aber auf grelle Töne, Muster und alle Arten von Gags.

Profis achten auch auf das Material ihrer Präsentationsmappen: Glattes Plastik ist verpönt, natürliche Materialien dagegen sind in. Zum Beispiel gibt es dank des Öko-Trends eine große Auswahl an farbigen und stabilen Pappen.

Korrekter Versand

Überprüfen Sie nochmals, ob Ihre Unterlagen auch vollständig sind. Dann stecken Sie alles in einen ausreichend großen Umschlag mit verstärktem Papprücken. Eventuell können Sie auch einen wattierten Umschlag wählen; er sollte aber nicht zu groß sein, das wirkt wichtigtuerisch.

Das Anschriftenfeld und Ihr Absender müssen mit der gleichen Sorgfalt behandelt werden wie Ihre Unterlagen. Achten Sie auf Ihre Handschrift. Einer Bewerberin, die ihre Bewerbungsunterlagen bei einer großen Firma abgab, sagte der Pförtner: »Die Handschrift ist schon mal gut.« Man beachte: Die Aufmerksamkeit des Unternehmens bezüglich der Form hatte sich herumgesprochen. Sogar der Pförtner wußte: was vielversprechend aussieht, hat vermutlich auch ein vielversprechendes Innenleben.

Wer sich und seiner Handschrift einen derartigen Effekt nicht zutraut, beschriftet Etiketten mit Schreibmaschine bzw. PC.

Selbst die Briefmarken sind sorgfältig zu kleben. Überlassen Sie das besser nicht einem gestreßten Schalterbeamten, der die Dinger kreuz und quer auf den Umschlag knallt. Besorgen Sie sich Sonderbriefmarken, und frankieren Sie ausreichend. Nichts ist ärgerlicher, als wenn Ihr Adressat noch Ihr (Straf-) Porto nachzahlen muß. Das ist auch deshalb sehr auffallend, weil die Post Nachzahlungen mit überdimensionalen Zahlen auf dem Umschlag zu markieren pflegt.

Es versteht sich eigentlich von selbst: Auf den Umschlag gehören keine witzigen Bemerkungen, keine Abziehbildchen und keine Politik-Aufkleber. Wählen Sie keine Postsonderzustellung wie z.B. Einschreiben oder Eilzustellung. Das wirkt zwanghaft, aufdringlich und drängelnd.

Ihr Auftritt – persönlich überzeugen

Das Vorstellungsgespräch ist immer eine doppelte Prüfungssituation. Auf beiden Seiten findet ein Auswahlprozeß statt:

Aus der Sicht der Arbeitsplatzanbieter und ihrer Vertreter (Personalchef, -berater usw.) steht im Vorstellungsgespräch die Überprüfung persönlicher und anforderungsbezogener Eignungsmerkmale der Bewerber im Mittelpunkt. Ziel ist es, den angebotenen, vakanten Arbeitsplatz optimal zu besetzen, d.h. die geeignetste Bewerberin oder den passendsten Bewerber aus einer Anzahl von Kandidaten herauszufinden. Aus der Sicht der Bewerber geht es um zwei Aspekte: 1. die Prüfungssituation Vorstellungsgespräch erfolgreich zu bewältigen und 2. den Arbeitsplatz mit seinen Aufgaben und Bedingungen sowie die sich präsentierenden Vorgesetzten nun auch ihrerseits einer Prüfung zu unterziehen. Für Bewerber steht die zentrale Frage im Vordergrund: Sind die Arbeitsbedingungen mit all ihren Aspekten für mich optimal?

So richtig und wichtig dieser Gedanke der doppelten Prüfungssituation auch ist – er sollte jedoch nicht zu der Fehlannahme verleiten, daß sich im Vorstellungsgespräch gleichberechtigte Partner gegenübersitzen. Die Macht der Auswähler, einzustellen oder abzulehnen, ist der Entscheidungsmöglichkeit des Bewerbers, seinerseits die Bewerbung zurückzuziehen, in der Regel überlegen.

Das Vorstellungsgespräch – alles, worauf es jetzt ankommt

Nüchtern-realistisch betrachtet: In dieser Situation herrschen Marktgesetze, geht es um Angebot und Nachfrage, Verhandeln, um Einkäufer und Verkäufer. Pointiert ausgedrückt: Die »Ware« Arbeitskraft ist Verhandlungs- oder Kaufgegenstand.

Dabei kommt es auf die Ausgangspositionen an, auf die Frage: Wer bietet wem was? Der hochqualifizierte 35jährige Spezialist, mit nachweislich erfolgreicher siebenjähriger Berufspraxis, hat eine ganz andere Ausgangsposition als z. B. ein 55jähriger, schon zwei Jahre arbeitsloser Sozialwissenschaftler.

Das erfolgreiche Unternehmen in der High-Tech-Branche mit exzellenten Gehältern, Sozialleistungen und einem hervorragenden Arbeitsklima, hat andere »Einkaufsmöglichkeiten« als der krisengeschüttelte, in der Öffentlichkeit gerade mit einem deutlichem Negativimage belastete Rüstungskonzern.

Die Marktsituation – Angebot und Nachfrage – beeinflußt die Ausprägung des Machtgefälles im gesamten Bewerbungsverfahren; besonders deutlich zu spüren im Vorstellungsgespräch und seinen Entscheidungsfolgen.

Das ist Ihnen sicherlich alles nicht neu. Jedoch: Die Aspekte Prüfungssituationen, Auswahlentscheidungen, Markt und Marketing, das unternehmerische Denken auch als Arbeitnehmer werden in der Regel von Bewerbern zu wenig berücksichtigt und selten wirklich reflektiert.

Eingeladen

»... freuen wir uns, Ihnen mitteilen zu können, daß wir Sie zu einem Vorstellungsgespräch in unserem Haus am ...um ...einladen möchten.« Wenn Sie einen so lautenden Brief bekommen, dann haben Sie die erste wichtige Hürde im Bewerbungsverfahren genommen. Ihre schriftliche, vielleicht auch telefonische Bewerbung, Ihre Unterlagen haben Anklang gefunden, Sie sind in eine Vorauswahl gekommen. Man will mit Ihnen persönlich sprechen, verhandeln, Sie kennenlernen.

Aus den vorliegenden schriftlichen Bewerbungsunterlagen, die z. B. nach einer Stellenanzeige eingegangen sind, hat man auf Arbeitgeberseite (bzw. -vertreterseite) die interessantesten und vielversprechendsten Bewerber ausgewählt.

Möglich, daß unter den 350 Bewerberinnen und Bewerbern nur eine oder einer als kompetent erscheint, wahrscheinlich favorisiert man (allein aufgrund der schriftlichen Bewerbung) drei bis sechs Kandidaten. Leider ist es so, daß man schon allein aus Zeitgründen häufig nur einen kleinen Teil der Bewerber einlädt, die aufgrund ihrer Bewerbungsunterlagen für die Aufgabe, den Arbeitsplatz in Frage zu kommen scheinen.

In der Regel haben an diesem ersten Auswahlvorgang mehrere Personen mitgewirkt, z. B. der/die Unternehmensinhaber, der Personalchef, der/die Abteilungsleiter, möglicherweise auch die Sekretärin, die potentiellen Arbeits-Teamkollegen. Vielleicht sind sogar 500 Bewerbungen eingegangen, und man muß sich nun auf Arbeitgeberseite darauf verständigen, wie viele Kandidaten geeignet erscheinen und wie viele man näher kennenlernen will und kann (Zeitökonomie!).

Sie gehören jetzt zu den Eingeladenen und sind beim Bewerbungsmarathon Ihrem Ziel schon deutlich näher gekommen.

Das Auswahlgremium möchte nun seine bisherigen Informationen aus den vorliegenden Bewerbungsunterlagen ergänzen und einen persönlichen Eindruck von Ihnen bekommen.

Dabei wird die Ausprägung von Persönlichkeitszügen und Eigenschaften wie vor allem Leistungsbereitschaft, Motivation, Anpassungsfähigkeit und Kompetenz unter die Lupe genommen. Ebenso konzentriert man sich auf äußere Merkmale wie Aussehen, Auftreten, »Manieren« sowie auf das sprachliche Ausdrucksvermögen. Darauf kommen wir aber gleich noch ausführlicher zurück. Das Vorstellungsgespräch ist eine mündliche Test- und Prüfungssituation, auf die man sich gut vorbereiten kann und sollte.

Die Vorbereitung auf dieses wichtige Gespräch kostet Zeit und Energie – sicherlich deutlich mehr, als für die schriftliche Bewerbung notwendig war. Sich eine Woche lang intensiv vorzubereiten, gilt sicher nicht als außergewöhnlich.

Wichtig: Es gibt Einzel-, aber auch Gruppenvorstellungsgespräche. Ihre Dauer ist unterschiedlich, je nach Arbeitsplatz und zu bewältigender Bewerberzahl bzw. Gesprächsteilnehmern auf Arbeitgeberseite (s. S. 218). Nicht selten werden zwei oder sogar drei Vorstellungsgespräche mit einem Kandidaten geführt. Die Gesprächsdauer schwankt zwischen mindestens einer Stunde bis maximal etwa sechs (sicherlich nicht nonstop). Verhandelt wird zunächst einmal in den Geschäftsräumen, später möglicherweise auch in einem Restaurant.

In der Regel läuft ein Vorstellungsgespräch nach einem bestimmten Schema ab, das auf Ausbildung und Erfahrung des Interviewers, also des Gesprächspartners auf Arbeitgeber- bzw. -vertreterseite, basiert. Schon deshalb erfordert es, wenn man als Bewerber etwas entgegensetzen will, eine gute Vorbereitung. Hier drängt sich unweigerlich der Vergleich mit einem Schauspieler auf, der sich um ein Engagement bewirbt und eine Rolle vorsprechen bzw. vorspielen muß. Auch er hätte ohne Vorbereitung, Übung und Rollenstudium keine Chance.

Schon der Begriff »Vorstellung« deutet übrigens auf die Parallele zum Theater hin, also der Vorführung einer Als-ob-Realität. Verkleidung, Show- und Unterhaltungselemente sind weitere gemeinsame Aspekte.

Beim Vorstellungsgespräch handelt es sich um ein Ritual mit spezifischen Rollen und Regeln, die Sie als Bewerber kennen und beherrschen sollten.

Der gelernte Schauspieler und Ex-Präsident Ronald Reagan ließ sich vor jeder Pressekonferenz von seinem Beraterteam alle möglichen Journalistenfragen (insbesondere die unangenehmen) zu einem bestimmten Thema und natürlich die passenden Antworten zusammenstellen. Diesen Frage-Antwort-Katalog lernte Mr.President auswendig. Was lernen Sie daraus? Auf die gute Vorbereitung kommt es an! Diese sollte sechs Aspekte umfassen:

1. Die Kenntnis des Hintergrundes und der Intention von Vorstellungsgesprächen
2. Ihre eigene Ausgangsposition sowie die Ihres Gegenübers
3. die gründliche Informationsrecherche zu Aufgabe, Position, Branche, Arbeitsplatzanbieter
4. die Kenntnis des gängigen Gesprächsablaufs und des verwendeten Fragenrepertoires
5. die wichtigsten Grundlagen der Gesprächspsychologie – d.h. Frage- und Antworttechniken, Körpersprache, Ausdruckspsychologie etc.
6. den organisatorischen Teil (Anreise, Kleidung usw.)

Prüfen Sie, wie diese »Vorstellung« auf Sie als den arbeitsplatzauswählenden »Arbeitskraftgeber« wirkt. Hat dieses Unternehmen, diese Institution eine Chance bei Ihnen? Was sehen Ihre Augen, was hören Ihre Ohren, was sagt der Verstand und – ganz wichtig! – was meldet Ihr Gefühl?

Wie geht man mit Ihnen um? Freundlich oder kühl, distanziert oder herzlich, offen-bemüht oder zurückhaltend-bedeckt? Was läßt man Sie fühlen? Erwartet und willkommen zu sein, eine unliebsame aber notwendige Unterbrechung im Berufsalltag, einer der wichtigsten, interessantesten Bewerber oder die Nr. 152?

Bringt man Ihnen Wertschätzung entgegen, oder ist man versteckt bis offen mißtrauisch? In welchem Ton kommuniziert man mit Ihnen, was hören Sie aus dem firmeninternen Kommunikationsstil (z. B. auch mit der Sekretärin) heraus? Was für ein Geist, was für eine Atmosphäre beherrscht die Szene?

Die oben aufgeführten sechs Aspekte, die Thema der Vorbereitung auf Ihre »Vorstellung« sind, gelten auch im umgekehrten Maße als Orientierungs-, Bewertungs- und Auswahlkriterien für Sie, der Sie ein »Arbeitskraftgeber« und damit auch ein Auswählender sind.

Essentials

Persönlichkeit, Leistungsmotivation und Kompetenz – das sind die Eigenschaften, auf die der Arbeitgeber bzw. der Interviewer im Vorstellungsgespräch vor allem Wert legt.

Diese drei Hauptthemen und wichtigsten »Untersuchungsgegenstände« des Vorstellungsgespräches lassen sich nicht immer ganz eindeutig voneinander abgrenzen bzw. unterscheiden. Sie sind auf vielfältige Weise miteinander verflochten.

So könnte man z. B. zu »testende« Eigenschaften wie Verantwortungsbewußtsein, Zuverlässigkeit und Teamfähigkeit allen drei Kategorien zuordnen. Im einzelnen handelt es sich bei der »Erforschung« Ihrer **Persönlichkeit** primär um folgende globale Aspekte:

- Wirken Sie sympathisch und vertrauenswürdig?
- Sind Sie anpassungs- und teamfähig?
- Passen Sie zu Institution/Unternehmen/Team?

Mit **Leistungsmotivation** ist gemeint:

- Bringen Sie Engagement (»Enthusiasmus und Biß«) für die angestrebte Aufgabe/Position mit?
- Sind Sie in ausgeprägtem Maß lern-, einsatz- und arbeitswillig?
- Ist eine hohe Identifizierung mit Position/Aufgabe und Unternehmen/Institution zu erwarten?

Die intendierte Überprüfung Ihrer fachlichen **Kompetenz** zielt ab auf

- das Vorhandensein von berufsrelevanten Erfahrungen, Kenntnissen, Eigenschaften

Die Kenntnis und Berücksichtigung dieses skizzierten Hintergrundes von Vorstellungsgesprächen ist ein ganz wichtiger Bestandteil Ihrer Vorbereitung.

Ausgangspositionen

Wenn Bewerbungsverfahren in der Regel sehr ähnlich verlaufen, so sind doch – je nach Branche und Ihrer Ausgangsposition – in Nuancen Unterschiede feststellbar: Deshalb wollen wir uns jetzt folgenden Besonderheiten widmen:

Bewerbungen
- bei Groß-, mittleren oder kleineren Unternehmen,
- in der Privatwirtschaft oder im öffentlichen Dienst,
- aus Ost- nach Westdeutschland und umgekehrt;

von Bewerbern
- aus (vermeintlich) gesicherter Position heraus (quasi idealtypisch),
- aus erkennbar unsicherer Position, z. B. unter Druck, weil bereits gekündigt wurde, ohne das Vorhandensein eines neuen Vertrages (alles andere als idealtypisch, dazu gehören auch Bewerber mit nicht geradlinigem Lebenslauf, vorangeschrittenem Alter oder aus der Arbeitslosigkeit).

Ein wichtiges Kriterium, das diese Unterschiedlichkeit von Bewerbungsverfahren wesentlich mitbeeinflußt, ist schlicht die Unternehmensgröße Ihres potentiellen Arbeitgebers. Der mittelständische Betrieb mit z.B. 100 Mitarbeitern, der einen berufserfahrenen leitenden Ingenieur für das Spezialgebiet der Belüftungstechnik sucht, geht in der Regel anders mit seinen Bewerbern um als der Lebensmittelgroßkonzern, der im mittleren Management (unterste Stufe) einen jüngeren Food-Produktmanager mit einer Reihe von Berufsjahren sucht.

Während Sie bei einem mittelständischen Betrieb davon ausgehen können, ein bis zwei Gespräche mit dem Firmeninhaber oder Geschäftsführer sowie mit einem für Sie direkt verantwortlichen Vorgesetzten (z. B. Hauptabteilungsleiter) und einem zukünftigen Kollegen zu führen, sieht dies bei einem Multi doch ganz anders aus.

Da gibt es u.U. sogar noch Gruppenauswahlgespräche. Recht wahrscheinlich sind vorgeschaltete Assessment Center, also die wohl härtesten Personalauswahlverfahren. Letztlich sehen Sie sich, nachdem Sie bereits von einigen Personalreferenten »verhört« und »vorsortiert« wurden, dem Personalchef und Ihrem potentiellen direkten Vorgesetzten gegenüber.

Wie das Bewerbungsverfahren im einzelnen abläuft, ist dem Einladungsschreiben nicht immer zu entnehmen. Sollte Ihnen zu Ohren gekommen sein, daß sogenannte Psycho-Tests veranstaltet werden, ist es höchste Zeit, sich entsprechend vorzubereiten.

Vielleicht gelingt es Ihnen ja, vorab telefonisch in Erfahrung zu bringen, was Sie erwartet. Je größer die Firma ist, desto wahrscheinlicher ist es, daß professionelle Testauswahlverfahren zum Zuge kommen.

Ihre telefonische Anfrage muß natürlich in einem entsprechenden Rahmen und in angemessener Art und Weise erfolgen, so daß Sie nicht gleich stigmatisiert werden (keinesfalls etwa so: »Was, Sie veranstalten ein Gruppenvorstellungsgespräch, o Gott nein, wie furchtbar ...«, oder »Verraten Sie mir bitte, welche Testverfahren im einzelnen zum Einsatz kommen, ich ...«).

Auffällig ist es schon: Geht es in Ihrer Bewerbung mehr um einen technischen Arbeitsaufgabenbereich (klassisches Beispiel Ingenieur), herrscht dort doch ein anderes Auswahlklima und Vorgehen als z. B. in wirtschaftlich administrativen und in medizinischen oder psychosozialen Berufen bzw. Branchen. In letzteren wird deutlich häufiger zu Tests und Tricks gegriffen. Hier scheinen auch die Gruppenbewerbungsgesprächsrunden (schönes Wort) erfunden worden zu sein (s.S. 218 ff.).

Da will natürlich der öffentliche Dienst und sein Beamtenstaat nicht zurückstehen und testet mit bzw. läßt testen. Wenn auch hier der Ausfrageton oftmals nicht die Schärfe annimmt, wie sie in der Privatwirtschaft durchaus üblich ist. Es scheint, als ob Bewerberauswahlverfahren eine willkommene Ablenkung im ansonsten recht grauen Arbeitsalltag sind (sehr böse formuliert und Verallgemeinerungen sind sicherlich gefährlich, aber ...).

Sollten Sie sich nun als Führungskraft aus Frankfurt an der Oder in Frankfurt am Main bewerben wollen, müssen Sie – immer noch – bestimmte Vorurteile und Klischees einkalkulieren, d.h. entsprechend vorbereitet sein und diese Standpunkte offensiv angehen. Probleme leugnen zu wollen oder andere Verdrängungsmechanismen sind über kurz oder lang sehr schädlich. Je offener Sie möglichen Einwänden begegnen, sie sogar ganz gezielt als Erster ansprechen, desto wahrscheinlicher bewegen Sie etwas bei Ihrem Gegenüber.

Eine flexible Strategie von »Zu- oder Eingeständnissen«, Entgegnungen, Aufklärungsarbeit und gut vorbereiteter Argumentation wird nicht ohne positive Wirkung bleiben. Als sehr hilfreich können sich dabei die Angst- und Wunschfragelisten und ihre intensive Vorab-Bearbeitung erweisen (s.S. 228f.).

Für Führungskräfte, die einen West-Ost-Wechsel planen, ist die Situation nicht wesentlich anders. Sicher sind hier und da die Vorzeichen andere, aber es geht ebenfalls um pointierte Standpunkte, Vorurteile, Klischeedenken, dem Sie begegnen und etwas entgegensetzen müssen. Sprechen Sie die Dinge offensiv an; sprechen kann helfen. In der Vermischung – ein Ostler im West-Unternehmen im Osten bzw. ein Westler im Ost-Unternehmen im Westen – ergeben sich viele Verkaufsvorteile für den einzelnen Bewerber. Diese sind in einem Analyseprozeß vorab zu erarbeiten und erschließen sich nicht notwendigerweise sofort von selbst.

Wie dringend ist es für Sie, einen neuen Arbeitsplatz zu finden? Ist es Ihre erste oder schon 30. Bewerbung? Hat die Firma, bei der Sie sich bewerben, ein positives Image – oder ist Ihre Bewerbung hier nur eine Notlösung, und Sie würden am liebsten woanders arbeiten? Fragen wie diese schwingen natürlich im Vorstellungsgespräch – ausgesprochen oder unterschwellig – mit. Welche Voraussetzungen – man könnte auch von Ausgangspositionen auf beiden Seiten (nämlich Ihrer und der Ihres Gegenübers) sprechen – wesentlich den Verlauf des Vorstellungsgesprächs mitbestimmen, zeigen wir im folgenden:

- Ihr Arbeitsplatzwunsch und die aktuelle Arbeitsmarktsituation
  (Mangelberuf oder Überangebot?)
- Berufsaus- und -weiterbildung
  (wenn die Ausbildung zwanzig Jahre zurückliegt und die letzte Fortbildungsmaßnahme vor zehn Jahren stattgefunden hat, fehlen Ihnen im Vorstellungsgespräch nicht nur gute Argumente)
- Tätigkeit/Erfahrung
  (wer als Außendienstmitarbeiter in den gehobenen Innendienst aufsteigen möchte, muß wissen, wieviel Stufen er sich auf einmal zu nehmen getraut)
- Ihre aktuelle Arbeitsplatzsituation
  (steht schon alles »in Flammen«, ist das Schiff am Untergehen, oder können Sie sich mit Gelassenheit nach neuen Ufern umsehen?)
- bisherige Arbeitsplatzwechselhäufigkeit
  (soll das der dritte Wechsel innerhalb von zwei Jahren werden, oder können Sie auf fünf Jahre Kontinuität an einem Arbeitsplatz zurückblicken?)
- bisherige Bewerbungserfahrung
  (wer die 23. Bewerbung nach 22 Absagen abschickt, braucht ein anderes Reservoir an innerer Stärke, um weiterhin mit der richtigen und notwendigen Selbstsicherheit und Überzeugungskraft auftreten zu können)
- Kontakte und »Vitamin B«
  (spielen bei der Bewerbung Beziehungen eine Rolle; haben Sie diese, und können Sie sie nutzen?)
- Persönlichkeits- und Leistungsmerkmale (als stark introvertierter, ge-

hemmt wirkender Pharmareferent ist es nicht leicht, in eine Gruppenleiterposition zu kommen)

- äußeres Erscheinungsbild
(mit einem Karl-Marx-Bart stößt man nicht nur in höheren Banketagen auf Schwierigkeiten)
- Alter
(mit 55 liegt bei der Bewerbung um eine leitende Position in der Aus- und Fortbildungsabteilung eines Großkonzerns die Zukunft vielleicht bereits hinter einem, während in einem kleineren Unternehmen bessere Chancen für erfahrene Praktiker bestehen).

Nun sind dies zugegebenermaßen zum Teil recht drastische Beispiele, um zu verdeutlichen, worum es geht. Sie sollen lediglich als Anregung dienen, nachzudenken, welches die eigenen Plus- und Minuspunkte, die Marktchancen der von Ihnen angebotenen »Ware« Arbeitskraft sind. Diese bringen Sie in das Vorstellungsgespräch als Präsentations- und »Verkaufsargumente« mit ein.

Zum Überdenken Ihrer Ausgangsposition gehört auch eine kritische Reflexion über die eigene Person und typische Charaktereigenschaften, die Ihnen bisher vielleicht schon mehrfach in Ihrem Leben Schwierigkeiten gemacht haben.

Wenn Sie z. B. dazu neigen, in einer Art Wiederholungszwang immer mit einem bestimmten Vorgesetztentyp bereits nach wenigen Minuten in Streit zu geraten, weil Sie (unbewußt) an Ihren furchtbar cholerischen Vater oder einen autoritären älteren Bruder erinnert werden: im Vorstellungsgespräch darf Ihnen dies nicht passieren.

Aber auch die Gegenseite hat ihre Ausgangsposition. Da ist die Arbeitsmarktsituation, die einen starken Einfluß hat. Werden Spezialisten wie Sie gesucht, vergleichbar der berühmten Stecknadel im Heuhaufen, oder gibt es Bewerber mit Ihrer Qualifikation wie Sand am Meer?

Hat der Personalchef viele oder wenige Bewerbungen auf das Arbeitsplatzangebot erhalten? Handelt es sich um ein eher großes oder kleines Unternehmen? Stimmt das Timing der Personalplanung, oder leidet das Unternehmen unter Personalnot und Zeitdruck? Hat man es mit einem wirklichen Ausleseprofi einer Personalberatungsgesellschaft oder eher mit einem Autodidakten auf dem Gebiet der Personalauswahl zu tun? Dies alles bleibt nicht ohne spezifische Auswirkungen.

Natürlich: Auch Ihr Interviewer ist nur ein Mensch mit unterschiedlicher Tagesform und all seinen Fehlern und Schwächen. Wenn er gerade stark mit eigenen Problemen oder Arbeitsstreß konfrontiert ist, könnte sich das bei Ihrem Vorstellungsgespräch (unbewußt) fortsetzen, ohne daß Sie von diesem Hintergrund etwas ahnen bzw. etwas dafür können.

Ihre Ausgangsposition wird gestärkt, wenn Sie wissen, worauf es im Vorstellungsgespräch ankommt. Dazu gehört, die Hintergründe und Intentionen dieses Ausleseverfahrens genauestens zu kennen – und sich auch zu verdeutlichen, wie entscheidend es dabei ist, daß Sie sympathisch wirken. Näheres dazu im folgenden Exkurs.

Sympathie: die ersten Minuten sind entscheidend

Wirken Sie sympathisch? Diese Frage stellt sich ein Interviewer im Gespräch vielleicht nicht bewußt, aber nichtsdestotrotz ist die Sympathie ein wichtiger Weichensteller bei der Entscheidung für oder gegen Sie als Kandidat bzw. Kandidatin. Mit anderen Worten: Gelingen oder Mißlingen eines Vorstellungsgesprächs hängt entscheidend mit davon ab, ob Sie sympathisch wirken oder nicht. Es geht um den berühmt-berüchtigten ersten Eindruck, durch den bei zwei Gesprächspartnern, die sich bisher unbekannt waren, positive (Sympathie) oder negative Gefühlsreaktionen (Antipathie) entstehen. So gesehen sind die ersten Minuten eines Vorstellungsgesprächs von entscheidender Bedeutung.

Sympathie bedeutet	**Antipathie** bedeutet
Interesse an Ihnen	Desinteresse
Vertrauen	Mißtrauen
positive Gefühle	negative Gefühle
Zuneigung	Abneigung
Wärme	Kälte
Gemeinsamkeiten	fehlende Gemeinsamkeiten
Attraktivität	Abstoßung
Schönheit	Häßlichsein
»gleiche Wellenlänge«	»andere Wellenlänge«
Zugewandheit	Abgewandheit

Sympathie wird eher mobilisiert durch	**Antipathie** wird eher mobilisiert durch
Anpassung	mangelnde Anpassung
Charisma	fehlendes Charisma
Freundlichkeit	Unfreundlichkeit
Höflichkeit	Unhöflichkeit
Gelassenheit	Nervosität
Ruhe	Unruhe
Selbstsicherheit	Selbst-Unsicherheit
Geduld	Ungeduld
Toleranz	Intoleranz
Gleichberechtigung	Dominanz-/Machtstreben
Gewährenlassen (Freiheit)	Beherrschung (Unfreiheit)
Attraktivität	Abstoßendes Äußeres
Schönheit	Häßlichsein
Gewandtheit	Unsicherheit
Entspanntheit	Gespanntheit
gleiche/ähnliche Interessen/Hobbys	stark unterschiedliche Interessen/Hobbys

Zur Mobilisierung von Sympathiegefühlen kommt es immer dann, wenn Ihr Gegenüber den (ersten) Eindruck und damit die Hoffnung gewinnt, daß Sie einen Beitrag zu seiner Bedürfnisbefriedigung (Erfolg, Macht, etc.) leisten können.

Umgekehrt: Das Gefühl der Antipathie basiert auf dem Eindruck, daß der andere zur eigenen Bedürfnisbefriedigung keinen oder einen zu geringen Beitrag leisten kann.

Sympathiefördernd sind vor allem Identifizierungsprozesse (»Der ist ja genauso/ähnlich wie ich«) und biographische Parallelen (z. B. bezüglich früherer Wohnorte, Ausbildungsinstitutionen und Arbeitgeber).

Sympathie entsteht aufgrund verbaler und averbaler Kommunikation:

A. Verbale Kommunikation
   Sprache (formal/inhaltlich)
   Sprech-/Redeweise (averbale Anteile der Kommunikation) laut, leise, Dialekt, Klang (der
   Ton macht die Musik)

B. Averbale Kommunikation
   Aussehen, Äußeres, Auftreten
   Erscheinung
   Größe
   Figur
   Gewicht
   Haare (auch: Bart)
   Haut
   Körpersprache
   Mimik
   Gestik
   Kleidung
   Brille/Accessoires

Wer leistungsmotiviert und kompetent wirkt, macht sich zusätzlich zu seinen sonstigen Persönlichkeitsmerkmalen sympathisch.

Damit sind auch diese weiteren zentralen Faktoren im Vorstellungsgespräch – Leistungsmotivation und Kompetenz als »flankierende Aspekte« – einbezogen (sie sind quasi die »Geschwister« der Sympathie).

Dem Bewerber attribuierte Leistungsmotivation und Kompetenz tragen zur Realisierung des Interviewer-Bedürfnisses nach Erfolg bei. Für den Interviewer (oder z. B. auch für den Personalberater) besteht Erfolg bereits schon darin, jemanden empfohlen zu haben, der den Posten bekommt und sich später auch noch bewährt.

Im folgenden beschäftigen wir uns mit der arbeitsplatzbezogenen Analyse und Informationsgewinnung für die Bewerbungsvorbereitung – alles mit dem Ziel, Ihre persönliche Ausgangsposition zu stärken.

Recherchieren geht vor Probieren

Eine gründliche Vorbereitung auf den möglichen Arbeitgeber und sein Umfeld ist absolut notwendig. Wer zum potentiellen neuen Arbeitgeber nur mit der Adresse im Kopf hingeht, handelt »kopflos«.

Das gilt sowohl für die Bewerbung bei einer kleineren Firma wie Meyer-Müller-Schulze als auch bei einem multinationalen Konzern, z. B. *Siemens*.

Erste Informationen über das Unternehmen können Sie bereits der Anzeige entnehmen, der Art und Weise, wie sich der Kontakt mit Ihnen als Bewerber anbahnt sowie dem Einladungsschreiben und eventuell beigefügten Informationspapieren.

Angenommen, Sie bewerben sich bei der Firma *Siemens*, dann sollten die folgenden Unternehmensdaten zu Ihrem Basiswissen gehören:

- Hauptsitz
- Branchen
- wichtige Tochterunternehmen / Beteiligungen
- Niederlassungen im In- und Ausland
- Produktpalette
- Zahl der Mitarbeiter im In- und Ausland
- Umsatz/Gewinn
- Geschäftsleitung
- Position auf dem nationalen und internationalen Markt (Marktanteile)
- Mitbewerber auf dem in- und ausländischen Markt
- wirtschaftliche Entwicklung der letzten fünf Jahre
- aktueller Aktienstand
- zukünftige Entwicklungschancen
- Firmengeschichte

Neben diesen allgemeineren Informationen benötigen Sie Spezialwissen über die Abteilung sowie den Unternehmenszweig, für den Sie sich beworben haben. Ob Sie sich als Ingenieur um die Position eines Abteilungsleiters im Bereich Siemens-Dentaltechnik, Datenverarbeitung Siemens-Nixdorf oder Energieerzeugung KWU bewerben, es erfordert immer eine spezifische Einarbeitung in die jeweilige Materie.

Generell geht es immer um:

- Aufgabengebiet und Umfeld des angestrebten Arbeitsplatzes

- Arbeitsmarktsituation, (Stimmung, Gewinner, Verlierer, Zusammenhänge), neuere Entwicklungen
- wichtige Eckdaten zur Position des Unternehmens (der Institution); wer tut was, wie lange, mit welchem Erfolg?

Informationen dazu erhalten Sie z. B. direkt beim Unternehmen selbst (eventuell: Pressestelle), ansonsten sind Industrie- und Handelskammer, Fachzeitschriften (Bibliotheken), Nachschlagewerke hilfreich. Aber auch Personen, die bereits in dem Beruf, in der Branche, Firma/Institution arbeiten, können Ihnen wichtige Insiderinformationen geben.

Gesprächsablauf – die entscheidenden Phasen

Die Art und Weise, wie Sie antworten, wie glaubwürdig und nachvollziehbar, was, wie ausführlich und in welchem Stil mitteilend, hat deutlichen Einfluß auf den weiteren Verlauf des Gesprächs.

Wetten, daß ein relativ ausgefallenes Hobby wie z. B. Fallschirmspringen, eingefügt in den Lebenslauf (vgl. S. 120 ff.), Ihr Gegenüber mit an Sicherheit grenzender Wahrscheinlichkeit veranlaßt, mehr darüber von Ihnen zu erfragen?

Ein Teil der Fragen im Vorstellungsgespräch basiert also auf Ihren Angaben in Bewerbungsanschreiben, Lebenslauf und anderen Anlagen (z. B. Arbeitszeugnissen).

Die (Lebenslauf-)Tatsache beispielsweise, daß Sie Ihren vorletzten Arbeitgeber bereits nach einem dreiviertel Jahr wieder verlassen haben, wird unweigerlich ein intensiveres Nachfragen provozieren.

Das heißt also, daß Sie Einfluß nehmen können. Nichtsdestotrotz gibt es meist einen typischen Gesprächsablauf, der sich in zehn Phasen einteilen läßt:

1. Begrüßung und Einleitung des Gesprächs
2. Motive der Bewerbung und Leistungsmotivation
3. Beruflicher Werdegang, Aus- und Weiterbildung
4. Persönlicher, familiärer und sozialer Hintergrund
5. Gesundheitszustand
6. Berufliche Kompetenz und Eignung
7. Informationen für den Bewerber/die Bewerberin

8. Arbeits- und Vertragskonditionen
9. Fragen des Bewerbers/der Bewerberin
10. Abschluß des Gesprächs und Verabschiedung

Abgesehen von der Begrüßungs- und Verabschiedungsphase kann selbstverständlich die Reihenfolge variieren. Auch müssen nicht gleich beim ersten Vorstellungsgespräch alle Themen ausführlich behandelt werden. Diese Übersicht jedoch gibt Ihnen einen optimalen Eindruck, was auf Sie thematisch zukommen kann.

Nun möchten wir Ihnen diese zehn Themengebiete des Vorstellungsgesprächs näher erläutern. Die nachfolgenden Abschnitte dieses Buches geben Ihnen einen umfassenden Überblick, welches Fragenrepertoire Personalchefs heutzutage »draufhaben«, und was für Fragen im einzelnen zu den oben genannten Themen auf Sie zukommen können. Dazu haben wir das folgende Schema gewählt:

- Frage(n)
- Hintergrund
- Hinweise

Sehr wichtig ist es uns, Sie mit dem *Hintergrund* der einzelnen Fragen vertraut zu machen, der sich – insbesondere in der realen Streßsituation Vorstellungespräch – nicht auf den ersten Blick erschließt.

So klingt z. B. die aufmunternde Aufforderung »Erzählen Sie doch mal etwas über sich« (vgl. S. 197 ff.) auf den ersten Blick wie eine Einladung zum harmlos-lockeren Partygeplauder.

Tatsächlich steckt dahinter ein komplexer Persönlichkeitstest, ein Einbruchsversuch in Ihre Privatsphäre, der Wunsch, Ihre Seelenlandschaft auszuforschen.

Die Hinweise sind keine Antwortvorgaben, sondern sollen Chancen und Gefahren einzelner Beantwortungsmöglichkeiten verdeutlichen. Sie können Ihr Bemühen, Ihre persönliche Antwortstrategie zu entwickeln, nicht ersetzen.

Für die nun vorgestellten 150 Fragen gilt: nicht alle können Ihnen auf einmal in einem ersten Gespräch gestellt werden. Rechnen Sie mit einer Auswahl (Teilmenge) von etwa zwanzig Fragen. Sie wissen aber nach dem Studium dieses Fragenkatalogs, was potentiell auf Sie zukommen kann, und können sich entsprechend vorbereiten. Böse Überraschungen sind somit eher ausgeschlossen, Angst und Aufregung merklich reduziert.

1. Begrüßung und Einleitung des Gesprächs

Kommen Sie pünktlich oder auf die letzte Minute? Wirken Sie gehetzt, ängstlich-nervös oder ruhig, natürlich und gelassen – ohne übertriebene Selbstsicherheit, »Wurschtigkeit« oder sogar Arroganz? Und vor allem: Machen Sie einen sympathischen (ersten) Eindruck?

Hintergrund: Es geht um den ersten Eindruck, die Kontaktaufnahme, das Äußere, Ihr Auftreten, Ihre Umgangsformen. Hier findet eine weitere, besonders wichtige (weil folgenreiche) Überprüfung Ihrer Anpassungsfähigkeit und -bereitschaft statt.

Hinweise: Die bereits beschriebenen generellen Hintergrundaspekte des Vorstellungsgespräches spielen von den ersten Sekunden an eine wichtige Rolle. Wer dem Personalchef unpünktlich, abgehetzt und transpirierend gegenübertritt, wie unter Betablockern stehend unterkühlt bis gelangweilt wirkt oder gar deutlich genervt reagiert, weil er 20 Minuten warten mußte, reagiert auf die Eröffnung der Schachpartie Vorstellungsgespräch sehr ungünstig.

Ein zu kräftiger Händedruck (Marke »Knochenbrecher«) oder verschämte Laschheit (»tote Hasenpfote«) erzeugen wenig Sympathie in den ersten wichtigen Sekunden dieser für Sie bedeutsamen Begegnung mit Ihrem potentiellen Arbeitgeber. Das Abwischen der schweißfeuchten Hand an Rock oder Hose vor dem Händeschütteln wirkt absolut desavouierend. Der verschämte Blick nach unten oder an die Decke, der enttäuscht-verkrampfte Gesichtsausdruck, weil der Gesprächspartner nicht Ihren Erwartungen entspricht (zu jung, zu alt, nicht Ihr Typ) könnte folgenschwer auf Sie zurückfallen, die Weichen gänzlich falsch stellen (Abstellgleis; weggestellt statt angestellt).

Unsere Empfehlung: freundlich anlächeln, mitten ins Gesicht geschaut, angemessen (wieder)grüßen. Falls Ihr Name noch nicht gefallen ist, stellen Sie sich vor (deutlich und in angemessener Lautstärke!).

Versuchen Sie unbedingt, sich den Namen Ihres Gesprächspartners einzuprägen, damit Sie Ihr Gegenüber ganz direkt namentlich ansprechen können (nichts hört der Deutsche bekanntlich lieber als seinen eigenen Namen). Auch für spätere Nachfaßaktionen (s.S. 258 f.) muß man unbedingt wissen, mit wem man gesprochen hat.

Anmoderation, Small talk

Wir danken Ihnen für Ihr Kommen, hatten Sie eine angenehme Anreise, sind Sie gut untergebracht, was für ein schöner Tag/was für schlechtes Wetter ...

Hintergrund: Ihre Gesprächspartner wollen Sie und sich selbst in einer ersten »Warming-up«-Phase einstimmen, eine freundliche Gesprächsatmosphäre herstellen und Ihre eventuelle Verkrampfung (Prüfungsangst) abbauen.
Hinweise: Das ist zunächst ganz nett, sollte Sie aber nicht dazu verführen, zu ausführlich auf die angebotenen Themen einzugehen (Wetter, Anreise, Unterkunft usw.). Wer sich hier beklagt, daß das Hotelbett nicht seinen Erwartungen entsprach, daß er keinen Parkplatz gefunden hat, daß das Wetter ja immer so schlecht ist, wenn er zu Bewerbungsgesprächen anreisen muß, könnte eigentlich schon seine sieben Sachen packen und gehen.

Nörgler und Pessimisten entsprechen nicht den Erwartungen des Personalchefs im Hinblick auf die Charaktermerkmale leitender Angestellter bzw. Führungskräfte.

Natürlich dürfen Sie das Small-talk-Angebot nicht ablehnen – etwa mit dem Unterton: »Interessiert Sie das Wetter wirklich?« – sondern müssen diplomatisch, mit adäquatem Understatement darauf eingehen.

In der Regel wird Ihnen etwas angeboten: Kaffee, andere Getränke (Säfte, Mineralwasser) etwas zu rauchen, möglicherweise sogar Alkoholisches. Letzteres ist ohne Zögern klar abzulehnen. Aber auch das Rauchen ist problematisch, vor allem, wenn Ihr Gegenüber keinen Ascher auf dem Tisch hat bzw. selbst keine Zigarette in den Händen. Die Nichtraucher sind auf dem Vormarsch und werden militant. Besser also, falls Sie Raucher sind, Sie lehnen dankend ab. Rauchen ist nicht mehr in.

Gibt es eine Kaffeerunde oder wird Mineralwasser bzw. Saft angeboten, sollten Sie mitmachen und sich nicht ausschließen. Falls Sie einen Getränkewunsch äußern dürfen, machen Sie es nicht kompliziert. Bringen Sie niemanden in Verlegenheit, vor allem nicht sich selbst. Nicht jede Bürogetränkebar hat Tomatensaft mit Salz und Pfeffer und kleinen Eisstückchen vorrätig, und ein Pfefferminztee ist extrem unüblich und provoziert vielleicht falsche Rückschlüsse bezüglich Ihres gastrointestinalen Gesundheitszustandes.

Warten Sie einen günstigen Moment ab, um geschickt herauszufinden (falls Sie es noch nicht wissen), wieviel Zeit für Ihr Gespräch vorgesehen ist (läßt sich vorab telefonisch gut erfragen). Diese Information dient Ihnen dazu, Ihre Antwortlänge und Ausführlichkeit dem gegebenen Zeitrahmen anzupassen. Unter einer Stunde Gesprächszeit wäre enttäuschend, über zwei und mehr Stunden schon etwas außergewöhnlich für die erste Begegnung.

Bei einem Einzelgespräch dürfte das Herausfinden der für Sie eingeplanten Zeit weniger ein Problem sein. Bei einem Gruppengespräch (s.S. 218 ff.), was sicherlich seltener praktiziert wird, fallen Sie mit der (Vorort-) Zeitfrage eher unangenehm auf.

Bereits in dieser »Warming-up«-Phase ist es nicht unüblich, daß Ihr Gegenüber die Gesprächsphase 7 vorzieht. Dann wird über die Firma/Institution, die Produkte/Dienstleistungen und deren Bedeutung referiert.

Hören Sie interessiert zu, hier erfolgt ein Stück Arbeitgeber-Selbstdarstellung, deren narzißtischen Anteil Sie durch erhöhte und demonstrative Aufmerksamkeit wertschätzen müssen. Möglicherweise erfahren Sie Dinge, die im späteren Gesprächsverlauf erneut Thema werden (z. B. dann, wenn man Ihnen offen erzählt, wie man sich seinen »Traum-Kandidaten« für diesen Arbeitsplatz vorstellt; mehr dazu s. S. 208 f.).

2. Motive der Bewerbung und Leistungsmotivation

Wie ist es eigentlich zu Ihrer Bewerbung bei uns gekommen?
Was reizt Sie an dieser Aufgabe/Position?
Warum wollen Sie dies gerade bei uns, in unserem Unternehmen/unserer Institution machen?

Hintergrund: Was bewegt Sie wirklich? Aus welcher Situation heraus bewerben Sie sich? Ist dieser Arbeitsplatz (das Unternehmen/die Aufgabe) erste Wahl oder Kompromiß- bzw. sogar Notlösung? Wie sind Image und Stellenwert des potentiellen Arbeitgebers bei Ihnen gewichtet? Wissen Sie den eventuellen neuen Arbeitgeber zu schätzen? Mit derlei Fragen werden Motivation und Interesse des Kandidaten geprüft.
Hinweise: Achtung! Hierbei handelt es sich mit um die wichtigsten, entscheidendsten Fragen und Themen im ganzen Gespräch! Auf diese Standardfragen müssen Sie präzise vorbereitet sein und flüssig und gut formuliert wenigstens 10 Minuten dazu referieren können.

Dabei darf der Unterhaltungs- und Spannungsfaktor auf keinen Fall zu kurz kommen, was Sie übrigens ganz generell für viele Antworten berücksichtigen sollten.

Warum wollen Sie den Arbeitsplatz wechseln?
Weshalb wollen Sie Ihre jetzige Tätigkeit/Position aufgeben?
Warum haben Sie in Ihrer jetzigen Firma/Institution keine Aufstiegschancen?

Hintergrund: Nochmals die Frage: Wie unzufrieden sind Sie? – also eine erneute Motivanalyse Ihrer Bewerbung und das Ausleuchten Ihrer Ausgangs- und Hintergrundsituation (s. vorige Frage und Hintergrundbeschreibung): Sind Sie in einer beruflichen/persönlichen Drucksituation, und wenn ja, warum? Wie hoch ist der Grad Ihrer Unzufriedenheit, und wodurch ist diese bedingt?
Hinweise: Wenn Sie den Wunsch nach Wechsel begründen, gelingt Ihnen hoffentlich hier eine plausibel klingende, überzeugende Präsentation. Verlieren Sie sich nicht im Detail, beklagen Sie sich nicht über Ihren jetzigen (früheren) Arbeitgeber/Vorgesetzten bzw. über Ihren Aufgabenbereich; auch nicht darüber, daß Sie bei Beförderungen »regelmäßig« übergangen worden sind, daß man Ihre Leistungen nicht richtig wertschätzte. (Das zieht nämlich automatisch die Frage nach sich: »Warum wohl nicht?«)

Gern wird gehört: man möchte vorankommen, die neue Aufgabe wird als Herausforderung betrachtet, übt Reiz aus, man möchte es sich und anderen beweisen. (Provoziert übrigens die nächste Frage:)

Was reizt Sie an der neuen Aufgabe?
Was erwarten Sie speziell von uns, was erhoffen Sie sich?
Und noch einmal: Warum interessieren Sie sich speziell für uns?
Was ist aus Ihrer Sicht das Besondere an uns? (Wiederholung)
Was interessiert Sie wirklich? (Noch eine Wiederholungsfrage!)

Hintergrund: Weiterhin geht es um die Überprüfung Ihrer Motivation. Wie gut sind Sie vorbereitet, wie realistisch sind Ihre Einschätzungen? Kommt bei den Wiederholungsfragen Widersprüchliches zutage?
Hinweise: Wieder müssen Sie überzeugend argumentieren, auch bei den Wiederholungsfragen Geduld zeigen, variantenreich antworten und sich nicht in Widersprüche oder simple Wiederholungen verstricken. Sind die von Ihnen angeführten Gründe nachvollziehbar?

Machen Sie deutlich, daß Sie sich auf die beruflichen Aufgaben und den potentiellen Arbeitgeber präzise vorbereitet haben.

Gern gehört sind Stichworte wie »Zukunftschancen« und »Image der Firma« – aber vermeiden Sie plumpe Schmeicheleien.

Üben Sie Ihre jetzige berufliche Tätigkeit gerne aus?
Was hat Ihnen bisher an Ihrer Aufgabe/Position gefallen, was mißfallen, und warum?
Was glauben Sie, ist bei uns anders?

Hintergrund: ...ist die Sorge, daß Sie Ihre eventuell bestehende Unzufriedenheit quasi als chronische Erkrankung mit an den neuen Arbeitsplatz bringen und daß somit nicht objektive, sondern negativ-subjektive Gründe den gewünschten Wechsel bedingen.
Hinweise: Selbstverständlich üben Sie Ihre berufliche Tätigkeit gerne aus, identifizieren sich mit Ihrem Beruf. Einerseits möchte man Sie (ab-)werben, andererseits hat man Angst, daß sich hinter Ihrer Wechselbereitschaft auch unangenehme Überraschungen für den potentiellen neuen Arbeitgeber und Arbeitsplatz verbergen. Es geht um die Befürchtung des Interviewers, sich durch Sie ein »Kuckucksei« ins Nest zu legen.

Schildern Sie Ihre jetzigen Aufgaben zu negativ, wird man zweifeln – bei zu positiver Darstellung ist Ihr Wunsch nach Wechsel unglaubwürdig. Ausweg aus diesem Dilemma ist es, plausibel zu machen, worin die Verbesserung durch den Wechsel für Sie besteht.

Woher ist Ihnen unser Unternehmen/unsere Institution bekannt?
Wie gut kennen Sie uns bereits, unsere ... (z. B. Produktion/Marktposition/Dienstleistungen usw.)?
Wie stellen Sie sich Ihre Tätigkeit bei uns vor?

Hintergrund: Die Fragen zur Überprüfung der Qualität Ihrer Vorbereitung auf das Vorstellungsgespräch werden konkreter und detaillierter. Wie überzeugend ist Ihre Darstellung, und wie ziehen Sie sich auch bei schwierigen Fragen aus der Affäre?
Hinweise: Bei guter Recherche haben Sie einiges über das Unternehmen/die Institution in Erfahrung gebracht und machen jetzt bei den ersten Fragen zu diesem Punkt einen kompetenten Eindruck. Das darf Sie aber nicht dazu ver-

führen, sich bei der dritten Frage zu sehr zu exponieren. Es ist eigentlich Sache des Interviewers, Ihnen hier eine Arbeitsplatzbeschreibung zu geben. Sollten Ihnen dennoch alle Sicherungen durchbrennen, die Phantasie mit Ihnen durchgehen, zeigen Sie damit, daß Sie auf diese Testsituation inadäquat reagieren, sich schlecht bremsen und zurücknehmen können – quasi wie jemand, der Türen aufreißt, auch wenn das Schild »PRIVAT« daraufsteht.

Andererseits: Schweigen wie ein Fisch dürfen Sie natürlich auch nicht. Selbstverständlich haben Sie eine Vorstellung (schließlich sind Sie phantasievoll und verfügen über Informationen), halten sich aber bei dieser gefährlichen Fragestellung bedeckt und gehen damit diplomatisch um. Hier kommt es wirklich auf das richtige Fingerspitzengefühl an.

Gibt es für Sie auch noch andere Aufgaben/Positionen, die interessant wären? Wenn ja: Welche und warum?

Hintergrund: Man möchte Sie aus der Reserve locken. Was sind Ihre Wunschträume (Aufgaben, Positionen). Wie realistisch sind diese und wie ist Ihre Begründung?
Hinweise: Hier handelt es sich um einen Motivationstest. Bei der Beantwortung dieser Frage befinden Sie sich auf einer gefährlichen Gratwanderung. Die eine Seite des »Abgrundes« besteht in der Gefahr, den Eindruck zu erwecken, Ihr Herz schlage in Wirklichkeit für eine andere Tätigkeit; die anderen Gefahrenpunkte sind Einseitigkeit, Unflexibilität, Phantasielosigkeit und Unglaubwürdigkeit.

Dazu eine grob vereinfachende, aber plastische Parallele, direkt aus dem Leben: Sie sind bei einem kompetenten Hobbykoch zum Essen eingeladen. Es gibt Hühnchen mit einem gewissen Zubereitungsaufwand. Vor der Mahlzeit fragt Sie der Koch, was Sie eigentlich gerne essen, vielleicht sogar, was Ihr Lieblingsgericht ist. Wenn Sie jetzt antworten: »Würstchen mit Kartoffelsalat«, wird sich dies eindeutig auf dem Gesicht des Kochs niederschlagen. Wenn Sie dagegen mit leuchtenden Augen behaupten, Hühnchen sei Ihr absolutes Lieblingsgericht, wird das ein gewisses Maß an Zweifel auslösen, ob es sich nicht um eine Gefälligkeitslüge handelt. Hinzu kommen bei beiden Antworten Zweifel an Ihrer Gourmet-Kompetenz. Eine diplomatische Antwort ist gefordert, etwa in Richtung: »Ich freue mich sehr, daß es heute Hühnchen gibt. Ich esse überhaupt Geflügel sehr gerne.« Erst auf weitere Fragen sollte man konkreter auf Entenbraten bzw. Putenbrust zu sprechen kommen.

Noch einmal zusammengefaßt: hier geht es um die Überprüfung von Motivation, Anpassung, Glaubwürdigkeit, diplomatischem Geschick und nicht zuletzt um den Respekt vor dem Narzißmus des Interviewers.

Grundregel: Begehen Sie im Vorstellungsgespräch nie den Fehler, den (firmen- und aufgabenbezogenen) Narzißmus Ihres Interviewers durch eine ungeschickte, wenig reflektierte Antwort zu kränken.

Haben Sie einen besonderen Bezug zu unserem Unternehmen?
Kennen Sie Mitarbeiter aus unserem Haus?
Was haben die Ihnen denn so alles über uns erzählt?

Hintergrund: Wertschätzung der Firma. Woher beziehen Sie Ihre Informationen? Wissen Sie, was man wie sagt und was man lieber für sich behält?
Hinweise: Ein persönlicher Bezug zum Unternehmen kann von Vorteil sein. Wenn Sie sich auf diese Frage vorbereitet haben und die Auskunft glaubwürdig klingt, sammeln Sie Pluspunkte.

Lassen Sie sich nicht dazu verleiten, aus der internen Firmen- Gerüchteküche zu plaudern. Bevor Sie angeben, jemanden aus dem Unternehmen zu kennen, müssen Sie wissen (erahnen), wie dessen Position und Ansehen ist.

Haben Sie zur Zeit noch andere Bewerbungsverfahren?
Gibt es schon konkrete Verhandlungen bzw. Ergebnisse?

Hintergrund: Wieder geht es um die Motivation, die Ernsthaftigkeit Ihres Wunsches nach Arbeitsplatzwechsel, wieviel Druck hinter diesem Anliegen steckt. Aber auch die besondere Wertschätzung gegenüber dem speziellen potentiellen Arbeitgeber soll mit diesen Fragen erforscht werden. Ist diese Firma/Institution erste Wahl, oder rangiert sie irgendwo unter »ferner liefen«? Setzen Sie alles auf eine Karte, oder haben Sie, aus welchem Druck und Antrieb auch immer, eine Vielzahl von Bewerbungsschreiben ausgestreut?
Hinweise: Die Aufforderung, Arbeitsplatzphantasien zu entwickeln, ist keine Überprüfung Ihrer Kreativität, sondern eher eine Falle. Wie hoch ist Ihre Identifikation mit dem jetzt gerade ablaufenden Bewerbungsverfahren?

Also: Kein Wort über Absagen und Fehlschläge, und besser nichts über parallele Verhandlungen, es sei denn, Sie haben ein ganz konkretes Angebot, das für Sie ernsthaft in Betracht kommt. Gefahr: Sie wirken unglaubwürdig bis erpresserisch und vermasseln sich Chancen.

Könnten Sie sich – zu einem späteren Zeitpunkt – eine Rückkehr in Ihre alte (jetzige) Firma vorstellen?
Was bewog Sie damals, im Jahre 19XX und 19YZ, den Arbeitsplatz zu wechseln?

Hintergrund: Wechseln bzw. wechselten Sie in Frieden oder Unfrieden?

Gibt es bei Ihnen sich wiederholende Motive, die Sie zum Wechseln veranlassen? Spielen dabei in Ihrer Person begründete Probleme eine Rolle (vor denen man sich aus Arbeitgebersicht bewahren möchte)?

Hinweise: Die Beantwortung der ersten Frage hängt stark davon ab, was Sie vorher über Ihre berufliche Situation und die Motive Ihrer Wechselabsicht gesagt haben.

Sie tun gut daran, vorbereitet zu sein und auch frühere Arbeitsplatzwechsel in Ihrem Berufsleben plausibel darstellen zu können. Schuldzuweisungen kommen immer extrem schlecht an, potenzieren sich letztlich nur auf dem Negativkonto der Person, die sie ausspricht.

Auch mit speziellen Fragen zur Arbeitslosigkeit müssen Sie rechnen, wenn Sie zur Zeit arbeitsuchend sind:

Wie kam es zu der Arbeitslosigkeit?

Hintergrund: Welche Verantwortung tragen Sie für Ihre Arbeitslosigkeit? Haben Sie mehr oder weniger selber daran schuld? Was ist mit Ihnen los?

Hinweise: Bleiben Sie bei diesen Fragen gelassen, auch wenn es schwerfällt. Seien Sie auf Fragen dieser Art vorbereitet, und überzeugen Sie durch eine glaubwürdig und plausibel klingende Argumentation.

Wie lange dauert die Arbeitslosigkeit bereits an?
Wie oft haben Sie sich schon erfolglos beworben?

Hintergrund: Es wird nach Schwachstellen gefahndet und geprüft, ob das Mißtrauen Ihnen gegenüber gerechtfertigt ist.

Hinweise: Einerseits gilt es zu zeigen, daß Sie sich aktiv um einen neuen Arbeitsplatz bemüht haben, andererseits sind 100 Ablehnungen keine Empfehlung. Finden Sie das für Sie und Ihren Interviewpartner richtige Maß – etwa so: »Einige Bewerbungen laufen noch, die Ergebnisse stehen noch aus …«

Was haben Sie zwischenzeitlich gemacht?

Hintergrund: Was für ein Mensch sind Sie (aktiv/passiv)? Haben Sie etwas unternommen (Bewerbungen), sich weitergebildet, sich anderweitig engagiert?
Hinweise: Wer von langem Ausschlafen, Urlaub und Wohnungsrenovierung erzählt, hat keine Chancen. Berichte von Aushilfsjobs bis Schwarzarbeit werden je nach Gesprächspartner und Temperament Ihr Image und damit Ihre Chancen für den Arbeitsplatz beeinflussen. Berichte über Fortbildungsmaßnahmen oder ehrenamtliches Engagement (wenn es den Zielen des Unternehmens nicht widerspricht) kommen gut an.

Trauen Sie sich die Aufgabe wirklich zu?

Hintergrund: Wie ist Ihr Selbstwertgefühl, Ihr Selbstbewußtsein trotz Ihrer schwierigen Situation?
Hinweise: Verdeutlichen Sie, warum Sie sich die gestellten Aufgaben zutrauen können, ohne überheblich zu wirken. Bleiben Sie, obwohl es Ihnen sicherlich schwerfällt, (wenigstens) äußerlich ruhig und gelassen – und natürlich höflich.

Ihre Leistungsmotivation soll mit folgenden Fragen unter die Lupe genommen werden:

Was hat für Sie Priorität bei Ihrer Arbeit?
Wie stellen Sie sich im Idealfall Ihre Arbeit/Aufgaben vor?
Was sind – aus Ihrer Sicht – die Vor- und Nachteile der von uns angebotenen Position?
Wie wollen Sie damit umgehen?

Hintergrund: Wie intensiv haben Sie diese Themen bereits durchdacht? Wie realistisch sind Ihre Einschätzungen? Was für eine »Arbeits-Persönlichkeit« sind Sie? Wie präsentieren Sie sich? Welche Merkmale (auch: Persönlichkeit) zeigen Sie bzw. lassen Sie erkennen? Welche Prognose kann man bei Ihnen aufgrund Ihrer Antworten wagen?
Hinweise: Stellen Sie sich geschickt an im Umgang mit schwierigen, weil komplexen Themen? Nicht in Details verlieren (verlieben), nicht zu sehr »Überflieger« sein. Das realistische Mittelmaß – aber nicht zu glatt! – wird honoriert.

Wer hier in ein 20minütiges monologartiges Referat verfällt oder Extrempositionen vertritt (z. B. »Die konsequente Durchsetzung der 35-Stunden-Woche!«), ist »out«.

Sie haben sich bei uns für die Aufgabe/Position XYZ beworben. Angenommen, wir können Ihnen diese nicht anbieten, aber eine andere in unserem Haus – wären Sie interessiert?
Gibt es – ganz allgemein – auch noch andere Aufgaben/Positionen, die interessant für Sie wären (welche und warum)?

Hintergrund: Wieder: Leistungsmotivation, Zielstrebigkeit, Anpassungsbereitschaft.
Hinweise: Auch hier befinden Sie sich mit Ihrer Antwort auf einer Gratwanderung – ein schwieriger Balanceakt. Zunächst brauchen Sie mehr Informationen (was für eine Aufgabe, einen Direktoren- oder einen Pförtnerposten?).

Mögliche Gefahren bei der Antwort: 1. Ihre Motivation für die spezielle aktuelle Bewerbung erscheint als zu gering, Ihre Zielstrebigkeit läßt zu wünschen übrig; 2. Flexibilität und Anpassungsbereitschaft erscheinen unterentwickelt. Antwortempfehlung in der Tendenz: »Ich habe mich zwar auf die konkrete Position beworben, würde aber unter Umständen auch für Ihr Unternehmen arbeiten, wenn Sie mir eine akzeptable Alternative zu XYZ anbieten ...«

Natürlich gibt es auch noch andere Aufgaben und Positionen, die Sie interessieren – aber Vorsicht, nicht »abstürzen« oder verplaudern. Insbesondere bei der zweiten Frage handelt es sich nicht um einen Berufs-Phantasie- bzw. -Kreativtest.

Auf welche Ihrer beruflichen Leistungen und Erfolge sind Sie besonders stolz?
Und jetzt zu Ihren Mißerfolgen ...

Hintergrund: Was haben Sie als Leistungsbeweis anzubieten? Nebenbei: Wie gehen Sie mit heiklen, komplexen Fragen um?
Hinweise: Ihr mögliches Erschrecken beim Lesen dieser Frage (»Mein Gott, was würde ich denn darauf antworten?«) dokumentiert noch einmal den Sinn und Zweck der Vorbereitung. Sie erspart das Schockiertsein mit nachfolgendem Stammeln oder Verplappern in der Realsituation.

An Ihren Erfolgen und besonders an den von Ihnen eingestandenen Mißerfolgen werden Sie gewogen. Wer keine Mißerfolge zu berichten weiß, macht sich extrem verdächtig und wer eingesteht, ein »Millionending« in den Sand gesetzt zu haben, stellt sich selbst ein Bein.

Während man bei den Erfolgsberichten etwas großzügiger (aber nicht unglaubwürdig) sein darf – insbesondere die Teamleistung sollte hervorgehoben werden – gilt es bei den Mißerfolgen, eher bei sich selbst zu bleiben (Ich ...), ohne jedoch wirklich gravierende, irreparable Schäden zu beichten.

Die Analyse Ihrer Erfolgs- und Mißerfolgsberichte läßt viele Rückschlüsse auf Sie als potentiellen Mitarbeiter zu.

Wie sehen Sie Ihre Zukunft?
Was sind Ihre Ziele?
Was möchten Sie in 5 und was in 10 Jahren erreicht haben?

Hintergrund: Wieder geht es um Leistungsbereitschaft und Motivation, um »Biß«, Drive, visionäre Begabung und Zukunftsplanung.
Hinweise: Gefragt sind natürlich zunächst ausschließlich Ihre beruflichen Perspektiven. Als leistungsmotivierte Führungskraft sind Sie zuversichtlich, was Ihren beruflichen Werdegang anbetrift. Aber: Exponieren Sie sich nicht zu sehr, damit man vor Ihnen keine Konkurrenzangst bekommt und glaubt, Sie würden gleich die Säge am Stuhl Ihres Chefs/Vorgesetzten ansetzen ...

3. Beruflicher Werdegang/ Aus- und Weiterbildung

Wie verlief Ihr bisheriger Berufsweg?
Aus welchen Gründen haben Sie sich für die Arbeitsplätze X, Y und Z entschieden?
Und warum jetzt für diese neue Position in unserem Haus?

Hintergrund: Planung oder Zufall? Ist ein roter Faden bei Ihren Motiven für Arbeitsplatz- und Positionswechsel erkennbar?
Hinweise: Was Sie in Ihren Bewerbungsunterlagen kunstvoll zu Papier gebracht haben, müssen Sie jetzt überzeugend und ggf. auch ausführlich darstellen und begründen können. Wichtig ist dabei die Präsentation eines logi-

schen Zusammenhanges zwischen einzelnen beruflichen Stationen. Mit dem gereizten Hinweis: »Aber das steht doch alles schon in meinen Unterlagen!« würden Sie selbst sich aus dem Bewerbungsverfahren katapultieren.

Berichten Sie uns etwas über die wichtigsten Aspekte Ihrer bisherigen Tätigkeiten.
Was haben Sie an Ihrem jetzigen Arbeitsplatz für das Unternehmen/die Institution erreicht?

Hintergrund: Gelingt es Ihnen, komplexe Sachverhalte überzeugend auf den Punkt zu bringen und paßt dies inhaltlich zu der angebotenen Stelle? Welche Selbsteinschätzung haben Sie?
Hinweise: »Aufgrund meiner Arbeitsgebiete/Tätigkeiten X, Y und Z glaube ich, für die Aufgabe/Position gut vorbereitet zu sein« – ohne dies wörtlich auszusprechen, könnte so ungefähr der Tenor bei der Beantwortung der ersten Frage lauten. Die zweite Frage gibt Gelegenheit, das Vorgetragene mit ein paar konkreten Beispielen zu untermauern.

Wie würden Sie sich heute entscheiden, wenn Sie nochmals die Möglichkeit hätten, Ihren beruflichen Werdegang zu planen?
Was würden Sie anders machen?

Hintergrund: Wie zufrieden sind Sie, wie stark ist Ihre Identifikation mit Ihrer derzeitigen Berufstätigkeit?
Hinweise: Weder satte Selbstzufriedenheit noch ambivalente Zweifelsucht sollten hier Ihre Antwort bestimmen. Wichtig: Man würde an seinem beruflichen Werdegang im Prinzip nichts wesentliches ändern wollen.

Was sind z.Z. Ihre konkreten Arbeitsaufgaben?
Was machen Sie davon gerne, was nicht so gerne?
Schildern Sie einmal den Ablauf eines typischen Arbeitstages.

Hintergrund: Hier geht es dem Interviewer darum, einen tieferen Einblick in Ihre derzeitigen Aufgaben zu bekommen und zu überprüfen, ob der gute Eindruck aufgrund Ihrer schriftlichen Bewerbungsunterlagen Bestand hat. Mit anderen Worten: Man versucht, Ihre beruflichen Schwachstellen zu enttarnen.

Hinweise: Diese auf den ersten Blick harmlos klingenden Fragen sind schwieriger zu beantworten, als Sie glauben. Deshalb erfordern sie eine besonders gute Vorbereitung im Hinblick auf den angestrebten Arbeitsplatz. Wer z. B. behauptet, an seinem aktuellen Arbeitsplatz alles nur gut und gerne gemacht zu haben, lügt ausgesprochen ungeschickt. Warum dann wohl der Wechsel?

Warum haben Sie diesen ... beruflichen Werdegang eingeschlagen?

Hintergrund: Wie überzeugend können Sie sich und Ihre Leistung präsentieren? Gibt es ein stimmiges Bild, spürt man das richtige Maß an Zufriedenheit und Energiepotential?
Hinweise: Hier gilt es, den Eindruck von Zufälligkeit oder »Schicksal« zu vermeiden. Reflexion, Planung und »weise« Voraussicht sind unausgesprochene Schlüsselwörter.

Warum haben Sie Ihren Arbeitgeber öfters bzw. selten gewechselt?

Hintergrund: Schwachstellen aufdecken; den Bewerber durch diese Frage mit einer schwierigen, u.U. peinlichen Situation konfrontieren und beobachten. Widersprüche aufdecken (Wiederholungsfrage! – s. S. 189).
Hinweise: Vorbereitet sein; gut argumentieren können; glaubwürdige Darstellung, auch mit Anerkennung von eigenen Fehlern; sich nicht aus der Ruhe bringen lassen; nicht aggressiv reagieren.

An welchen Fortbildungsmaßnahmen haben Sie teilgenommen?
Wer hat diese initiiert?

Hintergrund: Überprüfung von Leistungsmotivation und Kompetenz. Fortbildung aufgrund von Eigeninitiative oder nur auf Anordnung?
Hinweise: Wenige Sätze reichen aus. Es kommt darauf an, daß Ihr Gegenüber merkt, daß Sie etwas zu berichten wissen. Fachliteratur und der regelmäßige Austausch mit Kollegen in einem vergleichbaren Arbeitsbereich ist das unterste Niveau, das hier inhaltlich beschritten werden kann. Besser sind Tagungen, Messen, Fortbildungsveranstaltungen.

Haben Sie in Ihrer beruflichen Entwicklung Personen kennengelernt, die für Sie Vorbildcharakter hatten? Erzählen Sie uns ausführlicher darüber!
Gab es auch Negativbeispiele?
Gibt es an Ihrem jetzigen Arbeitsplatz einen Menschen, den Sie wegen seines Erfolges bewundern? Weshalb?

Hintergrund: Überleitung zur »Erforschung« Ihrer Persönlichkeitsstruktur in bezug auf den Beruf. Von der Art der Vorbilder werden – im positiven wie im negativen Sinne – Rückschlüsse auf Sie gezogen. Wie möchten Sie gerne sein, wie nicht? Was erachten Sie bei Menschen als wichtig, was als unwichtig?
Hinweise: Signalisieren Sie, die Bedeutung der Vorbildfunktion zu kennen und wertzuschätzen (mit Beispielen). Benennen Sie Stärken und Schwächen von anderen, unter Berücksichtigung, daß Sie damit gleichzeitig (jetzt aber nicht mehr ungewollt) auch eine Aussage über Ihre eigene Person machen.

Wenn es um den derzeitigen Arbeitsplatz geht, sollten Sie nicht sarkastisch werden. Auch in dieser Firma, die Sie zu verlassen bereit sind, gibt es (neben Ihnen) andere wertvolle Menschen/Mitarbeiter.

Was zeichnet Ihrer Meinung nach eine gute Führungskraft aus?
Was einen guten Vorgesetzten?
Was einen guten Mitarbeiter?
(Jetzt diese drei Fragen mit umgekehrten Vorzeichen – »schlechte« Führungskraft ... usw.)
Was schätzen Sie an Ihren Arbeitskollegen/Vorgesetzten, was nicht?
Worin unterscheiden Sie sich Ihrer Meinung nach von Ihrem jetzigen Vorgesetzten?

Hintergrund: Haben Sie ein idealtypisches Anforderungsprofil – auch für Ihre eigene Person? Wissen Sie, worauf es ankommt? (vgl. Hintergrund zu vorigen Fragen) Wiederum: Wie gehen Sie mit schwierigen Fragen um?
Hinweise: Insbesondere zur letzten Frage: Der Unterschied liegt in der Position (Gehalt und Verantwortung). Zeigen Sie Wertschätzung für Ihren Vorgesetzten, machen Sie aber auch ggf. deutlich, daß Sie in bestimmten Situationen anders entschieden hätten. Zeigen Sie Respekt und die richtige Mischung aus Selbstbewußtsein und Loyalität. (Beachten Sie bitte dazu die vorherigen Hinweise.)

Fühlen Sie sich in Ihren beruflichen Leistungen von Ihren früheren Vorgesetzten angemessen beurteilt?

Hintergrund: Wie gehen Sie mit dem heiklen Thema Leistungsbeurteilung um? Lassen Sie sich provozieren und nehmen Schuldzuweisungen vor? Ergreifen Sie die erstbeste Gelegenheit, über andere herzuziehen? Sind Sie der Typ des ewig verkannten Genies?
Hinweise: Halten Sie sich bedeckt, und lassen Sie sich nicht provozieren. Vermeiden Sie vor allem Klagen über Ihre früheren Vorgesetzten und eine unglückliche Selbstdarstellung.

Was würden Sie gern an Ihrem jetzigen Arbeitsplatz verändern, wenn Sie Veränderungen durchführen könnten, wie Sie wollten?

Hintergrund: Sind Sie ein notorischer Besserwisser oder gar ein »Revolutionär«? Ein reiner Provokationstest – es geht nicht um Kreativität.
Hinweise: Natürlich gibt es Dinge, die veränderungswürdig sind, aber dies ist hier nicht der Rahmen, detailliert und angemessen die Probleme an Ihrem derzeitigen Arbeitsplatz auszubreiten. Wiederum: Halten Sie sich bedeckt, und fallen Sie nicht auf den Provokationstest rein!

Bei Ihrem beruflichen Werdegang: Warum haben Sie z. B. nicht XYZ ... gemacht?
Wie erklären Sie sich die Probleme an Ihrem jetzigen Arbeitsplatz?

Hintergrund: Wie reagieren Sie auf Vorhaltungen bzw. auf Vorwürfe nach Art eines Streß-Interviews (vgl. S. 230 ff.)? Bei Ihrer Antwort wird mehr auf das »Wie« als auf das »Was« geachtet.
Hinweise: Man fühlt Ihnen auf den Zahn, und das kann schmerzhaft sein. Von Problemen haben Sie (hoffentlich!) nichts erzählt. Bleiben Sie auf jeden Fall gelassen und moderat. Darum geht es hier.

Sind Sie der Meinung, auf Ihre potentielle neue berufliche Aufgabe gut vorbereitet zu sein?

Hintergrund: Wie stark ist Ihr berufliches Selbstwertgefühl ausgeprägt?
Hinweise: Ohne arrogant und eitel zu wirken, ist hier eine Gelegenheit gege-

ben, selbstbewußt aufzutreten. Wenn Sie sich selbst die Sache nicht zutrauen, wer denn sonst?

Was war bisher Ihr schlimmstes, unangenehmstes (Arbeits-) Erlebnis?

Hintergrund: Persönlichkeitstest, auf den Zahn fühlen, eventuelle Widersprüche zum Thema »bisherige Mißerfolge« aufdecken.
Hinweise: Aufgepaßt! Was war Ihre Antwort bei der Frage nach Ihrem größten Mißerfolg? Welches Bild geben Sie von sich ab? Lassen Sie Ihre Leichen im Keller.

4. Persönlicher, familiärer und sozialer Hintergrund

In dieser Gesprächsphase geht es um drei Bereiche:
- Wer und wie sind Sie?
- Mit wem leben Sie zusammen und wie sind diese Personen?
- Wie sieht Ihr erweitertes soziales Umfeld aus?

**Wir wollen Sie gerne kennenlernen, erzählen Sie etwas über sich.
Wie würden Sie sich kurz charakterisieren?**

Hintergrund: Hier haben Sie es mit einem umfassenden Persönlichkeits-Check-up zu tun, der mit nur einer Frage auskommt. Ein unverstellter Versuch, in die Schränke und Schubladen Ihrer Persönlichkeit zu schauen. Es geht darum, die »dunkle Seite des Mondes« zu entdecken und einen weiteren, sehr wichtigen Mosaikstein zur zentralen Frage des Bewerbungsverfahrens hinzuzugewinnen: Paßt der Bewerber in unser Unternehmen?
Hinweise: Es liegt an Ihnen, sich auf die aufdringlichen Besucher, unter Umständen »Einbrecher« vorzubereiten. Wichtig: Beginnen Sie bei sogenannten offenen Fragen wie dieser immer erst damit, die berufliche Ebene anzusprechen und später – wenn überhaupt notwendig – die private.

Was sind Ihre Stärken, was Ihre Schwächen?
Was ist Ihr größter Erfolg/Mißerfolg (beruflich/privat)?
Was war bisher in Ihrem Leben Ihr schlimmstes Erlebnis?
Was war für Sie – rückblickend betrachtet – in den letzten fünf Jahren der wichtigste (persönliche/berufliche) Entwicklungsschritt?

Hintergrund: Geprüft wird, wie Sie sich darstellen. Wie glaubwürdig wirken Sie dabei? Kann man Schwächen entdecken? Können Sie Entwicklungen sichtbar machen und vermitteln?

Hinweise: Sie sollten mit Gelassenheit sowohl die positiven als auch einige harmlose negative Dinge darstellen und vertreten (die berufliche Seite zuerst; vielleicht geht der Interviewer schon zur nächsten Frage über, bevor Sie zur Darstellung der Schwächen und Mißerfolge im privaten Bereich kommen).

Überlegen Sie genau, welche Offenheit Sie sich bei Schwächen, Mißerfolgen oder der Darstellung persönlicher Entwicklungsschritte leisten können. Die vorletzte Frage ließe einen – wenn man nicht auf dergleichen vorbereitet wäre – quasi ins offene Psycho-Messer laufen. Die »Schlimmste-Erlebnis-Frage« kann man durchaus auch angemessen zurückweisen. Nicht vergessen: Sie befinden sich nicht beim Psychiater auf der Couch oder beim Pfarrer im Beichtstuhl!

Zu Ihren Schwächen: Wenn es nicht gerade um einen Arbeitsplatz in einer ausgesprochenen technischen Branche geht, könnten Sie z. B. anführen, daß Sie bedauerlicherweise nicht dazu in der Lage sind, Ihr Auto allein zu reparieren. Oder daß Sie Mühe haben, Kompositionen von Bach und Händel immer auf Anhieb richtig zu unterscheiden. Auch sind Sie vielleicht noch immer mit Ihren Spanischkenntnissen unzufrieden, obwohl Sie schon das dritte Mal dort Urlaub gemacht haben. Vielleicht kocht Ihre Frau bzw. Ihr bester Freund besser als Sie, was Sie beschämt.

Diese Beispiele sollen lediglich der Verdeutlichung dienen und Anregung sein, in entsprechend relativ harmloser Richtung nachzudenken. Vielleicht kommen Sie zu dem Ergebnis, daß Sie im Innersten Ihrer Seele z. B. Kritik an Ihrer Person nicht ertragen können. Diese Selbsterkenntnis wäre ja schon ein erster Schritt zur Besserung, ist aber wirklich nicht dazu angetan, in einem Vorstellungsgespräch ausgebreitet zu werden.

Logisch: Sie können nicht nach jeder Frage im Vorstellungsgespräch zunächst einmal in diesem Buch nachschlagen und versuchen, die richtige Einordnungs-Kategorie zu finden, um sich dann anhand unserer Hinweise eine gute Antwort zu überlegen. Stecken Sie also jetzt, d.h. vorher, den Rahmen ab, was und wie Sie etwas über sich aussagen, erzählen wollen. Dazu gehört natürlich in erster Linie Berufliches, aber auch ein gewisses Maß an Privatem. Was und wieviel, müssen Sie unbedingt vorab überlegen, um in der Interviewsituation auch dann souverän bleiben zu können, wenn das Gespräch Verhörcharakter bekommen sollte.

Was schätzen Sie generell an anderen Menschen, was nicht? (Arbeitskollegen/Vorgesetzte/Freunde/Bekannte).
Haben Sie Leitbilder?

Hintergrund: Von Ihren Aussagen über andere werden Rückschlüsse auf Sie gezogen, d.h. jede Aussage über andere bedeutet immer auch eine Mitteilung über Sie selbst. Hier haben wir es also wieder mit einer Form von »Persönlichkeitsdiagnostik« zu tun (s.a. entsprechende Fragen im vorigen Abschnitt.).
Hinweise: Überlegen Sie sich vorher genau, wen Sie an dieser Stelle nennen und warum und was das über Sie aussagen könnte.

Warum sollten wir gerade Sie einstellen?

Hintergrund: Ein fundamentaler Test Ihres Selbstbewußtseins und Selbstvertrauens. Sind Sie in der Lage, die für Sie sprechenden Eigenschaften im Hinblick auf die angestrebte Position prägnant zusammenzufassen?
Hinweise: Obwohl diese Frage zu den absoluten Standardfragen gehört, trifft sie viele Bewerber völlig überraschend und unvorbereitet. Ihnen sollte es nicht so gehen. Das ist Ihre große Chance. Aber bitte keinen 20-Minuten-Monolog (Vorschlag: Argumentation 1. ... , 2. ... , 3. ... reicht aus).

Wir wollen Sie als Mensch kennenlernen. Was machen Sie neben Ihrem beruflichen Engagement?
Was für Interessen, was für Hobbys haben Sie?
Wer ist Ihr Lieblingsschriftsteller/-autor?
Welche Sportarten treiben Sie?

Hintergrund: Kennenlernen der »ganzen Person«; Interessenspektrum; Besonderheiten; Hobbys; kulturelle Aktivitäten und Interessen (z.B. Lesen – Kant oder Konsalik?). Denken Sie auch an Ihre körperliche Fitneß (Golf oder Minigolf?).

Hinweise: Die Beantwortung sollten Sie nicht dem Zufall überlassen, und die Antwort »Polospielen« macht einen anderen Eindruck als die Beschäftigung mit Briefmarken. (Vorsicht beim Bluffen – auf Nachfragen vorbereitet sein!). Zuviel Sport ist leider wegen der begrenzten Freizeit nicht möglich, aber zu Ihrem Körper haben Sie natürlich ein gesundes Verhältnis. Vorsicht bei Risikosportarten wie z. B. Drachenfliegen.

Was bedeutet Teamarbeit für Sie?

Hintergrund: Extra- oder introvertiert, das ist hier die Frage. Sind Sie lieber Einzelkämpfer oder Gruppenmensch?
Hinweise: Was wäre wohl bei der von Ihnen angestrebten Position eher gewünscht? Heutzutage werden besonders teamfähige Leute gesucht – auch wenn dann später in der Realität jeder gegen jeden (an)tritt.

Mit was für Menschen arbeiten Sie gern/ungern zusammen?
Hatten Sie schon mal Schwierigkeiten mit Untergebenen? Wenn ja: Mit wem? Warum? Wie sind Sie damit umgegangen? Was haben Sie daraus für Konsequenzen gezogen?

Hintergrund: Und noch einmal ein Psychodiagnostik-Versuch.
Hinweise: Wenn es Ihnen bei diesen Fragen die Sprache verschlägt, spricht das gegen Sie. Jeder Mensch bevorzugt bestimmte Arbeitspartner und hat schon mal Schwierigkeiten mit anderen gehabt. Nur gerade jetzt müssen Sie wissen, was Sie darüber preisgeben wollen und auf welche Weise.

Worüber können Sie sich so richtig ärgern?
Was macht Sie wütend?
Was bereitet Ihnen Sorgen?

Hintergrund: Wieder dreht sich alles um das eine – richtig: Psychodiagnostik. Wie gehen Sie mit diesen Fragen um? Kann man Sie damit ärgern oder gar verängstigen?
Hinweise: Verkrampfen Sie sich nicht, aber lassen Sie auch nicht die Katze aus dem Sack. Bei diesen Fragen ständen Sie unvorbereitet ziemlich geschockt mit dem Rücken an der Wand.

Da Sie hier eigentlich nur die Wahl zwischen Pest und Cholera haben, also nur schlechte Zensuren ernten können, kommt es darauf an, diese kritische Streß-Interview-Phase (s.S. 230 ff.) mit Format durchzustehen. Weichen Sie nicht auf, sondern aus – z. B. auf (relativ) Unverfängliches (die letzte Heimniederlage Ihres Lieblingsclubs, Ihre Schwiegermutter, Hundekot auf der Straße, die Vernichtung von Lebensmitteln im EG-Raum, schlechte kulturelle Leistungen, Ihr Lieblingsstück, Theater- und Konzertaufführungen betreffend usw.).

Auch das Sorgen-Thema müssen Sie ähnlich geschickt umschiffen. Eine Herausforderung an Ihre Inszenierungsbegabung für das Ohnsorg-Theater.

Wie gehen Sie mit Kritik um?

Hintergrund: Wieder eine Persönlichkeits-Testfrage.
Hinweise: Es kommt sicherlich immer darauf an, wer Sie, wann, wie und weshalb kritisiert. Kritik bringt Sie nicht um, aber vielleicht weiter – wenn es sich um eine konstruktive Form handelt.

Was sind Ihre ganz persönlichen Lebensziele?
Was möchten Sie persönlich für sich in naher/ferner Zukunft erreichen?

Hintergrund: Lebensplanung und Zielsetzungen beruflicher wie privater Art gehören zum Idealbild der »guten« Führungskraft.
Hinweise: Lernen, Leistung, Vorwärtskommen. Haben Sie ein Gespür dafür, was man hier wohl von Ihnen hören will. Achtung: Es geht primär um Berufliches – vermeiden Sie private Offenbarungen.

Zurück in die Gegenwart: Welche Eigenschaften sollte Ihr potentieller Nachfolger für Ihren alten Arbeitsplatz haben?
Ganz allgemein: Welche Eigenschaften sollte Ihr Stellvertreter haben?

Hintergrund: Erneute (versteckte) Aufforderung zur Selbstcharakterisierung und Aufdeckung der Konflikte am jetzigen, alten Arbeitsplatz.
Hinweise: Verplauschen Sie sich nicht bei diesem erneuten Versuch, Konflikthintergründe an Ihrem aktuellen Arbeitsplatz zu erhellen.

Die zweite Frage zielt noch einmal auf Ihre persönlichen Qualitäten aber auch eventuellen Schwächen ab.

Angenommen, Zeit und Geld spielten überhaupt keine Rolle: Wie würden Sie Ihr Leben gestalten?

Hintergrund: Tiefenpsychologische Ausleuchtung vom Feinsten!
Hinweise: Möchten Sie lieber Frauenarzt, Pilot, Marlon Brando bzw. Sophia Loren oder Bergführer sein? Neigen Sie zu Müßiggang, oder bricht Ihre soziale Ader durch? Playboy oder Mutter Teresa? Bleiben Sie auf dem Teppich, und kommen Sie runter von der Couch. Noch einmal: Sie sind nicht bei Dr. Freud in der Sprechstunde.

Wie sieht Ihre aktuelle Lebenssituation aus?

Hintergrund: Mit wem leben Sie zusammen? Single, Lebens- oder Ehepartner?
Hinweise: Verliebt, verlobt, verheiratet, geschieden, verwitwet, Kinder? Alles Themen, die den Arbeitgeber eigentlich nichts angehen. Aber allzu häufig fragt er leider doch danach. Und wenn Sie dann beichten müssen, noch immer mit Ihrer 93jährigen Frau Mama zusammenzuleben, entstehen vielleicht grundsätzliche Zweifel an Ihrer »*Mutti*vation«.

Stellen Sie uns doch bitte mal Ihre Familie vor.
(Gegenfrage: Welche? Meine Ursprungsfamlie oder meine jetzige?)

Hintergrund: Informationsbedürfnis über den Bewerber und das Milieu, das ihn umgibt und aus dem er kommt (möglicherweise also beide Familien).
Hinweise: Gehen Sie nicht zu sehr ins Detail, Sie müssen sich nicht rechtfertigen, warum Sie z. B. geschieden, wiederverheiratet oder überhaupt nicht verheiratet oder liiert sind. Ebenso: Warum Sie keine oder zahlreiche (ab 3) Kinder haben und was Ihre eigenen Eltern gemacht bzw. versäumt haben, wie es bei Ihnen zu Hause damals zuging ...

Was macht Ihre Frau/Ihr Mann beruflich und wo?

Hintergrund: Ihre sozialen Verhältnisse werden abgecheckt. Devise: Zeige mir deinen Partner, und ich weiß ein bißchen mehr, wer und wie du bist.
Hinweise: Sie sind sich darüber im klaren – so hoffen wir doch –, daß Sie eine relativ konfliktfreie, problemlose heile Welt präsentieren müssen.

Was sagt Ihr Lebenspartner zu Ihren Plänen? (Probleme? Evtl. Umzug/Arbeitszeiten etc.)

Hintergrund: Bekommen Sie Unterstützung? Ist Ihr Lebenspartner mit Ihren Plänen einverstanden, oder gibt es da Hemmnisse?
Hinweise: Wer hier nicht überzeugend positiv auftritt oder gar zugeben muß, noch nichts besprochen, nichts geklärt zu haben, sammelt Minuspunkte. Und selbst wenn Sie noch nichts besprochen haben, müssen Sie das hier nicht vertiefen.

Welcher Erziehungsstil herrschte in Ihrem Elternhaus?
Wie war Ihr Verhältnis zu Ihren Eltern?
Welchen Erziehungsstil praktizieren Sie heute als Elternteil (bzw. würden Sie praktizieren)?
Wie war und wie ist Ihr Verhältnis zu Ihren Geschwistern?

Hintergrund: (Ein eigentlich unzulässiger) Eingriff in die Privatsphäre, stark tiefenpsychologisch angehauchter Aufhellungsversuch Ihrer Persönlichkeit, Ihrer Ursprungsfamilie. Es geht um Rückschlüsse von der Vergangenheit auf die Gegenwart (Erziehungs- = Führungsstil / Geschwister = Kollegen / Eltern = Vorgesetzte).
Hinweise: Die Antworten auf diese Fragen wollen gut überlegt sein. Geschulten Interviewern geben Sie alles preis, wenn Sie hier spontan und assoziativ zu plaudern beginnen. Es liegt auf der Hand: Die Beziehung zu Ihren Eltern und Geschwistern war gut und weitestgehend konfliktfrei – bis auf die in jeder Familie mal vorkommenden kleinen Auseinandersetzungen. Andernfalls – welches Bild geben Sie von sich und Ihrer Ursprungsfamilie, wenn Sie berichten, daß Sie nicht gerade als Wunschkind das Licht der Welt erblickten und sich mit einer alkoholkranken Mutter, einem frühberenteten Vater und dann mit vier schwierigen jüngeren Geschwistern konfrontiert sahen …

Elterliche Erziehungsstile bewegen sich – kurz auf den Punkt gebracht – zwischen liberal bis autoritär und liebevoller Zugewandtheit bis kühler Zurückweisung. Erziehungs- wie Führungsstile lassen sich außerdem durch folgende Begriffe charakterisieren: demokratisch, kooperativ, Laisser-faire, autokratisch-autoritär.

Gibt es Bereiche, in denen Sie sich besonders engagieren?

Hintergrund: Wie sieht es mit politischen oder sozialen Prioritäten aus, für die Sie sich bisher engagiert haben (Parteien, Gewerkschaften, Bürgerinitiativen, Kirche, Vereine, soziale Institutionen; z. B. Telefonseelsorge, Anonyme Alkoholiker, Spastikerhilfe, Greenpeace, Amnesty International, DRK etc.)?
Hinweise: Machen Sie sich bewußt, welches Bild Sie von sich entwerfen, wenn Sie sich zu dem einen oder anderen sozialen Engagement bekennen.

Mit welchen Menschen sind Sie gerne zusammen, und was verbindet Sie mit diesen?

Hintergrund: Nicht vergessen: Informationen über Dritte sind Informationen über Sie selbst, nach dem Motto: Zeige mir Deine Freunde, und ich sage Dir, wer Du bist.
Hinweise: Natürlich geht es nicht wirklich um Herrn oder Frau XY aus Ihrem Freundes- und Bekanntenkreis, sondern um Sie. Wie sehen Ihre sozialen, zwischenmenschlichen Beziehungen aus – quantitativ und qualitativ? Sind Sie kontaktorientiert?

5. Gesundheitszustand

Waren Sie schon mal ernstlich erkrankt?
Gibt es gesundheitliche Einschränkungen mit beruflichen Auswirkungen?
Krankenhausaufenthalte/Unfälle/Allergien?

Hintergrund: Wie steht es um Ihre uneingeschränkte gesundheitliche Leistungsfähigkeit?
Hinweise: Absolute Gesundheit gibt es wohl heutzutage sicherlich nicht mehr. Lassen Sie trotzdem keine Zweifel daran aufkommen, daß es bei Ihnen keine berufsrelevanten Beeinträchtigungen gibt (Sie sind hier ja nicht beim Arzt; s. auch Rechtsprobleme des Vorstellungsgesprächs, S. 215 ff.).

Der Arbeitgeber darf sich nur nach aktuellen Erkrankungen erkundigen, die die berufliche Leistungsfähigkeit einschränken. Hier werden sehr häufig die rechtlich zulässigen Fragegrenzen überschritten – also aufgepaßt! Sollten Sie Zweifel haben, ob Sie ganz gesund sind, fragen Sie Ihren Arzt, aber lassen

Sie im Vorstellungsgespräch keine Zweifel aufkommen. Bagatellerkrankungen, auch ein kleinerer, jährlich wiederkehrender Heuschnupfen, gehen den Arbeitgeber nichts an.

Waren Sie im letzten Jahr mehr als zweimal beim Arzt?
Haben Sie einen Hausarzt?

Hintergrund: Fangfragen zur Überprüfung des Gesundheitszustandes im Hinblick auf zukünftig befürchtete Fehlzeiten.
Hinweise: Achtung, aufgepaßt – nicht (ver)plappern. Das sind üble Rhetoriktricks, auf die man nicht hereinfallen darf (siehe dazu auch S. 215 ff.). Wer ständig zum Arzt läuft, erweckt nicht gerade Vertrauen und läßt hohe Fehlzeiten erwarten. Wer gar nicht hingeht, handelt fahrlässig. Routinechecks sollten regelmäßig erfolgen.

6. Berufliche Kompetenz und Eignung

Wie gut kennen Sie sich in unserer Branche, in unserem Metier aus?
Wie schätzen Sie die aktuelle (zukünftige) Marktsituation ein?
Wie sind die Marktanteile verteilt, wie ist die Stimmung, wo sind Probleme, Stärken/Schwächen?

Hintergrund: Wie sieht Ihr aktueller Wissensstand aus? Können Sie kompetent mitreden, einschätzen, beurteilen?
Hinweise: Es gilt das schon mehrfach zum Thema Vorbereitung/Recherche Gesagte. Sollten Sie bei einer dieser Fragen trotz guter Vorbereitung nicht genug Hintergrundwissen haben, bekennen Sie sich dazu. Es macht Sie nicht unsympathisch, wenn Sie in Maßen Kenntnislücken zugeben.

Kennen Sie ... (dieses Verfahren, die Person, die Diskussion um etc.)?
Was ist Ihre Meinung über ... ?
Wie beurteilen Sie ... ?
Was würden Sie machen, wenn ... ?

Hintergrund: Test von Informationsstand und Fachwissen bis hin zur Aufforderung, ad hoc im Gespräch, eine »Mini-Arbeitsprobe« abzulegen.

Hinweise: Hier werden Sie selbst am besten wissen, wie Sie auf diese Fragen zu reagieren haben. Möglicherweise handelt es sich auch um eine Testfrage, mit der man Sie aufs Glatteis führen will und das XYZ-Verfahren, von dem man suggestiv behauptet, daß Sie es doch sicherlich kennen würden, existiert überhaupt nicht. Also bekennen Sie sich auch zum Nichtwissen – sonst kann's peinlich werden.

Welche Publikation (Fachbuch/Artikel) aus Ihrem Arbeitsgebiet hat Sie in der letzten Zeit besonders beschäftigt?
Welche Fachzeitschriften haben Sie abonniert, lesen Sie regelmäßig?
Welche Kongresse/Fachtagungen/Symposien etc. haben Sie in der letzten Zeit besucht?

Hintergrund: Überprüfung von Engagement, Motivation, Kompetenz in fachlicher Hinsicht.
Hinweise: Siehe Hinweis zur vorigen Frage. Eine aktuelle, auch (in Maßen) fachwissenbezogene Vorbereitung zahlt sich hier aus.

Auf welchem Gebiet lag Ihr Ausbildungsschwerpunkt, und wie kam es dazu?
Was würden Sie als Ihren aktuellen, spezifischen Arbeitsschwerpunkt bezeichnen?
Können Sie uns einmal kurz die Ergebnisse Ihrer Arbeit, die Quintessenz Ihrer Bemühungen auf dem Gebiet XYZ darstellen?

Hintergrund: Wie kompetent können Sie sich und Ihr Arbeitsgebiet darstellen? Auch die Art und Weise Ihres »Vortrags« wird an dieser Stelle mitbewertet.
Hinweise: Fragen nach Ihrer Ausbildung, Ihrem Studium und der Einstiegsposition kommen sicherlich bei einem gestandenen Praktiker mit jahrelanger Berufserfahrung seltener vor. Dennoch ist es wichtig, auf derartiges, bei dem es auch um die Verknüpfung von Vergangenheit und Gegenwart geht, nicht ganz unvorbereitet zu sein.

Was schätzen Sie: Wie lange brauchen Sie zur Einarbeitung in Ihr neues Aufgabengebiet bei uns?
Auf welchem Gebiet haben Sie noch größere Defizite, und was gedenken Sie dagegen zu tun?

Hintergrund: Wie realistisch ist Ihre Selbsteinschätzung, und wie gehen Sie mit kritischen Fragen zu Ihrer Person um?
Hinweise: Bei der ersten Frage wären Ihrerseits Hinweise auf Unterstützung und Kooperation durch den Arbeitgeber angemessen, auf die Sie in der ersten Zeit angewiesen sind. Natürlich haben Sie Defizite, die Sie aber vielleicht jetzt noch nicht ganz überblicken und dank der betrieblichen Unterstützung und Ihres besonderen Einarbeitungsengagements sowie Ihrer Fortbildungsbereitschaft schnellstens beheben werden. Empfehlung: Nicht kränken oder provozieren lassen, im Prinzip zustimmen und Mao zitieren: »Handeln heißt lernen«. Also: Lebenslängliche Lernbereitschaft signalisieren.

Was bedeutet für Sie Mitarbeiterführung?
Wie definieren Sie die Hauptaufgaben einer Führungskraft?Welchen Führungsstil praktizieren bzw. bevorzugen Sie?

Hintergrund: Haben Sie sich mit diesen Begriffen und der dazu geführten aktuellen Diskussion auseinandergesetzt? Wie ist Ihr Standpunkt, wie sieht Ihre persönliche Philosophie aus?
Hinweise: Zeigen Sie Kompetenz durch fundiertes Hintergrundwissen zu dieser Thematik. Es geht nicht um ein dreißigminütiges Referat, sondern um Ihre Fähigkeit, die Essentials in ein bis zwei Minuten prägnant darzustellen.

Können Sie uns noch einmal verdeutlichen: Was spricht für Sie und was gegen Sie?
Warum sollten wir gerade Sie einstellen?

Hintergrund: Abermals ein Test zur Selbsteinschätzung und -darstellung,
Hinweise: Eine Kurzzusammenfassung der Argumente, die für Sie sprechen, ist jetzt gefordert. Gut, daß Sie darauf vorbereitet sind …

An Argumenten gegen Ihre Person fällt Ihnen höchstens eins ein, maximal anderthalb. Natürlich etwas relativ Harmloses, was jeder potentielle Arbeitgeber leicht entkräften könnte. Sie brechen doch nicht selbst den Stab über sich.

Was machen Sie, wenn Sie den Arbeitsplatz bei uns nicht bekommen, wenn wir uns für einen anderen Bewerber, eine andere Bewerberin entscheiden?

Hintergrund: Wie verarbeiten Sie Frustrationen, und inwieweit zeigen Sie dies?

Hinweise: Weder sind Sie völlig zerknirscht und am Boden zerstört, noch heilfroh und glücklich, daß Ihnen dieser Job erspart geblieben ist. Bringen Sie zum Ausdruck, daß Sie eine Entscheidung gegen Sie als neuen Mitarbeiter bedauern, aber akzeptieren würden (was bleibt Ihnen auch übrig!). Sie sind beruflich jedenfalls derzeit gut verankert und keinesfalls auf den neuen Arbeitsplatz absolut angewiesen.

Noch eine generelle Anmerkung: In dieser Phase des Vorstellungsgesprächs geht es um den Versuch der Kompetenzüberprüfung bis hin zum direkten Aushorchen, wie Branchenprobleme am bisherigen Arbeitsplatz gehandhabt wurden. Dabei kommt es für Sie darauf an, einen kompetenten Eindruck zu machen, ohne leichtfertig Betriebsgeheimnisse des jetzigen oder ehemaligen Arbeitgebers auszuplaudern (Stichwort Loyalität).

7. Informationen für den Bewerber/ die Bewerberin

Früher oder später im Gespräch kommt der Moment, wo Ihr Interviewpartner Ihnen ausführlich erzählen will, wie es in der Firma/Institution zugeht. Das ist eine wichtige Gesprächsphase, in der es vor allem auf Ihre demonstrative Zuhörfähigkeit ankommt – im Psychofachjargon »aktives Zuhören« genannt.

Hintergrund: Selbstdarstellungslust und Imagepflege auf Arbeitgeberseite.
Hinweise: Hören Sie wirklich aufmerksam zu, unterbrechen Sie nicht leichtfertig, machen Sie einen stark interessierten Eindruck, fragen Sie nach und eröffnen Sie Ihrem Gegenüber so neue Selbstdarstellungsfelder. Man wird es Ihnen danken.

Verdeutlichen Sie aber auch, daß Sie sich vorbereitet haben und einige Informationen bzw. Details bereits wußten, ohne arrogant »heraushängen« zu lassen: »Weiß ich schon alles«. So sammeln Sie auf leichte Art und Weise Sympathiepunkte.

Häufig steht ein Teil der Informationen bereits am Anfang des Gespräches. Dann haben sie u.a. die Funktion, das Gespräch einzuleiten und die Aufregung des Bewerbers abzubauen. Dennoch besteht auch immer mitten im Gespräch die Chance, den Interviewpartner zur Selbstdarstellung anzuregen und so viele angenehme (Zuhör-)Minuten mit leicht verdienten Sympathiepunkten zu verbringen.

Spätestens in dieser Phase des Gespräches ist nun auch Ihr Gegenüber in einer Bewerbungsposition, und das Rollenspiel wechselt ein bißchen.

Übrigens: An der Qualität und Quantität des Informationsangebotes und seiner Vermittlung können Sie durchaus das Interesse an Ihrer Person, Ihren Stellenwert als Bewerber erkennen.

Möglicherweise ist jetzt der Moment gekommen, mit Ihnen eine mehr oder minder ausführliche »Begehung« des Betriebes bzw. der Institution zu unternehmen. Auch hier ist die Intensität und Dauer ein untrügliches Zeichen dafür, wie Ihre Chancen stehen. Eine günstige Gelegenheit für Sie, im Small talk den Kontakt zu Ihren Gesprächspartnern weiter auszubauen und Pluspunkte zu sammeln. Durch ein gelangweilt-mürrisches Hinterhertrotten verpatzt man sich alle bisher errungenen Aussichten.

8. Arbeitskonditionen

Es liegt auf der Hand: In einer ersten Vorstellungsrunde sind Sie einer von mehreren Kandidaten. Möglicherweise hat der Arbeitsplatzanbieter noch nicht alle Bewerber kennengelernt, so daß die Konditionen in einem ersten Gespräch nicht die wichtige Rolle spielen wie zu einem späteren Zeitpunkt des Bewerbungsverfahrens, z. B. in einer zweiten Vorstellungsrunde.

Trotzdem geht es natürlich darum, schon beim ersten Gespräch grob abzuklären, ob man sich auf die Rahmenbedingungen einigen könnte.

Diese umfassen auch inhaltliche Aspekte des potentiellen Arbeitsplatzes. Am Beispiel der Unterpunkte eines fiktiven Arbeitsvertrages zeigen wir auf, worum es hier gehen kann:

Aufgabengebiet, Arbeitszeit, Probezeit, Kündigungsfristen, Kompetenzen und Vollmachten, Urlaubsregelung, Bezahlung, Geheimhaltungspflichten, Konkurrenz-/Wettbewerbsschutz, Nebenbeschäftigung, Vertragsänderungen, sonstige Abmachungen, Sondervereinbarungen wie z. B. Dienstwagen, Altersversorgung, Umzugskosten, Trennungsentschädigung, Reisekostenvergütung, Unfallversicherung, Sonderzahlungen bei längerer Erkrankung etc.

Wie gesagt: Detailliert verhandelt werden diese Aspekte erst, wenn man wirklich in die absolut engere Wahl gekommen ist, sehr selten gleich beim ersten Vorstellungsgespräch. Halten Sie sich also mit Fragen in dieser Richtung stark zurück. Jetzt ist noch nicht der richtige Zeitpunkt.

Trotzdem – an dieser Stelle drei, an Sie gestellte Kernfragen:

Welche Gehaltsvorstellung haben Sie?
Wie hoch sind Ihre aktuellen Bezüge?
Wann hatten Sie die letzte Gehaltserhöhung?

Hintergrund: Das alte Spiel: Der Preis ist heiß. Zahlemann und Söhne.
Hinweise: Können Sie den Wert Ihrer Arbeitsleistung angemessen einschätzen? In welchem Verhältnis steht das zu Ihren jetzigen Bezügen? (s.a. S. 236 ff.) Die letzte Frage dient wieder ganz besonders dazu, Staub aufzuwirbeln, zu bohren und nachzubohren.

Wann könnten Sie bei uns anfangen?
Wenn wir uns für Sie entscheiden, brauchen wir Sie sofort. Ist das möglich?

Hintergrund: Wie integer sind Sie, wie loyal Ihrem alten Arbeitgeber gegenüber? Wie weit lassen Sie sich unter Druck setzen und manipulieren?
Hinweise: Tappen Sie nicht in die Loyalitätsfalle, auch wenn Ihnen viel an diesem neuen Job liegt. Sie verlassen Ihren alten Arbeitsplatz nicht »Hals über Kopf«. Die vertraglichen Spielregeln sind allgemein bekannt. Trotzdem: Gegen eventuelle Sondierungsgespräche mit dem alten Arbeitgeber bezüglich eines früheren Austrittstermins ist nichts zu sagen.

9. Fragen des Bewerbers/der Bewerberin

In jedem Vorstellungsgespräch gibt es einen programmierten Rollenwechsel, in der Art, daß plötzlich Sie Fragen stellen dürfen und Ihr Gesprächspartner antwortet.

Hintergrund: An den klugen Fragen erkennt man »einen klugen Kopf«, einen motivierten und kompetenten Bewerber. Was Sie jetzt wissen wollen, wird hinterfragt, auf Sinngehalt und aktives Interesse hin überprüft.
Hinweise: Sollten Sie mit Themen auffallen, die Sie eigentlich im Vorfeld hätten klären können oder durch aufmerksames Zuhören an einer anderen Stelle des Gesprächs längst hätten »speichern« müssen, erzielen Sie einen negativen Effekt.

Wer zuerst auf die Betriebsrente oder den Urlaub zu sprechen kommt, ist für sein Negativimage ebenfalls selbst verantwortlich.

Sinnvolle Fragen können sich u.a. auf folgende Aspekte beziehen: Aufgabengebiet, Zuständigkeit, Verantwortung, Kooperationspartner, globale Bezahlung. Gehen Sie hier nicht weiter ins Detail. Beachten Sie den Hinweis: »Detailliert verhandelt ...« (s.S. 209).

Übrigens: Es macht keinen schlechten Eindruck, wenn Sie schriftlich vorbereitete Fragen aus der Tasche ziehen und sich auch während der verbalen Ausführungen Ihres Gegenübers Notizen machen. Sicherheitshalber können Sie fragen, ob es stört, wenn Sie sich etwas notieren.
Hier einige Beispielfragethemen (eventuell auch für das zweite Vorstellungsgespräch):

- Ist diese Position/dieser Arbeitsplatz neu geschaffen worden oder fester Bestandteil in Ihrem Unternehmen?
- Wer hat diese Aufgabe bisher wahrgenommen?
- Mit welchem Erfolg, was gab es für Probleme?
- Warum ist der Arbeitsplatz frei geworden?
- Was macht der ehemalige Stelleninhaber jetzt?
- Haben Sie eine detaillierte Stellenbeschreibung, darf ich die sehen, mitnehmen?
- Gibt es ein Organigramm (Organisationsplan), in dem der ausgeschriebene Arbeitsplatz dargestellt wird?
- Mit welchen Personen, Abteilungen werde ich zusammenarbeiten?
- Welche speziellen Erwartungen haben Sie an den neuen Stelleninhaber?
- Was meinen Sie, sollte dieser als erstes tun, was ist das Wichtigste?
- Ist die Möglichkeit gegeben, die neuen Kolleginnen und Kollegen, mit denen ich zusammenarbeiten würde, vorab kennenzulernen?
- Welchen beruflichen Hintergrund haben die zukünftigen Kollegen, Vorgesetzten?
- Wie ist die Einarbeitungsphase geplant? (Ansprechpartner, Programm, auch: wo, wie lange?)
- Welche späteren Entwicklungsmöglichkeiten bieten sich von dieser Position aus?
- Welche Fort- und Weiterbildungsangebote gibt es in Ihrem Unternehmen?
- In Ihrer Anzeige (in Ihren Unterlagen) schreiben Sie ... Was verstehen Sie darunter?
- Welche aktuellen Vorhaben stehen in Ihrem Hause für die nahe Zukunft an?
- Welche Probleme bedrücken Sie in Ihrem Unternehmen am meisten?

- Wie würden Sie den Führungs- und Umgangsstil in Ihrem Haus charakterisieren?

Und noch einmal: Machen Sie nicht den Fehler, Fragen zu stellen, als ob Sie bereits sicher wären, morgen anfangen zu können und im nächsten Moment den Arbeitsvertrag zu unterschreiben. Dieser und seine genauen Konditionen sind noch weitestgehend tabu. Aber auch ein Nachfragen in Richtung: »Wie werden Sie sich entscheiden, wann höre ich von Ihnen und wie sind meine Chancen?« sind zu diesem Zeitpunkt noch nicht opportun.

Zeigen Sie abermals Geduld und Gelassenheit. Geben Sie Ihrem Gegenüber nicht das Gefühl, bedrängt zu werden. Zeigen Sie sich interessiert, aber auch abwartend.

10. Abschluß des Gesprächs und Verabschiedung

Warum sollten wir gerade Ihnen den Arbeitsplatz geben?
Können Sie bitte noch einmal kurz zusammenfassen, was Ihre Stärken aber auch Ihre Schwächen sind?

Hintergrund: Wie auch in der Gesprächsphase 4 erläutert, geht es um positive wie negative Eigenschaften, die Sie charakterisieren und vor allem in einem Bezug zum angestrebten Arbeitsplatz stehen sollten.
Hinweise: Diese Aufforderung können Sie gut benutzen, um noch einmal die wichtigsten Argumente für Ihre Person und Bewerbung zusammenfassend vorzutragen (im Stil: 1. ..., 2. ..., 3. ...). Negative Argumente fallen Ihnen nicht ein, bzw. überlassen Sie diese (später) Ihrem Gesprächspartner. Achtung: Wiederholungsfrage!

Zum Schluß geht es um den Versuch eines angenehmen Abganges, auch um Imagepflege für den Arbeitsplatzanbieter. Man wird sich bei Ihnen für Besuch, Bewerbung und das Interesse an der Firma/Institution bedanken.

Wichtig: Eine Klärung, wie es weitergeht, wer voraussichtlich wann zu welcher Entscheidung gelangt. Dies alles sollte aber ohne Bedrängung, Ungeduld oder gar Selbstzweifel vorgetragen werden.

Kommen Sie also bloß nicht auf die Idee, direkt oder verklausuliert zu fragen: »Wie finden Sie mich?« oder: »Wie werden Sie sich entscheiden?« Das braucht naturgemäß Zeit, und die haben Sie, denn Sie stehen ja nicht (erkennbar) unter Druck.

Zusammengefaßt hier noch einmal die 11 wichtigsten Fragen im Überblick:

1. Erzählen Sie uns etwas über sich.
2. Warum bewerben Sie sich für diese Aufgabe?
3. Warum sind Sie die/der richtige Kandidat/in?
4. Was erwarten Sie für sich von uns/dem Job?
5. Was sind Ihre Stärken/Schwächen?
6. Worauf sind Sie stolz, was sind Ihre Erfolge/Mißerfolge?
7. Was möchten Sie in 3/5/10 Jahren erreicht haben?
8. Warum haben Sie diesen Beruf gewählt?
9. Wo liegen Ihre Arbeitsschwerpunkte?
10. Wie verbringen Sie Ihre Freizeit?

    Und schließlich:

11. Welche Fragen haben Sie denn an uns?

Nun unser letzter Hinweis: Be prepared. Keep smiling. Beim Rausgehen vor der Bürotür die Contenance bewahren. Die Tür nicht zuknallen, nicht erleichtert aufatmen, keine Flüche, weiterhin aufrecht gehen ...

Nach der ausführlichen Darstellung der 10 Gesprächsphasen nun noch einige leider notwendige Bemerkungen zu einem speziellen Kapitel.

Exkurs: Frauen im Vorstellungsgespräch

Obwohl immer mehr Frauen in die Führungsetagen Einzug halten (allerdings sind es doch noch immer unter sechs Prozent in den Spitzenpositionen von Wirtschaft, Industrie und Handel) – bei der Bewerberauswahl entscheiden in der Regel die Männer über Bewerberinnenschicksale.

Bei Vorstellungsgesprächen mit Bewerberinnen stehen die Themen Motivation, Kompetenz und Persönlichkeit noch deutlicher im Vordergrund. Die entsprechenden Fragen haben wir Ihnen ja bereits vorgestellt.

Was wollen, was können Sie und trauen Sie sich diese Aufgabe wirklich zu? – ist der möglicherweise skeptische männliche Unterton. Nicht selten kommt es sogar zu dem Versuch des Fragen- (und Fallen-)stellers, Ihnen die ganze Bewerbung um den Arbeitsplatz, den Job auszureden. Ein Motivationstest!

Seitdem aber auch die Wirtschaftspresse sich des Themas Frauen in Führungspositionen angenommen hat, spricht es sich selbst in konservativ-patriarchalischen Personalabteilungen immer mehr herum: Frauen sind genauso gut wie Männer, oft sogar die kompetenteren Führungskräfte, die besseren Mitarbeiterinnen. Trotzdem müssen Frauen in Vorstellungsgesprächen mit ganz speziellen Fragen rechnen.

- *Warum sollten wir uns gerade für Sie entscheiden?* Die Frage gibt Ihnen die Gelegenheit, Ihre überzeugende Argumentation zusammenzufassen.
- *Was sagt denn Ihre Familie dazu (Partner/Kinder, so Sie welche haben)?* Spätestens mit dieser Frage wird sicherlich die spezifische »Frauenfragerunde« eingeläutet. (Hören Sie diesen sehr schwer zu beschreibenden Unterton in dem Fragesatz?).
- *Wie regeln Sie das mit den Kindern (sofern Sie welche haben und die noch zu versorgen sind) ...? Oder dem Haushalt ... ?* Schließlich sind die drei Ks immer noch Frauensache, da kann das weibliche Geschlecht so beruftstätig sein, wie es will ...

  Und wenn Sie ledig sind, aber »im heirats- und gebärfähigen Alter«, kommt es »knüppeldick« (um hier den sexistischen Hintergrund drastisch zu dekuvrieren) – Fragen wie:
- *Wie stellen Sie sich Ihre Zukunft vor?*
- *Wie sieht Ihr Lebensplan aus?*

  ... haben noch einen etwas anderen Hintergrund für Sie als Bewerberin. Klar: Es geht um die Themen Heirat und Kinderkriegen

Hinweise: Bleiben Sie cool – lassen Sie sich überhaupt nicht provozieren – denn das ist es, was man(n) unter anderem will: Sie mal so richtig hysterisch ausflippen sehen (schließlich weiß man(n) ja, daß Frauen immer so emotional reagieren ...). Da Sie dies aber längst durchschaut haben und über eine ungeheure Sozialkompetenz verfügen (sehen Sie: ungeheuer ist des Rätsels Lösung, deshalb haben viele Männer Angst vor Frauen ...), bewältigen Sie diesen Teil des Frage-Antwortspiels mit Charme und Vergebung. Weiter geht's mit Fragen in Richtung:

- *Familie oder Karriere?*
- *Wie kommt's, wie ist's, wie geht's bei Ihnen ...?*
- *Meinen Sie es wirklich ernst? Wollen Sie richtig einsteigen?*

Oder ist das alles vielleicht nur ein kleines Sozial-Trotz-Experiment, um dem häuslichen Partner oder wem auch immer zu zeigen, was frau alles fertigkriegt?

Möglicherweise müssen Sie ja auch etwas (dazu!)verdienen oder wollen schlicht vorankommen, Karriere machen – dann sagen Sie es.

- *Welche Konflikte zwischen Mitarbeiterinnen und Mitarbeitern (Kolleginnen und Kollegen, Kundinnen und Kunden, weiblichen und männlichen Vorgesetzten) können Sie sich denn so vorstellen (und wenn ja, wieso und warum)?* Also der alte Mann-Frau-Konflikt ...

Klar, nicht alle diese Fragen müssen in der Bewerbungssituation auf Sie zukommen, und vieles ist abhängig von Ihrem Gegenüber, und das könnte ja (wenn auch äußerst selten) eine Gesprächspartnerin sein. In der Gehaltsklasse 80-160.000 DM p.a. sind diese Fragen jedenfalls leider nicht außergewöhnlich. Obwohl manche Betriebe bereits eine Frauenbeauftragte haben.

Und trotzdem: Es gibt, wie gesagt, einen unübersehbaren neuen Trend, das sogenannte schwache Geschlecht als das nicht nur in beruflicher Hinsicht eigentlich stärkere zu erkennen und immer mehr Frauen in die bisher von Männern dominierte Berufswelt Einzug halten zu lassen. (Also, damit keine allzu optimistischen Mißverständnisse aufkommen: Prozent für Prozent, dieses Jahr ein, nächstes Jahr wieder ein, übernächstes Jahr vielleicht auch anderthalb Prozent, dann wird man(n) schon sehen ...)

Besonders Frauen werden im Vorstellungsgespräch häufig mit unzulässigen Fragen konfrontiert. Schwangerschaft, Partnerbeziehung und Familienleben gehen den Arbeitgeber absolut nichts an. (Siehe auch nächstes Kapitel zum Thema Notlügen.)

Erlaubt: Notlügen aus Notwehr

Bestimmte Fragen und Themen dürfen im Bewerbungsverfahren gar nicht behandelt werden. Es sind nur solche Fragen erlaubt, die »arbeitsbezogen« sind, d.h. die mit dem zu besetzenden Arbeitsplatz in direktem Zusammenhang stehen.

Unzulässig ist die Ausforschung der politischen Meinung ebenso wie Fragen nach (auch früherem!) gewerkschaftlichem Engagement oder Privatplänen in puncto Heiraten, Familienplanung, Freizeitgestaltung und Hobbys. Frühere Krankheiten und die Frage nach einer Schwangerschaft sollten genauso tabu sein wie die Frage nach den Berufen von Lebenspartnern (oder anderen Personen, z. B. Eltern, Geschwistern) sowie nach den privaten Vermögensverhältnissen (evtl. Schulden).

Verboten sind außerdem Fragen nach Vorstrafen, soweit ganz allgemein gefragt wird, also nicht nur nach solchen Vorstrafen, die »einschlägig« sind, unzulässig ist dann konsequenterweise auch das Verlangen, ein polizeiliches Führungszeugnis vorzulegen, unzulässig sind schließlich Fragen nach laufenden Ermittlungsverfahren.

Unzulässig ist auch die Frage nach der früheren Arbeitsvergütung (sie dient ja u. a. dazu, evtl. Lohnansprüche des Bewerbers zu dämpfen); zulässig ist diese Frage jedoch dann, wenn sich daraus für die konkret in Aussicht genommene Tätigkeit Folgerungen ziehen lassen, z. B. wenn die Höhe der Vergütung Rückschlüsse auf die mit der früheren Tätigkeit verbundene Verantwortung ermöglicht und die in Aussicht genommene Position ebenfalls besonders verantwortliche Aufgaben mit sich bringt.

Trotzdem: So mancher Arbeitgeber hält sich nicht an diese Bestimmungen. Das muß Sie aber nicht erschrecken.

»Beantwortet der Bewerber eine unzulässige Frage falsch, so hat dies für die Wirksamkeit des Arbeitsvertrages keinerlei nachteilige Folgen. Dies ist zwangsläufig die Konsequenz des eingeschränkten Fragerechts des Arbeitgebers. Denn das bloße Recht, die Antwort zu verweigern, würde dem Bewerber nichts nützen; hier wäre keine Antwort eben auch eine Antwort. Lassen sich Tatsachen, die der Bewerber nicht anzugeben braucht, aus dem Lebenslauf erschließen, so darf der Bewerber den Lebenslauf insoweit ›normalisieren‹«[8]

So wie der Gesetzgeber den Begriff Notwehr kennt, existiert für das Bundesarbeitsgericht der Sachverhalt der Notlüge. Darunter ist zu verstehen, daß bestimmte Fragen im Vorstellungsgespräch, z. B. nach der Zugehörigkeit zu einer politischen Partei, nicht wahrheitsgemäß beantwortet werden müssen, wenn der Bewerber davon ausgehen muß, daß von einer bestimmten Antwort die Vergabe des Arbeitsplatzes abhängen könnte.

Dr. X., niedergelassener Chirurg mit Kassenpraxis in Berlin entschied sich für die charmante Michaela als seine neue Arzthelferin. Nach der Probezeit stellte sich heraus: Michaelas bezaubernder damenhafter Habitus entsprach nicht ganz den biologischen Tatsachen. Die Arzthelferin Michaela war, da sie sich noch keiner geschlechtsverändernden Operation nach dem Transsexuellengesetz unterzogen hatte, biologisch und offiziell beurteilt, ein Arzthelfer namens Michael. Der kleine Unterschied mußte dem Berliner Knochendoktor, von Berufs wegen eher ein Mann fürs Grobe, ganz offensichtlich beim Vorstellungstermin und der sich anschließenden Entscheidungsprozedur entgangen sein. Nichtsdestotrotz sprach der Doktor die fristlose Kündigung aus, weil er sich arglistig getäuscht fühlte.

Vor dem Bundesarbeitsgericht sah man sich, da Michael(a) sich nicht in ihr Arbeitsschicksal fügen wollte, nach kostspieligem Rechtsstreit wieder. Hier wurde entschieden: Ungefragt müsse kein Transsexueller mit seiner biologischen Sexualidentität aufwarten, und selbst bezüglich der konkreten Nachfragen von Arbeitsplatzanbieterseite schienen dem Bundesarbeitsgericht Zweifel angebracht. Ohne ausdrückliche Einwilligung des Bewerbers bzw. der Bewerberin sind

- medizinische Untersuchungen,
- psychologische Tests,
- graphologische Gutachten,
- Sicherheitsüberprüfungen sowie die
- Genomanalyse

unzulässig.

Bewerber dürfen persönliche Umstände verheimlichen oder auf Befragen konsequent lügen. Und mehr noch: »Allzu neugierige Arbeitgeber müssen schmerzlichen Schadenersatz fürchten«, weiß *Capital* 2/92 zu berichten. »Nachdem die Materie vor deutschen Arbeitsgerichten jahrzehntelang auf Sparflamme köchelte, macht jetzt der Europäische Gerichtshof in Luxemburg (EuGH) mächtig Dampf.« Ansatzpunkt ist die Gleichberechtigung der Geschlechter und die eigentlich auch schon früher als Tabubereich geschützte Intim- und Privatsphäre. Nur eben jetzt mit dem Unterschied, daß es für den Arbeitgeber beim allzu hemmungslosen Bewerberausfragen wirklich teuer werden kann.

Natürlich gibt es wie bei jeder Regel auch Ausnahmen: Wenn z. B. jemand für die katholische Kirche arbeiten will, ist die Frage des Arbeitgebers Kirche nach seiner Religionszugehörigkeit durchaus zulässig. Einsichtig ist ebenfalls die Frage nach früheren Krankheiten bei Pilotenbewerbern oder Zugführern.

In der Alltagsbewerbungssituation ist es aber leider eher so, daß nahezu jeder Arbeitgeber unzulässige Fragen an die Bewerber stellt. Wohnsituation, Privatbeziehungen, Heiratsabsichten, Familienplanung, Gesundheitszustand, frühere Erkrankungen: Durch seinen Eingriff in die per Grundgesetz geschützte Privatspäre des Arbeitssuchenden löst er bei diesem einen nicht zu unterschätzenden Gewissenskonflikt aus, dem mit dem Notwehr-Recht auf Lüge Rechnung getragen wird.

Psychologische Aspekte – fit im Vorstellungsgespräch

Die Rahmenbedingungen des Vorstellungsgesprächs und die damit verbundenen Rituale haben Sie bereits kennengelernt. Das ist aber noch nicht alles: es gibt eine Reihe von möglichen Situationen und Varianten, die Ihnen begegnen können. Damit Sie auch diese erfolgreich durchstehen, ist es von entscheidender Bedeutung, auch den psychologischen Blickwinkel einzubeziehen.

Einzel- oder Gruppengespräch

Unter der klassischen Vorstellungsgesprächssituation stellt man sich ein Vier-Augen-Gespräch vor: (Personal-)Chef (oder in einer Vorstufe: Personalberater) und Bewerber sitzen sich gegenüber.

Möglich sind aber auch andere Konstellationen: der einzelne Bewerber sitzt zwei oder mehr Personen gegenüber – einem Auswahlgremium (z. B. der Firmeninhaber und ein wichtiger leitender Angestellter, Personalberater, Personalchef und Abteilungsleiter, mehrere Personalreferenten und Betriebspsychologen, Betriebsratsmitglieder, bis hin zu zukünftigen Kollegen und Untergebenen).

Bei Vorstellungsgesprächen ist zu unterscheiden zwischen Einzel- und Gruppengesprächen. Die Gesprächsdauer ist unterschiedlich und schwankt je nach zu bewältigender Bewerberanzahl und zu besetzender Position zwischen einer und sechs Stunden. Sie kann von einer Tasse Kaffee bis zu einem ausgedehnteren Abendessen reichen.

Ist es in der Bewerbungssituation vielleicht gerade noch erträglich, zwei Interviewern gegenüberzusitzen (z. B. die klassische Vater-Mutter-Kind-Konstellation), wird es – wenn man mit einem Vierer- oder Mehrpersonengremium konfrontiert ist – schnell ungemütlich.

Möglicherweise fällt Ihnen z. B. bald auf, daß bei einem aus drei Personen bestehenden Auswahlgremium ein Gesprächspartner Sie besonders freundlich behandelt, ein weiterer recht »böse« mit Ihnen umgeht und der dritte Sie ständig beobachtet, Notizen macht und ansonsten schweigt. Diese Rollenverteilung ist kein Zufall. Sie ist sorgfältig vorbereitet und abgesprochen. Hier will man Ihnen ganz besonders »auf den Zahn fühlen«. Bleiben Sie trotzdem ruhig und gelassen und versuchen Sie, möglichst zu allen – besonders zu dem freundlichen Gesprächspartner – einen guten Kontakt aufzubauen (Blickkontakt, namentlich ansprechen, lächeln).

Schwierig wird es, wenn Sie als einzelner mit mehr als fünf Personen konfrontiert sind. Glauben Sie uns: 10 – 20 Personen als glotzende, fragende und zuhörende Meute sind nicht so selten, wie man es sich wünscht. Im psychosozialen Bereich beispielsweise hat häufig das gesamte Team ein Wörtchen mitzusprechen.

Möglich – obwohl zunehmend seltener praktiziert – ist auch eine Konstellation, bei der mehrere Bewerber einem Auswahlgremium gegenübersitzen. Das können z. B. drei Bewerber sein, die drei Interviewer vor sich haben, es können aber auch zehn und mehr Bewerber sein, gegenüber fünf oder sechs Auswählern.

Hintergrund dieser Gruppenvorstellungsrunde ist der Wunsch, die Bewerber direkt miteinander zu vergleichen, sie in eine gewisse Konkurrenzsituation untereinander zu versetzen, um dadurch besondere Informationen über den einzelnen herauszubekommen. Im wesentlichen geht es darum, das Sozialverhalten, die soziale Kompetenz zu testen.

Die Auswählergruppe will unter anderem die soziale Interaktion, das Miteinander-Umgehen der Bewerber beobachten. Hieraus werden verschiedene Rückschlüsse gezogen, z. B. auf Teamfähigkeit, Durchsetzungsvermögen, Anpassungsbereitschaft usw.

Ein anderer Aspekt auf Unternehmensseite ist die Ökonomie: Aus einer Gruppe werden relativ schnell die Wunschkandidaten (drei bis fünf) »herausgesiebt«. Kein schöner Umgang, aber in den Gehaltsklassen 80-160.000 DM p.a. immer wieder anzutreffen.

Insbesondere im Rahmen eines firmen- bzw. institutionsinternen Aufstiegsverfahrens werden Gruppenauswahlgespräche, wie eben beschrieben, sehr häufig angewandt.

Sollten Sie das Pech haben, in einer größeren Bewerbergruppe antreten zu müssen, bietet Ihnen das u.U. den Vorteil, von der Präsentationstechnik Ihrer Mitbewerber zu profitieren. In der Regel beginnt so ein Gruppengespräch mit der freundlichen Aufforderung, jeder möge sich zunächst einmal kurz vorstellen. Manchmal wird daran eine zusätzliche Aufforderung geknüpft (z. B.: »Stellen Sie sich bitte kurz vor, und erzählen Sie uns, warum Sie sich hier beworben haben.«).

Wer als Bewerber in einem derartigen Gruppengespräch z. B. bei der Vorstellung den Anfang macht oder Schlußlicht ist, hat es deutlich schwerer als die anderen. Die Positionen im ersten oder letzten Drittel bieten bessere Chancen. Am Anfang ist die Aufnahme- und Zuhörbereitschaft des Auswahlgremiums höher. Gegen Ende hat man die Chance, durch einen Beitrag, der sich von den bisherigen angenehm unterscheidet (was sicherlich nicht leicht ist!) Aufmerksamkeit und Kurzzeitgedächtnis der Auswähler zu erobern.

Für die Unglücklichen, die die Rolle des »Alpha«- oder »Omega-Huhns« wahrnehmen müssen, gilt unsere Empfehlung: Sprechen Sie das Problem der Anfangs- bzw. Endposition humorvoll an (»Einer muß ja den Anfang machen, ich will mich nicht in den Vordergrund drängen, aber ...« / »Den letzten beißen die Hunde, aber einer muß ja das Schlußlicht bilden ...«). Wenn es Ihnen gelingt, Schmunzler oder sogar Lacher auszulösen, sammeln Sie Pluspunkte.

Während der Gruppenvorstellung können Sie häufig den Versuch verschiedener Bewerber beobachten, sich deutlich in den Vordergrund spielen zu wollen, um sich so zu profilieren. Die geschickte Inszenierung allerdings ist eine Kunst, die nur wenige Bewerber beherrschen. Es ist nicht unbedingt von Nachteil, hier eher eine gewisse Zurückhaltung zu zeigen, ohne allerdings in das andere Extrem des »stummen Fisches« zu verfallen.

Frage- und Antworttechniken im Vorstellungsgespräch

Generell gilt für das Vorstellungsgespräch: Führen Sie das Gespräch defensiv. Sie sind der Bewerber, der die meisten Fragen zu beantworten hat. Versuchen Sie nicht, die Rollen umzukehren und z. B. immer wieder mit Gegenfragen zu kontern.

Allerdings können Sie durch Antworten, Bemerkungen und Fragen mitbestimmen, wie so ein Gespräch abläuft. Deshalb geht es jetzt um einen ganz wichtigen Aspekt im Vorstellungsgespräch: die Technik, gezielte Fragen zu stellen und andererseits Ihnen gestellte Fragen geschickt zu beantworten.

Dabei ist zunächst die Information wichtig, wieviel Zeit für Ihr Vorstellungsgespräch vorgesehen ist. Ob Sie 20 Minuten oder zwei Stunden für Ihren »Auftritt« haben, macht einen wesentlichen Unterschied bei der von Ihnen zu wählenden Inszenierung bzw. Dramaturgie.

Da Sie gut vorbereitet sind, können Sie auf die wichtigsten Fragen (s. Fragenkatalog S. 213) überzeugend und relativ knapp, aber gut formuliert antworten. Dies geschieht immer in Relation zu der Zeit, die Ihnen zur Verfügung steht, bedeutet aber nicht, daß Sie ständig reden bzw. Auskunft geben müssen. Bis zu etwa 80% der Gesamtzeit – so zeigen erstaunlicherweise entsprechende wissenschaftliche Untersuchungen – verbringen Sie im Vorstellungsgespräch mit Zuhören, d.h. Ihr Gegenüber spricht.

Lassen Sie den Interviewer reden und hören Sie aufmerksam zu. Wenn es Ihnen zudem noch gelingen sollte, einige verständnisvolle, kurze Zwischenbemerkungen zu machen oder bestätigend zu nicken, haben Sie möglicherweise schon gewonnen. Ihr Gegenüber wird sich vielleicht endlich mal wieder tief verstanden fühlen und Ihnen das mit entsprechenden Sympathiepunkten honorieren.

Diese Technik der positiven Verstärkung von sprechenden Personen ist sehr gut bei Fernsehjournalisten zu beobachten, die ihre Interviewpartner in der Regel durch beständiges, zustimmendes Kopfnicken ermuntern, in ihrem Redefluß fortzufahren.

Es kann aber auch umgekehrt sein, weil man Sie, den Bewerber, zum Sprechen, Erzählen, ja Schwadronieren bringen will. In so einem Fall haben Sie es sehr wahrscheinlich mit einem Profi zu tun, der wirklich nur 10% des Vorstellungsgesprächs bestreitet und Ihnen die restlichen 90% aufbürden möchte.

Eine beliebte Gesprächstechnik beinhaltet dabei den Einsatz sogenannter offener Fragen. Klassisches Beispiel:

Wir wollen Sie gern kennenlernen. Erzählen Sie uns doch bitte mal etwas über sich.

Die offene Frage gilt unter Rhetorikfachleuten als Königin der Dialektik. Und in der Tat: gute Fragen zu stellen ist weitaus schwieriger, als sie zu beantworten. Mit Fragen kann man ein Gespräch hervorragend lenken. Die offene Frage erlaubt dem Gefragten nicht, einfach mit »Ja« oder »Nein« zu antworten wie bei der »geschlossenen« Frage, sondern initiiert längere Antwortsätze, also eine ausführlichere verbale Darstellung. Genau darauf kommt es dem Frager an, denn je mehr sein Gegenüber spricht und dabei vielleicht unwillkürlich seinen freien Assoziationen folgt, desto mehr an Information erhofft sich der Interviewer.

An einigen Beispielen können wir das gut verdeutlichen:

Die (geschlossene) Interviewerfrage: »Hatten Sie an Ihrem letzten Arbeitsplatz persönliche Schwierigkeiten?« ist heikel (Fragehintergrund: Bewerbermotive Arbeitsplatzwechsel, Hypothese schwieriger Mensch), würde aber den Bewerber schnell mit »Nein« (ggf. »Nein, keine«) antworten lassen und schon wäre der »Ball« wieder zurückgespielt und der Interviewer müßte eine neue Frage stellen.

»Mit welchen persönlichen Schwierigkeiten mußten Sie sich an Ihrem letzten Arbeitsplatz auseinandersetzen?« hat den gleichen Fragehintergrund, ist jetzt aber als offene Frage gestellt. Kein Mensch könnte hier nur mit einem schlichten »Nein« antworten.

Diese Frage provoziert mehrere Antwortsätze, ganze Erklärungen, und schnell verfängt sich der Bewerber in Rechtfertigungen, Entschuldigungen, ja sogar Anklagen, daß ihm beim letzten Arbeitsplatz »Steine in den Weg« gelegt wurden.

Daß diese Informationen von höchster Wichtigkeit für einen neuen Arbeitgeber sind, ebenso wie sie aus Bewerbersicht nicht in das Vorstellungsgespräch zwischen ihm und dem neuen Vorgesetzen hineingehören, liegt auf der Hand.

Hier kann es dem Interviewer mittels der offenen Fragetechnik erfolgreich gelingen, eine Barriere beim Bewerber zu durchbrechen. Der Befragte wird sich möglicherweise hinreißen lassen, mehr zu erzählen, als er ursprünglich wollte, mehr, als für ihn gut ist ...

Wenn diese Fragetechnik professionell angewandt wird, der so Befragte Raum und Zeit hat, ausführlich zu berichten, und der Interviewer zusätzlich die Ausführungen des Bewerbers gelegentlich durch ein freundliches aufmunterndes Gesicht, Kopfnicken und zustimmendes »Mmh« oder »ja, sehr interessant« begleitet, können in der Regel optimale Informationsgewinne erzielt werden. Gewinner ist dabei der Frager, Verlierer muß nicht der Befragte sein, es kommt darauf an, was er von bzw. über sich preisgibt.

Noch effektiver präsentiert man als Interviewer die eingangs formulierte Frage nach den persönlichen Schwierigkeiten am letzten Arbeitsplatz so:

Wie haben Sie es erfolgreich geschafft, persönliche Schwierigkeiten, die man Ihnen am letzten Arbeitsplatz gemacht hat, gut zu überwinden?

Zunächst: Wer wüßte nicht als Bewerber von solchen Problemen ein »Lied zu singen«. Trotzdem ahnen Sie ja bereits, wie heikel diese Frage ist.

Durch die gut vorgetragene und positiv verpackte, wohlwollend klingende Frage werden sich zwei Drittel der Bewerber verführen lassen, Dinge zu erzählen, die hier eigentlich auf keinen Fall erwähnt werden sollten. Das hängt natürlich auch mit der besonderen Drucksituation zusammen, die in einem Vorstellungsgespräch allemal gegeben ist.

Diese Fragetechnik stellt einen durchaus kritischen Sachverhalt (persönliche Schwierigkeiten) in den *Hintergrund* und verkauft deren erfolgreiche Überwindung dem Gefragten schmeichelhaft als gute Gelegenheit, sich selbst darzustellen. Dieser Art von Verführung fallen viele Bewerber anheim. Es wird versucht, die Aufmerksamkeit auf einen weniger heiklen Nebenkriegsschauplatz zu lenken – in diesem Fall auch noch positiv verpackt (Durchsetzungsvermögen). Dem zu entkommen, ist sicherlich nicht leicht, sollte aber unbedingt angestrebt werden.

Entscheidend bleibt, trotz aller frage- und gesprächstechnischen Raffinessen, was Sie über sich und Ihre Arbeit erzählen, was Sie preisgeben wollen. Das bedarf natürlich einer intensiven Vorbereitung und Reflexion.

Zur Problematik der heiklen Fragen finden Sie noch ausführliche Hinweise in nachfolgenden Kapiteln (ab S. 225): Umgang mit unangenehmen Einwänden gegenüber Ihrer Person, dem sogenannten Streß-Interview, und juristisch unzulässigen Fragen, die man Ihnen zumuten könnte (S. 228).

Kommen wir jetzt aber zu der ersten großen offenen Aufforderungsfrage zurück:

Wir wollen Sie gern kennenlernen. Erzählen Sie uns doch bitte mal etwas über sich.

Dieser so nett und harmlos vorgetragenen Bitte wird sich der Bewerber kaum entziehen können oder wollen, und er wird evtl. weit ausholen. Wer hier aber bei Adam und Eva, seiner frühesten Kindheit, Schul- und Ausbildungszeit etc. anfängt, um vielleicht nach 15 Minuten bei Höhepunkten seiner beruflichen Laufbahn anzukommen und dann noch willig sein Privat- und Familienleben offenbart, begeht nicht nur eine Art »seelischen Striptease« mit in der Regel verheerenden Auswirkungen, sondern langweilt »tödlich«, demonstriert, Wesentliches von Unwesentlichem nicht unterscheiden zu können etc.

Andere offene Fragen, z. B.

Was ist wichtig in Ihrem Leben?

sind immer in bezug auf den angestrebten Arbeitsplatz mit seinen Aufgaben zu beantworten und nicht etwa Gelegenheit, in epischer Breite Einblick in die Privatsphäre zu geben (obwohl dies durchaus Ziel der Frage, Wunsch des Fragestellers sein kann).

Was glauben Sie, macht es für einen Eindruck, wenn Sie als Hoffnungsträger für Führungsaufgaben auf diese Aufforderung hin anfangen, von Ihren Surferlebnissen bei Windstärke 6 auf dem Steinhuder Meer zu schwärmen, oder von Angelabenteuern an der Leine schwelgen.

Höflichkeit, Freundlichkeit, Blickkontakt, Bemühtheit und Interesse tragen wesentlich dazu bei, die Sympathiegefühle Ihres Gegenübers zu mobilisieren. Verlieren Sie aber beim Sprechen nicht die Kontrolle über den Rest Ihrer Person: wer mit der Hand vor dem Mund spricht, kann sich nur schwer verständlich machen, und wer sich alle Augenblicke nervös durchs Haar fährt, überzeugt nicht.

Auch wenn wir hier noch nicht weiter auf die Signale des Körpers eingehen, ist es bereits jetzt erwähnenswert, daß viele Personalchefs meinen, aus der Körpersprache Rückschlüsse auf die Persönlichkeit ziehen zu können (s. S. 245 ff.). Nur soviel: Die Körpersprache beeinflußt ebenfalls das Gespräch, und wenn Ihr Gegenüber bereits zum zweiten Mal gähnt, könnte dies ja vielleicht an Ihrem langatmigen Vortrag liegen.

Lassen Sie sich durch nichts provozieren, fragen Sie zurück, ob Sie eine Frage, die Ihnen merkwürdig vorkommt, richtig verstanden haben, und reagieren Sie mit Gelassenheit. Möglicherweise will man ja genau das herausbekommen, nämlich *wie* Sie reagieren, wenn man Sie persönlich angreift, kritisiert und/oder hinterfragt.

Wittern Sie aber andererseits nicht gleich hinter jeder Frage eine Falle. Es geht schließlich darum, Sie kennenzulernen. Wer möchte schließlich nicht gerne wissen, mit wem er es zu tun hat.

Und noch etwas sehr Wichtiges: Sprechen Sie nie schlecht über andere Menschen (z. B. frühere oder aktuelle Vorgesetzte, Kollegen, Mitarbeiter etc.), auch wenn Sie allen Grund dazu hätten. Hier geht es um die Überprüfung Ihrer Loyalität; das Plaudern aus dem Nähkästchen wird kein potentieller Arbeitgeber in dieser Situation honorieren.

Wichtig ist, daß Sie sich Techniken erarbeiten, die Ihnen bei schwierigen Fragen (s. Aufstellung S. 228) Zeitgewinn ermöglichen. Zum Beispiel bei der Frage:

Was machen Sie, wenn wir in der Probezeit feststellen, uns in Ihnen getäuscht zu haben?

Eine nicht ganz leichte Frage, warten Sie einige Sekunden, vermitteln Sie den Eindruck, nachzudenken:

»Mmh ..., habe ich Sie richtig verstanden? Sie wollen von mir wissen, wie ich in dem Fall ..., also wenn Sie sich für mich entschieden haben ..., wie ich mit dem Problem umgehe, in der Probezeit nicht Ihre Erwartungen getroffen zu haben ...«

Sehr wahrscheinlich wird jetzt Ihr Interviewer wieder das Wort ergreifen und – je nachdem, ob er mehr oder weniger Profi ist – seine Frage kurz oder ausführlich wiederholen. Nicht selten sogar bis hin zu sehr umfassenden, deutlichen Hinweisen, die Ihnen seine Frageintention verdeutlichen. Er könnte sogar direkt fragen, ob Sie daran denken würden, wieder zu Ihrer alten Firma zurückzugehen.

Nun wissen Sie, worum es geht, und können gezielt darauf eingehen. Ohne sich selbst zu schaden, könnten Sie auch so reagieren:

»Das ist eine interessante Frage. ..«

»Über diese Frage muß ich erst mal nachdenken ...«

»Zugegeben, mit dieser Frage habe ich mich noch nie beschäftigt ... Ist das jetzt sehr wichtig? Hängt davon ... ab?« usw.

Sie könnten aber auch auf eine noch allgemeinere Ebene ausweichen:

»In dieser Situation würden wohl viele Menschen so und so reagieren. Was meinen Sie? Würden Sie meine Einschätzung teilen ...?«

»Interessant! Ist so etwas bei Ihnen im Unternehmen in der letzten Zeit vorgekommen ... ?«

Wie und was Sie auch immer in dieser Situation antworten würden, die Beispiele sollen Ihnen zeigen, wie man auch mit schwierigen Fragen ganz gut fertigwerden kann.

Richtig argumentieren

Die Basisstrategie, die im Vorstellungsgespräch bei wechselseitiger Frage und Antwort zum Erfolg führt, ist:

- Sympathie, Vertrauen und Glaubwürdigkeit herzustellen
- Informationsdefizite abzubauen
- Übereinstimmungen deutlich werden zu lassen
- Ihre Person und Ihren Standpunkt überzeugend zu vertreten
- Den Gesprächspartner zur gewünschten Handlung zu veranlassen

Auch wenn man Sie nicht gleich mit unangenehmen Fragen konfrontiert: auf der Arbeitgeberseite bestehen in der Regel immer Bedenken, Vorurteile und Zweifel, mit denen Sie als Bewerber rechnen müssen. Wie gehen Sie damit um?

Hier bietet die sogenannte Fünfsatz-Argumentation ein gutes gedankliches Rüstzeug sowie nützliche praktische Hilfe und Orientierung. Sie leistet hervorragende Dienste, wenn Sie Ihre Statements situativ und hörerbezogen vortragen.

1. Benennen Sie klar und kurz Ihren Standpunkt: »Ich bin davon überzeugt, für die Aufgabe der richtige Kandidat zu sein.«
2. Präsentieren Sie Ihre Argumente: »Meine Qualitäten für diese Position sind ...« (Fähigkeiten, Kenntnisse, Erfahrungen ...)
3. Untermauern Sie dies durch Beispiele, Beweise: »Ich habe mit Erfolg z. B .... gemacht. Als Nachweis für ...kann ich anführen ...« usw.
4. Begegnen Sie möglichen Einwänden bzw. kommen Sie ihnen zuvor: »Sie werden jetzt denken ... Ich versichere Ihnen ...«
5. Ziehen Sie das Fazit: »Aus diesen Gründen (1 ..., 2 ..., 3 ...) traue ich mir die Aufgabe zu, und ich werde sie erfolgreich bewältigen.«

Berücksichtigen Sie bei dieser Vorgehensweise,

- daß Sie Ihre Munition, Ihre Argumente nicht zu früh »verschießen«,
- daß bei mehreren Argumenten das beste am Schluß, das zweitbeste am Anfang stehen sollte,
- daß sich Ihr Gegenüber anschließend auf das schwächste Argumentationsglied Ihrer Kette konzentrieren wird.

Nehmen Sie die Chance wahr, wirkungsvoll zu überzeugen. Das darf nicht bedeuten, den anderen »totzureden«. *Wie* Sie mit Einwänden umgehen, ist oftmals wichtiger und bringt mehr Sympathiepunkte als der vermeintliche argumentative Sieg. Begreifen Sie den vorgebrachten Einwand auch als Wunsch nach Verständnishilfe, und unterstützen Sie das Orientierungsbedürfnis Ihres Gesprächspartners.

Wie Sie Einwänden begegnen

Standardtechniken der Rhetorik sind die bedingte Zustimmung, die Umformulierungsmethode, die Verzögerungstechnik und die Vorteil-Nachteil-Methode.

Die bedingte Zustimmung:

Darunter versteht man das Herausgreifen eines Teilaspektes des vorgebrachten Einwands, dem man aus taktischen Erwägungen (bedingt) zustimmt, um daraufhin seinen eigenen Standpunkt um so besser zu präsentieren. Im Anschluß daran relativiert man den vorgebrachten Einwand nun insgesamt und gewinnt.

Beispiel: Der Interviewer wendet ein, Sie seien für die verantwortungsvolle Position vielleicht doch noch ein bißchen zu jung.

»Das ist ein wichtiger Punkt, den Sie da ansprechen. Sie haben recht. Ich bin XX Jahre alt. Sollte man aber die Vergabe dieser wichtigen Aufgabe alleine vom Alter des Bewerbers abhängig machen ... ?«

»Nein, das sicherlich nicht ...« wird die Antwort lauten ...

»Sehen Sie ... , ich bin ganz Ihrer Meinung. Es gibt da andere Kriterien, die ... Wir sind uns also darin einig, daß ... viel größere Bedeutung hat.«

Die Umformulierungsmethode:

Hierbei wird der Einwand durch eine (tendenziöse) Umformulierung weitestgehend entschärft.

»Wenn ich Sie richtig verstanden habe ... , kommt es Ihnen auf die Erfahrung und – sagen wir – Reife an, die für die zu besetzende Position auch eine wichtige Rolle spielt ... «

Jetzt können Sie wieder mit Ihren Erfahrungen argumentieren, andere Kriterien in den Vordergrund rücken, als wichtig herausstreichen etc.

Die Verzögerungstaktik:
Sie signalisieren, den Einwand verstanden zu haben, und bitten darum, zunächst noch dies und das sagen, erklären, zeigen, fragen zu dürfen, was Sie dann auch sofort tun und die ganze Sache möglichst voranbringt. In jedem Fall kommt das Gespräch zu einem anderen Punkt, der den vorherigen Einwand hoffentlich vergessen, nicht mehr interessant erscheinen läßt.

»Eine interessante Frage, kann ich aber zunächst noch einmal darauf hinweisen, daß ... «

Die Vorteil-Nachteil-Methode:

»Ich habe Sie doch richtig verstanden – bitte korrigieren Sie mich, wenn ich damit jetzt falsch liege – Sie meinen also, das Alter sei für diese Position von Bedeutung. – Da gebe ich Ihnen natürlich recht. Der Vorteil eines jüngeren Kandidaten liegt bei ..., der Nachteil eines älteren bei ...Aus meiner Sicht ist der Vorteil eines älteren ..., der Nachteil eines jüngeren aber nicht so gravierend, so daß ich hier den Standpunkt vertreten möchte: der Vorteil eines jüngeren Kandidaten überwiegt doch ganz deutlich ...und ist natürlich auch abhängig von anderen Faktoren wie z. B ...«

Hier wird scheinbar der gebotene Einwand aufgenommen, Vor- und Nachteile werden abgewogen. Da Sie das selbst formulieren, liegt das Ergebnis in Ihrer Hand und ist gut steuerbar. Dies hilft, Ihre Position auszubauen, und mit dem Beispiel führen Sie – nicht völlig uneigennützig – gleich weiter zu anderen Argumenten.

Wie kommen Sie aber mit wirklich unangenehmen Fragen klar, wie verhalten Sie sich gegenüber Einwänden zu Ihrer Person?

Umgang mit unangenehmen Fragen

Welche Fragen fürchten Sie im Vorstellungsgespräch? Machen Sie sich vorab eine Liste unangenehmer Fragen (sogenannte Angstfragen), und versuchen Sie, wie bei den anderen Themen auch, sich Antwortmöglichkeiten vorab zu überlegen.

Reagieren Sie z. B. sehr zurückhaltend auf die Frage:

- **Was spricht gegen Sie als Bewerber für diese Aufgabe?**

Denken Sie daran, wie meisterhaft es Politiker verstehen, auf unangenehme Fragen zu antworten. Da wird z. B. die Frage nach der Erklärung für eine erdrutschartige Wahlniederlage damit beantwortet, daß man sich zunächst einmal ganz herzlich bei den Wählerinnen und Wählern sowie den vielen Helfern für die außergewöhnliche Unterstützung bedankt und sich dann beklagt, wie aggressiv der Wahlkampf doch von der Gegenseite geführt wurde.

Heben Sie an dieser Stelle – bei der Frage, was gegen Sie als Bewerber spricht – eher noch einmal hervor, was *für* Sie spricht und bieten Sie nach theatralischem, wohlkalkuliertem Zögern ein, maximal zwei Punkte an, die aber nicht wirklich überzeugend gegen Sie sprechen.

»Beliebte« Standardeinwände gegen Bewerber sind: Zu alt, zu jung, zu wenig erfahren, zu teuer, über- oder unterqualifiziert, zu lange am gleichen Arbeitsplatz, zu oft gewechselt, keine Auslandserfahrung, falsches Geschlecht, zu häufig krank (wird eher gedacht als ausgesprochen), zu kritisch, zu schüchtern, falsche (auch ehemalige) politische Überzeugung und/oder Parteizugehörigkeit usw., mal eben das eine und dann auch wieder das genaue Gegenteil. In diese Kategorie gehören auch Fragen wie:

- **Was würden Sie machen, wenn ...?**

  Und dann folgen Horror- oder Katastrophenszenarien, fast unlösbare Aufgaben und Situationsbeschreibungen, die Sie gleich so aus dem Stegreif lösen oder doch wenigstens bearbeiten sollen.

Was immer man gegen Sie einwendet (wenn überhaupt offen), es kommt darauf an, wie Sie damit umgehen. Manche Interviewer leiten einen solchen Provokationstest mit den Worten ein:

- **Was würden Sie sagen, wenn wir Ihnen den Arbeitsplatz nicht anbieten, weil ...**

  Hier empfiehlt sich etwa folgende Strategie:

  »Darauf würde ich Ihnen antworten, daß ich Ihr Argument einerseits verstehe, andererseits aber doch anführen oder bemerken möchte, daß ...«

  Im Grunde genommen geht es bei einer derartigen Fragetechnik immer darum, zu sehen, ob und wie Sie Gelassenheit bewahren und mit solchen Fragen, Bemerkungen und Feststellungen sachlich-professionell umgehen können.

Wirkliche Einwände gegen Ihre Person wird man nie direkt mit Ihnen diskutieren. Also ist das alles nur Teil des Gesamtschauspiels »Vorstellungsgespräch«, und Sie sollten an diesem Punkt nicht verzweifeln. Hier gilt es eher, Chancen zu nutzen; Sie wissen ja nun, worauf es eigentlich ankommt.

Manchmal kann es auch sinnvoll sein, z. B. den Vorwurf, Sie hätten zu häufig gewechselt, einfach zu akzeptieren und nicht krampfhaft zu versuchen, sich herauszureden. Offenheit kann sehr entwaffnend wirken.

Das Streß-Interview

Manche Bewerbungsgespräche sind teilweise als »Streß-Interview« angelegt: In einer Art Kreuzverhör werden Sie mit einer Reihe von unangenehmen und unerwarteten Fragen in die Ecke getrieben und stark verunsichert. Alles ist darauf angelegt, Ihr Selbstbewußtsein zu erschüttern. Eine Lawine von Beschuldigungen, Sarkasmus, Zynismus, Ironie und hin und wieder ein Kompliment soll Sie aus der Fassung bringen. Kompliment übrigens nur deshalb, damit Sie, eigentlich fast der Ohnmacht nahe, nicht einfach davonlaufen oder schlicht umkippen. Oft fehlt bei diesen Attacken jeder Bezug zum potentiellen neuen Arbeitsplatz.

Nach einer »Anwärmphase« – sie dient der Entspannung und der Bereitschaft, sich dem interviewenden Gesprächspartner zu öffnen – wird ganz gezielt versucht, Sie unter Druck zu setzen.

Behauptet nun Ihr Gegenüber im Gespräch, Ihre gesamten bisherigen Aussagen und Angaben seien »geschönt« oder noch krasser: »erstunken und erlogen«, man sollte doch jetzt einmal »Klartext miteinander reden«, ist dies möglicherweise der Gong zur ersten Runde.

Wie reagieren Sie darauf? Bloß nicht zu heftig. Bleiben Sie sachlich, gelassen, und warten Sie ab. Versuchen Sie, alle Fragen so knapp wie möglich zu beantworten, und stehen Sie auch unangenehme Schweigepausen durch, schweigen Sie mit. Dazu ein Beispiel:

Interviewer: »*Finden Sie nicht eigentlich auch, daß Sie für diese Position viel zu unerfahren sind, ohne ausreichende Kompetenz?*«

Antwort: »*Nein, da bin ich anderer Meinung.*« (Und abwarten, nur nicht aus Verunsicherung, Verzweiflung anfangen, zu argumentieren.)

Interviewer: »*Ich habe den deutlichen Eindruck gewonnen, daß man in Ihrer Abteilung recht froh wäre, wenn Sie die Firma verlassen würden.*«

Mögliche Antwort Ihrerseits: »*Das ist Ihr subjektiver Eindruck. Ich weiß nicht, wie Sie dazu kommen. Ich sehe das anders*« (und STOP, nicht weiterplappern!).

Interviewer: »*Sie haben sich doch nun jahrelang vor der Lösung konkreter Probleme gedrückt. Wie glauben Sie denn jetzt, mit den bei uns auf Sie wartenden praktischen Aufgaben und den damit verbundenen Schwierigkeiten klarzukommen?*«

Mögliche Antwort: »*Ich teile nicht Ihre Einschätzung bezüglich meiner Erfahrung im Umgang mit konkreten Problemen. Und was den Arbeitsplatz anbetrifft, traue ich es mir sehr wohl zu, die anstehenden Probleme konkret zu lösen.«*

Interviewer: »*Sie vermitteln den Eindruck, recht unbeherrscht und impulsiv zu sein. Das macht Ihnen doch sicherlich häufig Schwierigkeiten?«*

Ihre mögliche Antwort: »*Ich weiß nicht, wie Sie darauf kommen, aber damit habe ich in der Regel keine Schwierigkeiten.«*

Interviewer: »*Na, sehen Sie, Sie sagen es selbst. In der Regel. Es gibt also doch Ausnahmen.«*

Ihre mögliche Antwort: »*Eigentlich nicht, aber wie Sie selbst sagen, Ausnahmen gibt es natürlich schon mal.«*

Diese Dialog-Kostprobe sollte Ihnen kurz und knapp Tendenzen und Antwortmöglichkeiten aufzeigen. Ein geschulter Streß-Interviewer wird Ihnen kaum die Möglichkeit lassen, »unverletzt« aus so einer Situation herauszukommen.

Wenn Sie sich aber von vornherein darüber im klaren sind, daß diese Fragen nur der Provokation dienen, verletzen sollen, um Sie zum Äußersten zu bringen, dann können Sie entsprechend gelassen, ruhig und defensiv reagieren. Sollten Sie das zu sehr übertreiben, also zu cool bleiben, wird es natürlich noch stärkere Provokationen geben.

Möglicherweise erreicht das Gespräch – aber bitte nicht zu früh – einen Punkt, an dem Sie sich Frechheiten, Unterstellungen etc. von Ihrem Gegenüber in angemessener, aber noch immer relativ höflicher Form verbitten sollten. Es ist ab einem bestimmten Zeitpunkt notwendig, angemessen aggressiv – immer noch höflich! – zu reagieren, um damit auch zu zeigen, daß man in der Lage ist, sich abzugrenzen.

Neben der gezielten Methode, jemanden durch provokative und beleidigende Fragen zu kränken und aus der Reserve zu locken, versuchen manche Interviewer, den Bewerber durch extreme Passivität auflaufen zu lassen.

Lange Schweigepausen des Interviewers oder eine abwartende, desinteressierte Haltung soll:

a) Sie in Zugzwang bringen, viel zu reden und damit möglichst etwas von sich zu erzählen und preiszugeben,

b) Ihr Verhalten – auch körpersprachlich (s.S. 245 ff.) – in einer Schweigesituation testen, Ihre Streßresistenz prüfen.

Halten Sie durch. Sollte man Sie plötzlich mit dem Vornamen anreden bzw. zum Du übergehen, bringen Sie Ihr deutliches Befremden darüber zum Ausdruck. Wenn dies den Interviewer nicht veranlaßt, zum europäischen Mittelmaß der Umgangshöflichkeit zurückzufinden, verlangen Sie für sich umgekehrt die gleichen Rechte, und drücken Sie nochmals Ihr deutliches Befremden aus. Bleiben Sie letztendlich trotzdem beim Sie (und – wie bereits des öfteren empfohlen – vor allem gelassen).

Auch Fragen wie:

»Wo sind Ihre größten Schwächen?« oder

»Falls Sie überhaupt Freunde haben, wie kommen die eigentlich mit Ihnen klar?«

müssen Sie mit Gleichmut ertragen. Fängt man an, Ihnen Dummheit zu unterstellen, etwa nach dem Motto

»Sie bewerben sich hier um eine Position – ist die nicht wirklich drei Nummern zu groß für Sie?«

dürfen Sie ruhig darauf hinweisen, daß man sich mit Ihnen nicht diese Mühe geben würde, wenn man von vornherein davon überzeugt gewesen wäre, Sie würden in diese Position nicht passen.

Noch ein Provokationsbeispiel:

Interviewer: *»Eigentlich sitzen mir hier auf diesem Platz nur Leute gegenüber, die wirklich exzellente Leistungen aufzuweisen haben. Sie können in dieser Hinsicht nicht viel vorweisen. Sicherlich haben Sie andere Qualitäten, sonst hätten Sie sich ja wohl nicht bei uns beworben? Nun, die Zeit ist knapp, am besten Sie berichten mir etwas über sich. Ich werde Sie nicht unterbrechen.«*

Sogar auf so eine derartige offene Frage kann man sich vorbereiten. Sie sollten immer in der Lage sein, 10-15 Minuten den Alleinunterhalter zu spielen und dabei wirklich nicht zu langweilen. Das sind Sie sich einfach schuldig. Aber erwarten Sie bitte nicht ein interessiertes, begeistertes Gesicht von Ihrem Gegenüber. Der wird sich alle Mühe geben, furchtbar gelangweilt dreinzuschauen. Macht nichts, ein Streß-Interview eben!

Unser Tip:

Wichtig ist es, daß Sie die Ruhe bewahren und gelassen bleiben, möglichst kurz und knapp antworten, aber nötigenfalls auch darauf hinweisen, daß es auch für Ihre Toleranz und Geduld Grenzen gibt. Schweigepausen oder -momente ertragen Sie in freundlicher Gelassenheit.

Zeigen Sie aber auch, daß Sie sich abgrenzen können; freundlich, aber bestimmt können Sie sich verweigern und beispielsweise Intimfragen deutlich zurückweisen. Denn: Lassen Sie alles widerspruchslos mit sich machen, bekommen Sie dafür keinesfalls Pluspunkte. Machen Sie klar, daß der Interviewer mit diesen Fragen über das Ziel hinausschießt und Sie nicht gewillt sind, weiter hierauf einzugehen. Bleiben Sie trotz aller Abgrenzung gelassen und relativ freundlich. Stehen Sie nicht einfach auf, verlassen Sie nicht den Raum, denn das würde man Ihnen als Niederlage, als Aufgeben und Flüchten ankreiden, der Job wäre für Sie verloren.

Und noch etwas: Unternehmen oder Personalberater, die dieses Verfahren praktizieren, sind für Sie möglicherweise nicht die richtige Arbeitsadresse. Machen Sie sich deutlich, was Ihnen unter Umständen erspart geblieben ist, wenn Sie auf einen Arbeitsplatz bei einem solchen Arbeitgeber verzichten.

Andererseits sollten Sie nicht jede kritische Frage als den Beginn eines Streß-Interviews mißverstehen. Begegnen Sie Ihrem Interviewpartner nicht von vornherein mißtrauisch. Streß-Interviews sind Gott sei dank nicht die Regel, eher eine Ausnahme. Ein normales Interview mit einem Streß-Interview zu verwechseln kann Ihrem Arbeitsplatzwunsch ebenso abträglich sein wie eine unangemessen angepaßte oder aggressive Haltung in einem wirklichen Streß-Interview.

Ein Streß-Interview bei der Lufthansa erlebte ein promovierter (Doppelstudium) berufs- und auslandserfahrener 40jähriger Manager. Er bewarb sich um eine Position im mittleren Management und wurde zunächst zu einem Test eingeladen.

Da galt es, Tabellen und Statistiken zu interpretieren und logische Schlußfolgerungen zu ziehen (»Alle Bleistifte sind Würmer. Würmer können fliegen. Also: Alle Bleistifte können fliegen – richtig oder falsch?«). Außerdem waren – so berichtete er uns weiter – Satzergänzungs- und Textanalyseaufgaben, Schätzaufgaben, Zahlenmatrizen, -reihen und -systeme zu bearbeiten. Alles erinnerte ihn eher an Tests für Bewerber im Bereich der Computer- und Informatikbranche. Nach 2 Teststunden: Mittagspause.

Dann folgte der sogenannte 16 PF-Persönlichkeitstest mit der berühmt-berüchtigten Frage, ob man lieber Bischof oder Oberst wäre, und der aktuellen politischen Frage, ob man besser auf Entspannungspolitik oder die nationale Verteidigungsbereitschaft setzen sollte. Der Lufthansa-Psychologe meinte, man sei selbst nicht so glücklich über diesen Test, aber es gebe keinen besseren, schließlich habe man sich alles angeschaut, was auf dem Testmarkt verfügbar sei. (Aufgrund einer intensiven Auseinandersetzung mit unserer Testkritik führt die LH den 16 PF seit einiger Zeit nicht mehr durch.)

Zwischendurch wurden Mitbewerber (z.T. bereits LH-Mitarbeiter), die sich für ganz unterschiedliche Positionen beworben hatten, aber offenbar alle das gleiche Testverfahren absolvierten, zum Vieraugengespräch herausgerufen.

Das etwa einstündige Gespräch schildert uns unser Informant als durch und durch unerfreulich, verbunden mit der Vermutung, daß er wohl bis zum äußersten provoziert werden sollte, um zu sehen, wie er sich in einer Streßsituation verhält und inwieweit er dabei aus der Fassung gerät:

»Ich habe mich behandelt gefühlt wie der letzte Dreck, als ob ich ein unredliches Anliegen hätte. Immer wieder bin ich im Gespräch gekränkt und gedemütigt worden, und ich fragte mich, wie lange ich diese stark provozierende Umgangsweise noch aushalten werde.

Während des ganzen Gesprächs versuchte ich trotzdem, freundlich und gesprächsbereit zu bleiben, obwohl es in mir anders aussah. Ich habe einfach durchgehalten und gedacht: Den Gefallen, zu explodieren, tue ich ihm, dem Personalmenschen, nicht.

Gegen Ende wurde ich noch auf eine ganz zynische Art und Weise gefragt, ob ich vielleicht überhaupt mal erklären könnte, wie ein Flugzeug fliegt. Obwohl mein Arbeitsplatz klar der Schreibtisch und keinesfalls das Cockpit gewesen wäre, hatte ich mit dieser Frage gerechnet und mich vorbereitet.

Nach dem Gespräch wurde der Interviewer von der Personalabteilung geradezu schlagartig freundlich und zugewandt, als ob eine Maske von ihm abfiel. Dies nutzte ich dazu, ihm nun meinerseits mal eine Frage zu stellen: ›Wissen Sie, warum die Lufthansa die Farben Blau und Gelb für sich gewählt hat?‹ Er mußte passen.«

Auf unangenehme Fragen müssen Sie also unbedingt gut vorbereitet sein. Sie selbst wissen am besten, was für Sie heikle, schwierige Fragen bzw. Themen sein könnten. Auch wenn Sie nicht alle Fragen vorwegnehmen oder vorbereiten können: es kommt darauf an, eine generelle Beantwortungsstrategie und Umgangsweise für sich zu entwickeln, um mit diesen Themen gut fertigzuwerden.

Wichtig: Verwechseln Sie nicht gleich zwei, drei unangenehme Fragen mit der Situation eines Streß-Interviews, und grenzen Sie auch ab, was man unter juristisch unzulässigen Fragen versteht (dazu mehr auf S. 215 ff.).

Generell: Wer fragt, sollte auch eine Antwort bekommen. Bestimmen Sie aber, was Sie sagen, erzählen wollen. Lassen Sie sich nicht »verführen« oder dazu hinreißen, Dinge auszuplaudern, die Sie eigentlich nicht mitteilen wollten. Gehen Sie in schwierigen Situationen diplomatisch vor, bewahren Sie Haltung und Gelassenheit. Das Motto könnte lauten: Kontrollierte Spontaneität.

Die wichtigsten Bewerber-Verhaltensregeln für das Frage- und Antwort»spiel«:
- hören Sie aufmerksam, konzentriert zu,
- halten Sie angemessenen Blickkontakt,
- beobachten Sie genau (ohne zu mustern),
- überlegen Sie, bevor Sie antworten, nehmen Sie sich die Zeit,
- scheuen Sie sich nicht, nachzufragen,
- reden Sie lieber etwas weniger als zuviel,
- lassen Sie Ihren Gesprächspartner (aus-)reden,
- warten Sie ab, stehen Sie auch mal eine kleine Gesprächspause durch,
- seien Sie lieber etwas mehr zurückhaltend als zu wenig,
- beherrschen Sie Ihre Gestik und Mimik,
- bleiben Sie sachlich, ruhig, geduldig und gelassen.

Bedenken Sie: Versuchen Sie nicht, perfekt zu erscheinen, räumen Sie auch ruhig mal ein, etwas nicht zu wissen, getan oder bedacht zu haben. Präsentieren Sie sich bloß nicht rechthaberisch oder kleinkariert. Vielleicht gelingt es Ihnen, die wichtigsten Regeln der Körpersprache (s. S. 245 ff.) zu berücksichtigen.

Es gibt sicherlich einige unangenehme Fragen, mit denen Sie im Vorstellungsgespräch konfrontiert werden könnten. Einen Teil haben wir Ihnen schon vorgestellt. Sie selbst wissen sicherlich weitere Fragen.

Die folgende Kurzübersicht über unangenehme Fragen sollte nun durch speziell für Sie heikle Themen ergänzt werden: Jeder ist woanders verletzbar und angreifbar.

- Warum sollten wir gerade Ihnen diese Position anbieten?
- Was spricht gegen Sie als Kandidat?
- Was sind Ihre Schwächen, Nachteile, Defizite?
- Was haben Sie alles in Ihrem (Berufs-)Leben trotz guter Vorsätze (noch) nicht erreicht?
- Ihr größter (beruflicher) Mißerfolg, Ihre größte Enttäuschung etc.?
- Was haben Sie daraus gelernt, welche Konsequenzen gezogen?
- Wovor fürchten Sie sich?
- Was kann Sie so richtig ärgerlich machen?
- Was mögen Sie nicht, schätzen Sie bei ... nicht, haben Sie Schwierigkeiten

mit ... (bei der Arbeit, am Arbeitsplatz, tätigkeits- und personenbezogen bei Kollegen, Mitarbeitern, Vorgesetzten, sich selbst)?
- Stellen Sie uns aus Ihrer beruflichen Laufbahn (aus Ihrem Werdegang, Leben) negative (Anti-)Vorbilder vor, und erklären Sie ...
- Was würden Sie in Ihrem (Berufs-)Leben anders machen, wenn Sie es könnten (wenn Sie noch mal von vorn anfangen könnten).
- Was wollen Sie wann und wie (beruflich) in Ihrem Leben erreicht haben?
- Was sind Ihre persönlichen (beruflichen) Ziele, Ihr Motto (bis hin zum Sinn des Lebens)?
- Wie definieren Sie für sich die Begriffe: Führung, Verantwortung, Schwäche, Leistung etc.?
- Wie sollte Ihr Stellvertreter sein?
- Worin sollte er Sie ergänzen? Was sollte er haben, vorweisen, was Sie nicht haben?
- Was machen Sie, wenn wir Sie nicht nehmen?
- Was würden Sie tun, wenn Sie nicht mehr arbeiten müßten?

Natürlich könnten Ihnen auch positiv gefärbte und formulierte Fragen durchaus Schwierigkeiten machen: z. B. nach Ihren persönlichen Vorbildern, Ihrem größten Erfolg, was Sie auszeichnet usw. Und auch die sich daraus ergebenden Nachfragen (warum? wieso?) können es in sich haben.

Wenn's ums Geld geht – die richtige Strategie

Gerade bei der Suche nach Führungskräften setzen Arbeitgeber oft ein zweites, wenn nicht sogar ein drittes Vorstellungsgespräch an. Hier geht es darum, noch offene Fragen ausführlich abzuklären, noch einen fundierteren persönlichen Eindruck zu bekommen und Sie als Kandidaten Ihren potentiellen Kollegen vorzustellen, um auch ggf. deren Meinung mit zu berücksichtigen.

Jetzt geht man schon mehr in die wirklichen Details, und sehr bald ist auch der Zeitpunkt erreicht, an dem die Gehaltsfrage intensiver erörtert wird.

Geschickte Gesprächsführung Ihrerseits, neue interessante Fragen, Ihre angemessen zunehmende Bereitschaft, etwas mehr von Ihrer Privatseite zu zeigen, können Ihre Position im kleinen Kreis der wichtigsten Bewerber stärken. Oftmals werden erst in dieser zweiten Runde die Arbeitsbedingungen und

Gehaltsfragen richtig verhandelt. Seien Sie also informiert, was man für die Position, für die Sie sich bewerben, in der Regel an Gehalt erwarten kann. Je nachdem, welche Qualifikation, vielleicht sogar Vorerfahrung Sie einbringen und welche zukünftige Leistung Sie glaubwürdig in Aussicht stellen, werden sich Ihre Gehaltswünsche realisieren lassen.

Zeigen Sie aber auch bei den Gehaltsverhandlungen Besonnenheit, und vermitteln Sie nicht den Eindruck, daß es Ihnen nur ums Geld geht. Beide Seiten – Arbeitgeber und Arbeitnehmer – müssen einen tragbaren Kompromiß in der Gehaltsfrage finden. Vereinbaren Sie beispielsweise, daß nach einer Einarbeitungsphase (halbes/dreiviertel Jahr) Ihr Gehalt automatisch um x Prozent angehoben wird.

Verdeutlichen Sie sich und Ihrem Arbeitgeber in jedem Fall: Sie sind nicht bereit, Ihre Arbeitsleistung unter Wert zu verkaufen. Den richtigen Preis für Ihre Leistung zu bestimmen, gehört mit zu den wichtigen Vorüberlegungen. Daß es da unterschiedliche Auffassungen geben kann, liegt in der Natur der Sache.

Bevor Sie sich in eine Gehaltsverhandlung begeben, hilft es Ihnen, wenn Sie sich mit den folgenden Überlegungen intensiv auseinandergesetzt haben. Dazu beantworten Sie am besten die folgenden 14 Fragen schriftlich. Sie haben den größten Nutzeffekt, wenn Sie jetzt nicht erst einmal überblicksartig alle Fragen kurz anlesen, sondern Frage für Frage hintereinander schriftlich beantworten.

Am besten, Sie holen sich gleich Papier und Stift und einen Extrabogen zum Abdecken der weiteren Fragen, um wirklich die nächste Frage erst dann zu lesen, wenn Sie die vorhergehende beantwortet haben. Auf diese Weise wird das Ergebnis, Ihr Lern- und Bewußtseinsgewinn um ein Vielfaches größer und damit effektiver sein, und Sie werden bei Ihren bevorstehenden Verhandlungen stärker davon profitieren.

1. Welches Jahresbruttoeinkommen wünschen Sie sich realistischerweise?
2. Womit/wodurch rechtfertigen Sie diese Summe?
3. Welches Jahresbruttoeinkommen erzielen Sie derzeit?
4. Wie hoch ist die Differenz zwischen Ihrem jetzigen und dem von Ihnen realistisch erwünschten Jahresbruttoeinkommen?
5. Wie erklärt sich aus Ihrer Sicht die Differenz?
6. Wie aus der Sicht Ihres jetzigen Arbeitgebers?
7. Womit/wodurch ist aus Ihrer Sicht die Steigerung Ihres Einkommens gerechtfertigt?

8. Wieviel Geld geben Sie monatlich aus, d.h. wie hoch sind im Durchschnitt Ihre monatlichen Lebenshaltungskosten?
9. Wieviel Geld bräuchten Sie monatlich zur freien Verfügung (also netto auf Ihrem Privatkonto), um einigermaßen ordentlich über die Runden zu kommen? Keine Großanschaffungen oder Sparbeträge wären in dieser Summe enthalten, aber alles sonst, was Sie und Ihre Lieben für einen Monat zum Leben bei mittlerem Standard bräuchten.
10. Wieviel haben Sie derzeit monatlich für Ihren Lebensunterhalt zur Verfügung?
11. Wie hoch ist die Differenz zwischen real verfügbarer und realistisch gesehen benötigter Monatsnettosumme?
12. Korreliert die Netto-Differenz mit dem von Ihnen realistisch gewünschten und angestrebten Jahresbruttoeinkommen – nach entsprechender Umrechnung auf Monats-Netto-Basis?
13. Was, glauben Sie, muß Ihr Arbeitgeber an Gesamtkosten im Jahr allein für Ihre Beschäftigung aufwenden?
14. Was schätzen Sie, bringen Sie mit Ihrer Arbeitskraft dem Unternehmen an jährlicher Einnahme?

Sicher werden sich bei der Beantwortung der einen oder anderen Frage Unsicherheiten, Verwirrungen einstellen. Aber besser, Sie sind vielleicht jetzt ein bißchen verwirrt und gehen dieser Verunsicherung nach, als wenn Ihnen so etwas in der Gehaltsverhandlung passiert. Also besser jetzt darum kümmern als später, wenn es auf die volle Konzentration Ihrer Überzeugungskräfte und die damit möglichst einhergehende Unbeirrtheit ankommt. Also, was irritiert Sie, läßt in Ihnen Unsicherheit und/oder Verdruß aufkommen?

Erst wenn Sie diese Fragen beantwortet und sich mit den daraus resultierenden Problemen beschäftigt haben, sollten Sie weiterlesen, was es mit den Hintergründen der Fragen auf sich hat.

Zu:

1. Was meinen Sie selbst? Realistisch betrachtet zu hoch oder zu niedrig?
2. Zufrieden mit der eigenen Argumentation? Überzeugend? Wenn nicht, was wären bessere, überzeugendere Argumente?
3. Diese Zahl kennen Sie, oder? Ist es auch die richtige, sind alle Extras berücksichtigt?
4. Richtig gerechnet? Und wie groß ist die Differenz?

5. Gibt es für Sie plausible Gründe, die den Unterschied rechtfertigen? Können Sie dafür etwas tun?
6. Wie würde die Erklärung Ihres Arbeitgebers aussehen, und was meinen Sie zu diesen Argumenten?
7. Zufrieden mit Ihren Argumenten, oder lassen sich noch bessere, substantiellere finden?
8. Wie gut wissen Sie über Ihre wirklichen Ausgaben Bescheid? Die meisten unserer Seminarteilnehmer wußten nicht so richtig, was sie durchschnittlich im Monat ausgeben.
9. Wofür benötigen Sie dieses Mehr an Geld? Und wie wichtig ist Ihnen das?
10. Wissen Sie es wirklich? Und wie kommen Sie damit klar? Für den Fall, daß es beim Auskommen mit dem Einkommen Probleme gibt: benennen Sie diese so präzise wie möglich. Was sind die Ursachen?
11. Ist die Differenz realistisch erreichbar oder nicht?
12. Ist das rein rechnerisch sauber, oder gibt es da auffallende Abweichungen, z.B. in Richtung viel mehr Gehalt als man monatlich eigentlich bräuchte oder umgekehrt?
13. Ihr Bruttogehalt plus 50 bis 100% rechnen Experten.
14. Können Sie den Gewinn beziffern, den Sie »Ihrem Unternehmen« erwirtschaften? Versuchen Sie sich Klarheit zu verschaffen, es stärkt Ihr Selbstbewußtsein.

Sind Sie sich über diese Fragen und deren Hintergründe im klaren, dann sind Sie viel besser präpariert für die anstehenden Gehaltsverhandlungen.

»Wie hoch ist denn Ihr jetziges Einkommen?« fragt der Personalchef den Bewerber nach etwa 45 Minuten Gesprächsdauer. Dieser hatte sich auf das Stellenangebot einer international tätigen technischen Beratungsgesellschaft gemeldet, die einen Diplomingenieur als Assistenten der Geschäftsleitung suchte. Im Anzeigentext wurden 100.000 DM Gehalt p.a. angeboten. Nicht zu Unrecht befürchtet der Bewerber, daß bei Nennung seines jetzigen Gehalts – knapp 70.000 DM, also 1/3 weniger als das Angebot dieses potentiellen Arbeitgebers – Zweifel an ihm als Kandidaten für die neue gehobene Position auftauchen würden.

Die 70.000 DM Jahresgehalt waren für den Bewerber mit ein wichtiger Grund, sich nach einer neuen, besser bezahlten Position umzuschauen. Damals, vor viereinhalb Jahren, noch quasi als Berufsanfänger, zwei Jahre nach dem Hochschulabschluß, schien ihm die Bezahlung nicht so wichtig. Insbesondere das Aufgabengebiet bei der jetzigen Firma fand er seinerzeit attraktiv und den Einstieg wert.

Aufgrund verschiedener Einflüsse und Entwicklungen war für ihn jetzt der Zeitpunkt gekommen, sich nach einer neuen Position in einem anderen Unternehmen umzusehen. Dem Bewerber war klar, daß er sich mit der Frage auseinanderzusetzen hatte, wieso er bisher für lediglich 70.000 DM p.a. gearbeitet habe. Er befürchtete nicht ohne Grund, daß die Konsequenz daraus bedeuten könnte, mit 80-90.000 DM bei einem Wechsel »eingekauft« zu werden. 100.000 DM lagen also sehr deutlich über dem, was neue Arbeitgeber in der Regel in Relation zum vorherigen Gehalt zu zahlen bereit sind.

»Unzulässig ist ... die Frage nach der früheren Arbeitsvergütung (sie dient ja unter anderem dazu, eventuelle Lohnansprüche des Bewerbers zu dämpfen)«, so Eckehart Stevens-Bartol, Richter am Bayerischen Landessozialgericht (vgl. S. 216).

Verrate mir dein Jahreseinkommen, und ich sage dir, was du wert bist. Nicht selten versucht der potentielle Arbeitgeber, durch direktes Erfragen das aktuelle Gehalt, die Jahresbezüge des Bewerbers in Erfahrung zu bringen. Hintergrund ist die Überlegung, daß ein Kandidat mit bisher 70.000 DM Jahreseinkommen nicht unbedingt auf einen Schlag einen so großen Gehaltssprung zu machen braucht, daß er jetzt 100.000 DM im Jahr verdient.

Dieser Kandidat – so der Gedankengang – wäre wahrscheinlich auch mit einer Steigerung auf 80 – 90.000 DM zufrieden und damit für den Arbeitgeber »preisgünstiger« als ein anderer Bewerber. Darum findet sich in Stellenangeboten auch häufig der Hinweis, man möge sich in seinem Bewerbungsschreiben zu seinen Gehaltsvorstellungen äußern.

Aber nicht nur bei einer größeren Differenz zwischen dem aktuellen Gehalt des Bewerbers und der ggf. neuen Position zugunsten einer deutlichen Gehaltsverbesserung gibt es Probleme, sondern speziell im umgekehrten Fall: Wenn also ein Bewerber aktuell z. B. 100.000 DM im Jahr verdient, sich nun aber, aus welchem Grund auch immer, neu orientieren möchte und auf ein Stellenangebot meldet, das pro Jahr 90.000 DM in Aussicht stellt, also 10.000 DM weniger, tauchen ganz besondere Probleme auf.

Der potentielle Arbeitgeber wird sich über diesen freiwilligen Gehaltsverzicht wundern und den Bewerber möglicherweise nicht in die engere Wahl ziehen, da er davon ausgeht, daß bei einer Gehaltsverschlechterung die Motivation des Arbeitnehmers zu wünschen übriglassen könnte.

Nun mag es sowohl für den Arbeitnehmer als auch für den Arbeitgeber gute Gründe geben, die diese Annahme bestätigen. Verallgemeinern sollte man sie aber besser nicht. Sind Sie als Arbeitnehmer in der schwierigen Situation, wechseln zu wollen und auch gerne einen gewissen Gehaltsabschlag dafür in Kauf zu nehmen, gehen Sie davon aus, daß man Ihnen mit Mißtrauen begegnet. Ein sogenannter Gehaltsabstieg ist unbedingt erklärungsbedürftig.

Es gibt also gute Gründe, einem potentiellen neuen Arbeitgeber sein aktuelles Gehalt nicht sofort und detailliert zu offenbaren.

»Wie hoch ist Ihr Einkommen zur Zeit?« fragt der Personalchef den Bewerber.

»Ich kann mir gut vorstellen, mit den von Ihnen im Inserat angebotenen 100.000 DM p.a. zunächst auszukommen«, antwortet der Bewerber.

»Wie darf ich das verstehen, wie meinen Sie das?« fragt der Personalchef, der das »zunächst« nicht überhört hat.

»Wenn ich gesagt habe ›zunächst‹, dann gehe ich davon aus, daß sich im Laufe der Zeit vielleicht doch Gehaltserhöhungen ergeben werden.«

»Aber sicher doch, selbstverständlich«, bemerkt der Personalchef und setzt noch einmal nach: *»Wie sieht denn Ihr aktuelles Monatseinkommen aus?«*

»Nun also, meine Jahresbezüge bei meinem jetzigen Arbeitgeber unterscheiden sich schon etwas von dem, was Sie in Ihrem Angebot benannt haben. Gibt es bei Ihnen im Hause bereits Vorstellungen, wann Sie bereit wären, über eine Gehaltsverbesserung nachzudenken?«

Wieder ist der Personalchef beschäftigt und hoffentlich abgelenkt. Es ist nicht unwahrscheinlich, daß es dem Bewerber auf diese Weise gelingen könnte, das Gespräch von der Frage nach seinen aktuellen Bezügen wegzuführen, ohne sich offenbart zu haben bzw. kraß lügen zu müssen.

Es kann also durchaus ohne größere Schwierigkeiten gelingen, sich beim Thema »aktuelles Gehalt« in Relation zum potentiellen neuen Gehalt nicht sofort in alle Karten schauen zu lassen.

Natürlich kann man sich als Bewerber auf die direkte Frage nach den aktuellen Bezügen nur sehr schlecht verweigern, sozusagen den »stummen Fisch« markieren. Andererseits sitzt Ihnen weder ein Finanzbeamter der Steuerfahndung gegenüber noch Ihr Steuerberater, so daß Sie sehr wohl etwas großzügiger und weniger präzise auf- bzw. abrunden können und vielleicht auf weitere Vergünstigungen, Sozialleistungen besonderer Art, Extras usw. hinweisen oder diese überschlagsartig mit einrechnen, um den Jahreseinkommensbetrag schön gerundet zu präsentieren.

»Ich erwarte im Jahr mindestens 90.000 DM«, wäre auch eine Antwortmöglichkeit auf die Frage nach den konkreten Jahresbezügen.

Es liegt auf der Hand, daß ein Arbeitnehmer, der seinen Arbeitsplatz wechseln möchte, damit die Hoffnung verbindet, auch sein Einkommen zu verbessern. Insbesondere bei einer stärker ausgeprägten Karriereorientierung ist es die natürlichste Sache der Welt, daß sich der Wechsel auch auf Ihre Bezüge auswirkt. Eine Verbesserung von etwa 15% ist für den Um- bzw. Neueinstieg der Regelfall.

Sollten Sie dagegen bereit sein, beim Wechsel eine Gehaltsverbesserung von weniger als 10% zu akzeptieren, erzeugen Sie als Kandidat Mißtrauen. (Hintergedanken: Was motiviert den Bewerber wirklich, welche Probleme hat er am jetzigen Arbeitsplatz, daß er für nur 5% mehr Gehalt bereit ist, zu wechseln?)

Wer dagegen gleich zwei oder mehr Stufen auf einmal nehmen will und einen Wechsel anstrebt, der mehr als 20% einbringt, provoziert Überlegungen seines potentiellen neuen Arbeitgebers, ob er das Geld auch wirklich wert ist bzw. ob nicht etwas weniger auch ausreichend wäre. Dies wird dann schnell gerechtfertigt durch Argumente wie z. B. Alter, Erfahrung, Einarbeitungszeit. Auf jeden Fall lassen sich immer Gründe ins Feld führen, warum Sie nicht der richtige, der ideale Kandidat für diese Position sind.

Oftmals finden diese Überlegungen bereits beim Bewerber selbst statt: er schreckt möglicherweise bei 70.000 DM Jahresgehalt vor Anzeigen zurück, die ihm 100.000 DM anbieten, obwohl der beschriebene Arbeitsplatz durchaus seiner Qualifikation entspräche. Hier verhindert die »Schere im eigenen Kopf« bereits bei vielen Bewerbern eine deutlichere Gehaltsweiterentwicklung.

Zur Vorbereitung auf das Bewerbungsverfahren gehört unbedingt eine Marktanalyse unter dem Aspekt »Was wird gezahlt – was bin ich wert?« Die einschlägigen Wirtschaftszeitungen und -zeitschriften (z. B. *Capital, Wirtschaftswoche, Handelsblatt*) bieten regelmäßig Übersichten, was in den verschiedenen Branchen und Positionen verdient wird. Nun liegt es bei Ihnen, die eigenen Fähigkeiten, Ihren Erfahrungsschatz zu »taxieren« und ein Preismarketing für Ihre »Ware« Arbeitskraft vorzunehmen.

Ob Sie nach der Maxime »Qualität ist kein Zufall und hat ihren Preis« oder nach dem Motto »Bescheidenheit ist eine Zier« handeln, bestimmen Sie selbst. Erfahrungen zeigen: wer sich als Bewerber eindeutig unter Wert anbietet, wird nicht geschätzt. Wer sich überschätzt, hat es sicher auch nicht leicht. Aber: Es ist oftmals leichter, einen Kredit über 10 Millionen DM zu bekommen als einen über 100.000 DM.

Prost Mahlzeit!

Wenn das zweite oder sogar dritte Vorstellungsgespräch gut gelaufen ist, haben Bewerber und Bewerberinnen um Führungspositionen oft noch eine Aufgabe der besonderen Art zu bewältigen: die Einladung zu einem Mittag- oder Abendessen, durchaus auch mit Anhang.

Geprüft wird: Wie ist Ihr gesellschaftliches Auftreten, was verraten Sie in dieser anderen, gemütlichen Atmosphäre nach einigen Gläsern Wein? Wie klingt Ihr privater Erzählstoff (nur Fußball oder alle Ihre Erlebnisse bei Bergwanderungen)?

In dieser Ihnen schon bekannten Runde will man Sie nun auch einmal in einer anderen, scheinbar ungezwungeneren Umgebung »testen«.

Wie gehen Sie mit der Speisekarte und den Kellnern um? Entpuppen Sie sich als schwieriger Vegetarier, oder stopfen Sie Ihr Pfeifchen, nachdem Sie als Vorspeise ein Bauernomelette weggeputzt haben? Was machen Sie mit dem Rotweinfleck, den Sie versehentlich beim Umkippen des Glases verursacht haben? Alles in allem: eine Variante des Vorstellungsgesprächs. – Prost Mahlzeit!

Da Sie über entsprechende Garderobe verfügen (jetzt kann die Ersatzkleidung wichtig werden), ziehen Sie sich entsprechend um, insbesondere wenn es sich um eine Abendveranstaltung handelt. Zu der dürfen (ja sollten) Sie übrigens wirklich zwei Minuten später als verabredet erscheinen, damit Sie Ihre Gastgeber nicht in Verlegenheit bringen und gar schon wartend dasitzen, bevor diese eingetroffen sind.

Daß man jetzt nicht mehr Ihr Auto und deutlich weniger Ihr Outfit beäugt, könnte an Ihrer Begleiterin liegen. Sicherlich werden wir jetzt bei dieser geschilderten Konstellation böse Gedanken der Leserinnen provozieren, aber die Chance, daß Sie als Frau, quasi zur vorletzten Auswahlrunde, abends zu einem Essen eingeladen werden und dabei Ihren Lebenspartner (in diesen Kreisen spricht man von Ehegatten) mitbringen sollen, ist noch sehr sehr selten. Obwohl auch dies vorkommt, und in Zukunft sicherlich etwas häufiger – hoffentlich!

Logisch, daß in dieser speziellen Bewerbungssituation eine optimale Kooperation zwischen Ihnen und Ihrer besseren Hälfte angesagt ist und nichts die Harmonie zwischen Ihnen beiden trüben darf. Das sind stressige Stunden für ein Paar, und wir dürfen uns an dieser Stelle diskret zurückziehen, nicht ohne noch kurz auf Frau Gersbachers Taschenbüchlein hingewiesen zu haben (Heyne-Verlag München) mit dem schönen Titel: *Körpersprache im Beruf*, die dankenswerterweise die Prüfung mit Messer und Gabel auf 13 Seiten so schmackhaft plastisch darbringt, daß Spargelessen und auch die Anrede schon deutlich älterer Serviererinnen (»ruhig mit Fräulein ansprechen« – naja ...) kein Problem mehr sein dürften.

Test und Assessment Center als Mittel der Personalauswahl

Ob Sie bereits Führungskraft sind oder erst Ein- bzw. Aufsteiger – die Wahrscheinlichkeit, daß Ihre »Eignung« im Bewerbungsverfahren auf »Teufel komm raus« getestet wird, ist ziemlich groß. Besonderer Beliebtheit (bei Personalentscheidern – versteht sich) erfreut sich das Assessment Center (AC), das wohl härteste Personalauswahlverfahren. Die Durchführungszeit beträgt ein oder zwei Tage (selten drei), an denen sechs bis zwölf Teilnehmer zwischen acht und zwölf verschiedene Übungen bestreiten müssen. Dabei werden die Kandidaten von drei bis sechs Personen beobachtet. Da Zeit Geld ist, versuchen immer mehr Unternehmen, eine Art Mini-AC innerhalb von wenigen Stunden durchzuziehen. Die wichtigsten im AC gebräuchlichen Testverfahren sind:

- individuell auszuführende Arbeitsproben und Aufgabensimulationen
- Gruppendiskussionen (mit und ohne Rollenvorgabe)
- Gruppenaufgaben mit Wettbewerbs- und/oder Kooperationscharakter
- Vorträge und Präsentationen
- Rollenspiele (meist zu zweit, z.B. Verkaufs-, Mitarbeiter-Problem/Konflikt-Gespräch
- Einzel-, Gruppen- und Panelinterviews
- Unternehmensplanspiele
- Intelligenz- und Leistungstests
- Persönlichkeits- und Interessentests
- biographische Fragebögen

Was Bewerber alles bei einem solchen AC erleben, können Sie auf den Seiten 261–272 nachlesen.

Körpersprache – Aussagen ohne Worte

Informationen über sich teilen Sie nicht nur mit Worten, sondern auch durch Ihre Körpersprache mit.

Der berühmte erste Eindruck wird – wie bereits erwähnt – ganz wesentlich davon geprägt, wie wir uns präsentieren – verbal und eben auch nonverbal. Fachleute sind der Auffassung, daß sich innerhalb von nur 120 Sekunden einer Begegnung dieser bleibende erste Eindruck bildet. Weil Körpersprache in der Regel unbewußt und unkontrolliert abläuft, wird sie oft als Gradmesser für den Wahrheitsgehalt unserer Aussagen herangezogen. Denn der Körper kann zum Beispiel Unsicherheit anzeigen und damit die scheinbare, wörtlich zum Ausdruck gebrachte Selbstsicherheit in Frage stellen.

Viele Personalchefs und Taschenpsychologen glauben, die Körpersprache zu beherrschen und verstehen zu können – getreu dem Motto: »Der Körper lügt nicht.«

Sicher ist zwar, daß Mimik, Gestik, Haltung einiges über den Sprecher aussagen, die Frage ist aber, wie weit hier interpretiert werden kann. So mancher Personalchef jedenfalls sieht ganz genau hin und hantiert mit speziellen Listen, um Bewerber unter die Lupe zu nehmen. Diese Listen sind von ähnlichem Niveau wie die diversen Traumdeutungsbücher, die einem aufs Stichwort verraten, was der Traum der vergangenen Nacht zu bedeuten hat.

Bitte nehmen Sie deshalb die folgende Liste nicht zu ernst. Sie soll Ihnen lediglich dabei behilflich sein, zu verstehen, wie Ihr Verhalten möglicherweise interpretiert werden könnte.

Körpersignal		Bedeutung
Blickverhalten		
Augen betont weit offen	–	Aufmerksamkeit, Aufnahmebereitschaft, Sympathie, Weltoffenheit signalisierend, Flirtverhalten

verengte Augenöffnung	– Konzentration, Entschlossenheit, Eigensinn, Kleinlichkeit, überkritische Haltung
zugekniffene Augen	– Abwehr, Unlust
gerader Blick	– Offenheit, Gewissensreinheit, Vertrauen
schräger Blick	– abschätzende Zurückhaltung
häufiger Blickkontakt	– Sympathie
häufiges Wegsehen	– mangelnde Sympathie oder Verlegenheit
auffällig häufiger Lidschlag	– Unsicherheit, Befangenheit, u.U. nervöse Störung

Mimik

offenes Lächeln	– offene Heiterkeit, uneingeschränktes Mitfreuen
gequältes Lächeln	– ironisch, schadenfroh, blasiert, ängstlich
überwiegend geöffneter Mund	– Mangel an Selbstkontrolle
zusammengepreßter Mund	– Zurückhaltung, Reserviertheit, Verkniffenheit, Kontaktarmut
Mundwinkel nach unten	– Bitterreaktion, Pessimist, depressiv
Mundwinkel nach oben	– Aktivität bis Abwehr
Heben der Augenbrauen	– Ungläubigkeit oder Arroganz

Gesten

übertrieben kräftiger Händedruck (»Knochenbrecher«)	– Rücksichtslosigkeit, Angeberei
kräftiger Händedruck ohne Übertreibung	– Aufrichtigkeit, Sicherheit
schlaffer Händedruck (»tote Hasenpfote«)	– Unsicherheit, kontaktarm, leicht beeinflußbar
Hand wegziehend	– Verschlossenheit
verschränkte Arme	
– bei Männern	– Ablehnung, Verschlossenheit
– bei Frauen	– Selbstschutz, Angst
Hand vor den Mund halten	
– während des Sprechens	– Unsicherheit
– nach dem Sprechen	– will das Gesagte zurücknehmen

Sprecher hält Armlehnen mit beiden Händen fest	– Aggressivität, aber etwas unsicher, neigt zur Weitschweifigkeit
Kopf auf Hände stützen	– Nachdenklichkeit, Erschöpfung, Langeweile
Spitzdach mit den Händen formen	– Arroganz, Abwehr gegen Einwände
Hände reiben	– selbstgefällig, selbstzufrieden
spielende Hände	– Zeichen von Erregung, Nervosität, Befangenheit, Angst, Verwirrung
mit dem Finger auf den Gesprächspartner zeigen	– Angriff, Wut
Hand zur Faust verkrampfen	– Wut, verhaltener Zorn
Anfassen der Nase	– Nachdenklichkeit, kritische Haltung, Verlegenheit
über den Hinterkopf streichen, Zupfen an den Ohren	– Verlegenheit, Unbehagen, Ärger
Streichen des Kinns	– Nachdenklichkeit, Zufriedenheit
Finger zum Mund nehmen	– verlegen, unsicher
mit den Fingern trommeln	– Nervosität, Ungeduld
häufiges Spielen mit dem Ring	– Eheprobleme, frustriert vom häuslichen Leben
häufiges Abnehmen der Brille	– Ablehnung, Angriff, Nervosität

Körperhaltung

Achselzucken, die Handflächen nach außen	– passive Hilflosigkeit
übereinandergeschlagene Beine	
– zum Gesprächspartner hin	– Aufbau eines Sympathiefeldes
– vom Gesprächspartner weg	– Ablehnung, Unwillen
übergeschlagene Beine, Knie in die Hand gestützt	– kritisch, skeptisch
dicht aneinandergestellte Füße beim Sitzen	– schuldhafte Ängstlichkeit, Einzelgänger, überkorrekte Grundeinstellung
breit auseinanderklaffende Beine beim Sitzen	– sorglose Unbekümmertheit, Rücksichtslosigkeit
friedlich ruhende Sitzhaltung	– Selbstsicherheit, aber auch robuste Unbekümmertheit, seelische Erschöpfung

alarmbereite Sitzweise (auf dem Sprung sein)	–	Mangel an Selbstvertrauen und Sicherheit, auch Mißtrauen, innere Unruhe, Angst
Füße um die Stuhlbeine legen	–	Unsicherheit, Suche nach Halt
Füße nach hinten nehmen	–	Ablehnung
mit den Füßen wippen	–	Arroganz, Ungeduld, Sicherheit, Aggressivität
steife, militärische Körperhaltung, geziert aufrecht	–	Unterdrückung von Angst
breitbeinig dastehen, Daumen in die Achselhöhlen	–	Selbstsicherheit
den Oberkörper weit nach vorn lehnen	–	Interesse, Sympathie, Wunsch zu unterbrechen
den Oberkörper weit zurücklehnen	–	Desinteresse, Ablehnung

Sprechweise

lautstarke Stimme	–	Vitalität, Selbstbewußtsein, Kontaktfreude, aber auch Unbeherrschtheit, Geltungsdrang
leise, flüsternde Stimme	–	Schwäche, mangelndes Selbstbewußtsein, aber auch Sachlichkeit, Bescheidenheit
schnelles Sprechtempo	–	Impulsivität, Temperament, aber auch ungezügelt, nervös
langsames Sprechtempo	–	antriebsschwach, aber auch Sachlichkeit, Besonnenheit, Ausgeglichenheit
wechselndes Sprechtempo	–	innere Unausgeglichenheit
ausgeprägte Pausengestaltung	–	Disziplin, Selbstbewußtsein
starke Akzentuierung	–	Lebhaftigkeit, Gefühlsstärke
schwache Akzentuierung	–	Uninteressiertheit, mangelnde geistige Flexibilität

Geruch

parfümiert	–	werbend
überstark parfümiert	–	unsicher, vernebelnd
Schweißgeruch	–	ängstlich, unordentlich

In einem Fachtext für Personalbeurteiler werden acht Merkmale angeboten, die aufgrund von Körpersignalen zu beurteilen seien:

1. die Gepflegtheit, der gesamte äußere Eindruck
2. gute Manieren, Verhalten, Benehmen
3. die Kontaktfähigkeit
4. die Dominanz, der Führungsanspruch
5. Vitalität, Dynamik, Extravertiertheit
6. die körperliche Verfassung und Belastbarkeit
7. die nervliche Belastbarkeit
8. die Selbstsicherheit

Da warnt ein Personalausleseratgeber vor körpersprachlichen Signalen bei Bewerbern, wie: angespannte Haltung, erkennbar an unbeweglichen Oberarmen, eng an den Körper gehalten, hochgezogene Schultern, zu gerader, steifer Rücken, Kinn an den Hemdskragen gedrückt, Knie zusammengepreßt, fahriger Blick, nervöse Handgesten, verkrampfte Hände, häufiges Abwenden des Blickes, verbissenes Lächeln, mahlende Backenmuskeln ...

Gewarnt wird auch noch vor zu viel Relaxtheit in Form von übertrieben entspannter Haltung, Hände in den Taschen, Hinflegeln in den Sessel, Schlurfen oder mangelnder Spannung: der zu runde Rücken, schlaffe Oberkörperhaltung, matte Stimme, oberflächliche Atmung und wenig Blickkontakt. Die Körperhaltung sagt in der Tat einiges über unser Wohlbefinden aus: Wir gehen zum Beispiel gebückter, wenn eine schwere Aufgabe uns zu schaffen macht. Wir richten uns hingegen auf, wenn wir uns gegenüber anderen behaupten wollen, uns Gehör verschaffen wollen etc.

Mangelnde Körperspannung war schon in der Schule Grund für mancherlei Ungemach von Seiten der Lehrer. Wer sich zu entspannt zeigte, kam dran. Ihm wurde unterstellt, abgeschaltet zu haben, das mußte im Unterricht diszipliniert werden.

Wir lernen: Wer sich ohne eine angemessene Spannung im Vorstellungsgespräch präsentiert, wird nicht für motiviert gehalten.

Natürlich vermitteln uns auch die Haare etwas, der Klang der Stimme, die deutliche Leibesfülle, Ticks, wie das Zucken unter dem rechten Auge, Schnaufen beim Luftholen und und und. Gestik, Haltung und Mimik haben also zweifelsohne ihre Bedeutung. Ob sie aber so einfach interpretierbar sind, wie es sich manche Personalauswähler vorstellen, darf wirklich bezweifelt werden.

Sie als Bewerber und Bewerberin können wir nur dafür sensibilisieren, woraus eben auch Personalentscheidungen resultieren können.

Das Wichtigste auf einen Blick

Folgende 10 Beurteilungskriterien mit ihren verschiedenen Aspekten stehen neben der inhaltlichen Beantwortung der Fragen in den 10 Phasen im Mittelpunkt des Vorstellungsgesprächs:

- Wie sind äußere Erscheinung, Auftreten und Umgangsformen?
- Welche charakterlichen Merkmale zeichnen den Bewerber/die Bewerberin aus?
- Welche (Leistungs-)Motivation liegt der Bewerbung zugrunde?
- Welche Führungsqualitäten sind vorhanden?
- Über welche berufliche und soziale Kompetenz wird verfügt?
- Wie stark ist die Bereitschaft zu Kooperation und Teamarbeit?
- Wie ist die intellektuelle Leistungsfähigkeit/Auffassungsgabe?
- Wie ist das sprachliche Ausdrucksvermögen und die Kommunikationsfähigkeit?
- Wie ist das zu erwartende Gesamt-Arbeitsverhalten?
- Paßt der Bewerber/die Bewerberin zum Unternehmen bzw. zur Institution?

Müßten wir es noch komprimierter ausdrücken, dann wären dies die drei entscheidenden Aspekte und Kriterien, unter denen Bewerber ausgewählt werden: **Persönlichkeit, Leistungsmotivation, Kompetenz**.

Persönlichkeit haben Sie. Um Sympathie kann man sich, ja sollten Sie sich aktiv bemühen. Leistungsmotivation müssen Sie glaubhaft vermitteln. Dafür gibt es in Ihrem Berufsleben sicherlich Beweise.

Kompetenz lassen Sie sich am besten attribuieren. Das trifft sicherlich auch für Ihre Leistungsmotivation zu, in besonderem Maße aber für Ihre fachliche Kompetenz. An diesem Punkt können Sie sich am meisten zurückhalten. Hier ist weniger mehr, schließlich lädt man sich keinen mutmaßlichen Versager ein und beschäftigt sich ausgiebig mit ihm. Sie brauchen jetzt zu diesem Zeitpunkt noch nichts unter Beweis zu stellen.

Negatives auf den Punkt gebracht: Eine amerikanische Personalberatungsfirma hat 200 Vorstellungsgespräche ausgewertet, in denen die Bewerber gescheitert sind. Die Analyse ergab sechs Aspekte, die für den Mißerfolg verantwortlich zu machen waren:

1. Keine überzeugende äußere Erscheinung, unpassende Kleidung bzw. ungepflegtes Äußeres.
2. Mängel in der Fähigkeit, die eigene Meinung deutlich zum Ausdruck zu bringen.
3. Mängel in der Fähigkeit, die eigene Person weitgehend objektiv darzustellen.
4. Unzureichende Ausstrahlung von Selbstvertrauen und Begeisterungsfähigkeit.
5. Zu starke Kritik an früheren Arbeitgebern.
6. Zu häufiger Stellenwechsel.

Erneut wird deutlich, daß der »Faktor Persönlichkeit« entscheidend ist, denn die ersten fünf Ablehnungsgründe hängen eindeutig mit »Persönlichkeitsmängeln« zusammen.

Auf der anderen Seite sammeln Sie Pluspunkte, wenn Sie mit folgenden 6 Merkmalen glänzen können:

1. Auftreten, Ausstrahlung
2. Autorität, Integrität
3. Selbstsicherheit, Glaubwürdigkeit
4. Lebendigkeit, Begeisterungsfähigkeit, Entschlossenheit, Bestimmtheit
5. Rücksicht, Einfühlungsvermögen, Verständnis
6. (angemessene) Vertrautheit.

Rund um die Vorstellung – flankierende Maßnahmen

Damit Ihr Vorstellungsgespräch von Erfolg gekrönt ist, sollten Sie unbedingt die angemessene Vorbereitung sowie eine effektive Nachbereitung berücksichtigen

Gut vorbereitet

Eine gute Planung ist die Grundlage des Erfolgs im Vorstellungsgespräch. Planen Sie genügend Zeit für Ihre Anreise ein, mit Berücksichtigung eventuell auftretender Verzögerungen (Staus etc.). Sollten Sie aus größerer Entfernung zu einem Vorstellungsgespräch anreisen müssen, ist es von Vorteil, einen Tag oder spätestens am Abend vorher am Zielort zu sein.

Es empfiehlt sich, wenn irgend möglich, den Ort dieses für Sie bedeutsamen Treffens vorab wenigstens einmal von außen, aus einer gewissen Entfernung, besucht zu haben. So kennen Sie den Anreiseweg, wissen, wo man parkt bzw. wie man zu dem Gebäude, in dem das Vorstellungsgespräch stattfindet, anreist, kennen Wegezeiten.

Auf diese Weise können Sie sich mental auch ganz anders vorbereiten, haben Sie doch jetzt eine realistische Vorstellung, wie das äußere Szenarium aussieht. Lassen Sie einmal die Atmosphäre auf sich einwirken, schauen Sie sich an, was die Fenster und das andere Drumherum Ihnen sagt (Steine können sprechen ...). Aus vielen Details werden Sie sich ein Bild zusammensetzen können, das Ihnen hilft, den Geist des Hauses, der Firma, des potentiellen neuen Arbeitgebers besser zu erfassen.

Handelt es sich um futuristische Architektur oder ein Jahrhundertwende-Gebäude, dessen dicke Mauern langsam zu zerbröseln drohen? Ist der Zaun von der Art, wie man ihn um Gefängnisse baut, oder hat er mehr dekorativen als funktionalen Charakter? Alles Hinweise, die Mosaiksteine für ein vorläufiges Bild sind, die am Tag der Begegnung zumindest keine negativ irritierende Überraschung mehr bei Ihnen auslösen.

Auch wenn Sie glauben, den Weg zu dem Gebäude gut zu kennen, können Sie nicht sicher sein, z. B. in einem labyrinthartigen Bürogebäudekomplex gleich den kürzesten Weg und das richtige Zimmer zu finden. Besser also, Sie sind eine viertel Stunde zu früh da als zehn Minuten zu spät. Natürlich dürfen Sie nicht übertreiben. Insbesondere sollten Sie im Vorzimmer des Geschehens nicht früher als fünf Minuten vorher eintreffen. Wer zwanzig Minuten vor dem eigentlichen Termin aufkreuzt, macht einen denkbar schlechten Eindruck.

Entscheidend ist, so ausgeruht wie nur irgend möglich anzukommen. Sollten Sie sich wider Erwarten an einem so wichtigen Tag krank fühlen, ist es sinnvoller, den Termin abzusagen, als beispielsweise mit allen sichtbaren und unsichtbaren Befindensbeeinträchtigungen einer schweren Erkältung anzutreten und sich nicht optimal präsentieren zu können.

Ist das Vorstellungsgespräch für Sie mit Fahrt-, Verpflegungs- und Unterbringungskosten verbunden, so gilt für die Erstattung folgende Regelung: bei einer Einladung zum Vorstellungsgespräch muß der potentielle Arbeitgeber für alle angemessenen Kosten aufkommen, die Ihnen entstehen, egal, ob ein Arbeitsvertrag zustande kommt oder nicht. Sollte ein potentieller Arbeitgeber dazu nicht bereit sein, so muß er Ihnen diesen Sachverhalt vorher ausdrücklich mitgeteilt haben (was Sie sicherlich nachdenklich gestimmt hätte).

Wenn Sie allerdings anfangen, bei der Abrechnung der Ihnen entstandenen Kosten das Parkhaus-Ticket oder den Öffentlichen-Nahverkehrs-Fahrschein in Rechnung zu stellen, lassen Sie – gelinde gesagt – den adäquaten Blick für Proportionen vermissen. Sie bewerben sich ja schließlich nicht als Buchhalter. An der Art und Weise, wie Sie Ihre Abrechnungsunterlagen zusammenstellen und die Gegenseite die Zahlungsabwicklung gestaltet, ist wechselseitig viel abzulesen. Hier sieht man schnell, mit wem man es zu tun hat. Das gilt für Bewerber- wie Unternehmensseite.

Stellen Sie sich bei einem Arbeitgeber aus Eigeninitiative vor, ohne ausdrückliche Verabredung, daß dieser für die Reisekosten aufkommt, müssen Sie alle Auslagen selbst tragen.

Ihr Auto

Ein Wort zum Auto, mit dem Sie möglicherweise anreisen (nicht zufällig behandeln wir dieses Thema jetzt vor dem Be-(Ver-)Kleidungs-Kapitel: Abgesehen davon, daß längere Autoanfahrten zu einem so wichtigen Termin wie dem Ihres Bewerbungs- und Vorstellungsgespräches nicht nur eine Qual sein können, sondern auch gewisse Risiken beinhalten (Streß, Stau, Panne, Unfall) – so ein Auto verrät viel über seinen Besitzer.

Ob Sie im nostalgischen Käfer, einem legendären Mercedes 180 D, einem knallroten Porsche, einem Fiat Uno oder oder oder vorgefahren kommen, wird nicht lange unregistriert bleiben. Spätestens beim zweiten Treffen schaut man Ihnen zu, wenn und womit Sie abfahren.

Und ob Ihr Wagen mit Stickern beklebt ist (»Überholen Sie ruhig, wir kaufen Ihren Schrott auf« und ähnlich markigen Sprüchen) oder die Tuxer Gletschereisbahn, Sylt und Tirol fröhlich grüßen, oder ob Sie ein Kissen mit »exaktem Nackenschlag« nebst Klorolle unter berühmt-berüchtigter Häkelei im Heckfenster plaziert haben, sagt einiges über Sie und Ihre Wesensart aus. Ganz zu schweigen vom verbeulten, rostigen oder auch nur schlicht dreckigen Autoäußeren.

Es gibt auch Firmen, deren Pförtner auf Anweisung aus der Personalabteilung genaue Berichte über Marke, Modell und optisch-technischen Zustand telefonisch zu vermelden hat.

So kann die richtige Automarke die Eintritts- oder Aufstiegschancen verbessern helfen, die falsche aber Karriere-Bremswirkungen hervorrufen. Ist Ihr Wagen für Ihr betriebliches Vorhaben zu protzig, kann er Neid provozieren, ist er zu mickrig, kann Mitleid oder Mißachtung die Folge sein. Nicht einfach die Entscheidung, ob Ihr Gefährt der richtige Karriere-Wegbegleiter ist. Ein Nachdenken über Ihre »dritte Haut« lohnt sich in jedem Fall.

In England leistet sich übrigens ein großer amerikanischer Autokonzern den Luxus von zwei Parkplätzen. Der eine für Besucher, Mitarbeiter, Lieferanten etc., die mit der richtigen Automarke vorfahren. Der andere, etwas weiter von den Hauptgebäuden entfernt – für alle übrigen Automarkenbesitzer.

Würden Sie sich als Bewerber um eine Führungsposition in der Marketingabteilung von BMW nicht ein bißchen unwohl fühlen, wenn Sie Ihren neuen (Daimler Benz) 190 E vor der futuristischen BMW-Zentrale in München parkten (oder vice versa)? Das muß ja nicht gleich bedeuten, Ihren Jahreswagen in dieser Situation vorher abzuschaffen. Natürlich fahren Sie Mercedes, wenn Sie bei diesem Autohersteller auf der Lohnliste stehen, alles andere wäre eher verdächtig, kommen Sie aber aus einer anderen Branche, müssen Sie Ihre Markenwahl nicht so unglücklich ungeschickt präsentieren.

Boris-Becker-Manager Tiriac erzählte einmal, daß er, als sich das hoffnungsvolle Tennisjungtalent abzeichnete, einen sehr schicken 500 SE Mercedes für einen Nachmittag mietete, um bei den Beckers vorzufahren. Er bot der Familie einen exklusiven Managervertrag an, gab ihnen eine Stunde Bedenkzeit und fuhr wieder entsprechend effektvoll ab. Eine Stunde später war er der Exklusivmanager eines, wie wir ja jetzt alle wissen, sehr talentierten Tennisjungstars, ohne übrigens seinem Schützling und dessen Familie irgendwelche Nachweise über seine Managerqualitäten erbringen zu müssen. Daß Tiriac diese zweifelsohne hat, ist nun ebenso bewiesen. Zum damaligen Zeitpunkt aber war die Anmietung einer Nobelkarosse die letzte Investition, die er sich leisten konnte.

Nicht nur Kleider, auch Autos machen Leute.

Ihre Kleidung

Es dürfte sich herumgesprochen haben, daß die Kleidung als unsere »zweite Haut«, der äußeren Hülle, ein ganz wesentlicher Signalträger und -geber unserer Befindlichkeit ist. Worin spiegelt sich unser Selbstbild deutlicher als in unserer Kleidung, unserem Outfit? An ihrer (Berufs-)Kleidung erkennen wir sie sofort: den Koch, Schornsteinfeger oder Arzt, den Obdachlosen, Jogger, Rocker oder Millionär. Es gibt viele Be-Kleidungssignale, die uns bei der Einordnung oder Orientierung behilflich sind.

Die Sozialpsychologie hat durch ein Experiment herausgefunden, daß signifikant mehr Personen bereit sind, bei einer rot zeigenden Fußgängerampel die Straßenkreuzung (mit-) zu überqueren, wenn ein deutlich gut gekleidetes »Modell« (Vorbild) es vormacht. Einer klar bescheiden oder eher ärmlich angezogenen Person folgen sehr viel weniger Passanten bei Rot über die Straße.

Nun können wir an dieser Stelle kein Modejournal ersetzen, aber wenn es uns gelungen sein sollte, Sie nochmals dafür zu sensibilisieren, daß Ihr Outfit von großer Bedeutung ist, haben wir schon etwas erreicht.

Das wußten Sie bereits: Wer sich zum Beispiel um einen qualifizierten Arbeitsplatz in einem Versicherungskonzern bewirbt, tritt besser nicht in Joggingschuhen und Jeans auf, auch wenn dies auf der Überlegung basiert, so seine dynamische Note unterstreichen zu wollen.

Sollten Sie nun aber glauben, daß diese Bekleidungsutensilien bei einem Sportartikelmulti dazu angetan sind, Pluspunkte zu sammeln, irren Sie (selbst wenn das Unternehmen einen Puma als Signet hat).

Gibt es Patentrezepte? Das sicherlich nicht. Aber generell gilt: Heutzutage kleidet man sich wieder gediegen, zurückhaltend-vornehm, eher konservativ – insbesondere in Führungspositionen. Gefragt ist auch bei Damen die schlichte Eleganz. Unsere Empfehlung: Schauen Sie sich typische Berufsvertreter in der von Ihnen angestrebten Position an, und orientieren Sie sich für Ihr Vorstellungsoutfit an deren Kleidung.

Frauen sollten, auch wenn sie es sonst nur selten tun, Lippenstift, Puder, Wimperntusche auflegen. Untersuchungen haben gezeigt, daß Frauen besser akzeptiert werden, wenn sie geschminkt sind – passend zur Kleidung.

Verdeutlichen Sie sich, daß Sie nach dem Bewerbungsanschreiben mit Ihrem Erscheinungsbild eine weitere Arbeitsprobe und Visitenkarte abgeben. Vermeiden Sie es möglichst, besser gekleidet zu sein als Ihr Gegenüber (schlichte Eleganz), verzichten Sie auf Extravagantes und auf jede grelle, poppige, übertriebene Maskerade (Schminke) – mit vielleicht einer Ausnahme: Sie bewerben sich bei einer Werbeagentur oder in der »Kunstszene«.

Diese Kurzempfehlungen ersetzen keinen Besuch beim Modeberater oder einem »Dress-for-success-Farb- und Stilberatungsstudio«. Sollen sie ja auch gar nicht. Aber wir können es nicht oft genug sagen: die gepflegte Gesamterscheinung, angefangen von der Frisur über das Make-up bei Damen, Bartträger, meine Herren, haben es besonders schwer, die Kleidung, Schuhe und die Accessoires (Brille, Schmuck, Tasche), alles muß aufeinander abgestimmt sein, zu Ihnen passen, Ihre persönliche Note unterstreichen und repräsentieren, mithelfen, Sie vorteilhaft zu »verkaufen«.

Jetzt ist es raus, das schlimme Wort, hier geht es um das schnöde Verkaufen, mögen Sie denken. Aber so ist es nun mal. Sie bieten Ihre Arbeitskraft und Leistung an, Ihr Gegenüber, der Betrieb, das Unternehmen kauft diese ein, garantiert für die monatliche Gehaltszahlung. Und wer brutto 100.000 DM Jahresgehalt verdienen möchte, kostet den Arbeitgeber gut 50% zusätzlich, und schon sind wir bei 150.000 DM angelangt.

Na klar, daß Arbeitgeber bei solchen Investitionssummen gerne auf Nummer sicher gehen möchten, und da spielt die Verpackung (der Ware Arbeitskraft) die Rolle einer wirklich nicht untergeordneten Entscheidungshilfe.

Ob es Ihnen nun paßt oder nicht, die Spiel- bzw. in diesem Fall Verkleidungsregeln sind streng. Ob Sie sich daran halten oder nicht, signalisiert, wie Sie sich an Ihrem potentiellen Arbeitsplatz einordnen, anpassen wollen. Wissen Sie, was man von Ihnen erwartet, und spielen Sie mit?

Ein noch so talentierter Manager kann, ja darf einfach an einem heißen Tag nicht in kurzen Hosen auftauchen. Natürlich. Aber ohne hier auf die vielen Details eingehen zu wollen: auf diese kommt es an! Die preisgünstigen Schuhe mit Plastiksohle und schiefgelaufenen Absätzen, der schon etwas angestoßene Aktenkoffer, unechter Schmuck, der unvorteilhafte Haarschnitt, das (gebrauchte?) Papiertaschentuch, weiße Socken zum dunklen Anzug – alles Indizien, die bei der Beurteilung und Entscheidung für oder (mit diesen Beispielen eher) gegen Sie sprechen.

Und noch ein Tip: die Garderobe für Ihren wichtigen Auftritt müssen Sie kennen, d.h. vorher wenigstens an- und ausprobiert, besser einige Stunden bereits getragen haben. Drückende Schuhe, einquetschende, fast platzende Hemden, Hosen, Röcke, fehlende Knöpfe, kaputter Saum, Flecken, alles das stellt im Moment, da Ihr Auftritt kurz bevorsteht, eine furchtbare Falle, Verunsicherung, Gefährdung und eine Quelle des Unwohlseins dar. Gehen Sie kein unnötiges Risiko ein, machen Sie eine Generalprobe, fühlen Sie sich selbst in Ihre Rolle, aber auch in Ihre (Ver-)Kleidung ein.

Sollten Sie zu einem Auswärtsspiel fernab von der Heimat anreisen, gilt es, auch an Ersatz-Vorzeigekleidung zu denken, falls z. B. im Flugzeug eine Tasse Kaffee auf Ihrem Anzug/Kostüm landet. Ersparen Sie sich den Streß, noch in letzter Minute einen Kostümverleih oder eine Schnellreinigung ausfindig machen zu müssen.

Betrachten Sie sich zu Hause ausführlich im Spiegel, stellen Sie zu Ihrer geplanten Rolle und Ausstattung eine Beziehung her. Üben Sie Ihr Auftreten in der von Ihnen gewählten, sorgfältig zusammengestellten Kleidung.

Die Zeit danach – Nachbereitung

Wenn Sie ein oder gar mehrere Vorstellungsgespräche hinter sich gebracht haben, meinen Sie, sich erst mal eine Pause vom Bewerbungsstreß verdient zu haben. Das ist auch richtig. Aber bevor Sie sich zurücklehnen und etwas ganz anderes machen, sollten Sie noch ein wenig Energie für die Nachbereitung der Gespräche aufbringen.

Nehmen Sie sich die Zeit für einen Blick zurück:

Wie ist das Vorstellungsgespräch gelaufen? Mit welchen Fragen haben Sie nicht gerechnet? Was ist Ihnen gelungen, was weniger? Was könnten Sie jetzt mit mehr Gelassenheit besser beantworten? Worauf müssen Sie sich beim nächsten Mal intensiver vorbereiten? Was haben Sie aus alledem gelernt?

Zu diesen wichtigen Nachbereitungsaktivitäten gehört auch die Erstellung eines möglichst ausführlichen Gedächtnisprotokolls inklusive aller Personen und deren Namen, die Ihnen begegnet sind. Wenn Sie wissen, wie die Sekretärin des Personalchefs heißt, können Sie sie beim nächsten Telefonat persönlich ansprechen. Vielleicht hilft's, und Sie bekommen durch Ihre nette Ansprache den großen Chef persönlich ans Telefon, obwohl seine Sekretärin ansonsten alle Anrufer abwimmelt.

Nach der Schwerstarbeit Vorstellungsgespräch haben Sie sich dann aber eine Belohnung verdient, unabhängig davon, wie das Ganze für Sie gelaufen ist. Lassen Sie sich verwöhnen, oder tun Sie sich selbst etwas Gutes an. Sie brauchen neue frische Kräfte für eine eventuelle nächste Runde.

Hoffentlich haben Sie am Ende Ihres Vorstellungsgesprächs eine Information erbeten bzw. erhalten, wie und wann der Entscheidungsprozeß weitergeht. Natürlich müssen Sie jetzt erst einmal einige Tage abwarten und sehen, ob sich etwas tut. Es sei denn, Sie haben etwas anderes vereinbart. Üben Sie sich in Geduld, und fragen Sie nicht vor Ablauf einer Frist von etwa fünf bis maximal zehn Tagen nach, was aus Ihrer Bewerbung geworden ist.

Sollten Sie allerdings vier Wochen verstreichen lassen, ohne sich interessiert zu zeigen und nachzufragen, wird das sehr wahrscheinlich gegen Sie ausgelegt. Eine lange Wartezeit spricht aber auch gegen Ihren potentiellen Arbeitgeber – denn: Man läßt Kandidaten nach einem Vorstellungsgespräch nicht lange ohne Zwischenbescheid im unklaren.

Der Nachfaßbrief

Zu den besonderen »Tricks«, sich von anderen Bewerbern und Bewerberinnen deutlich abzuheben, gehört u.a. der Nachfaßbrief. Ein bis maximal drei Tage nach Ihrem Auftritt abgeschickt, wird dieses Schreiben Ihren Gesprächspartner (deshalb sind Namen so wichtig) veranlassen, sich erneut mit Ihnen zu beschäftigen. In diesem Brief bedanken Sie sich nicht nur für das interessante

Gespräch, sondern knüpfen an das an, was offen geblieben ist, was Sie noch nachtragen möchten etc.

Im wesentlichen geht es darum, mit diesem Brief deutlich zu machen (eine Seite reicht vollkommen aus, evtl. sogar handschriftlich), daß Sie sehr interessiert bzw. motiviert sind, verstanden haben, worum es geht, und gerne bereit sind, das Gespräch jederzeit weiter fortzusetzen, am liebsten aber natürlich Ihre ganze Arbeitskraft für das Unternehmen einsetzen wollen.

Machen Sie so etwas plump oder auch nur ungeschickt oder langweilig, und ist das Vorstellungsgespräch eher schwer und schleppend verlaufen, gewinnen Sie nichts (vielleicht gehörten Sie ja bereits schon nicht mehr in die engere Kandidatenwahl). Gelingt es Ihnen aber, nach einem gut verlaufenen Gespräch durch diese Briefaktion intelligent »einen draufzusetzen«, verbessern Sie Ihre Chancen, unter die ersten drei Plätze (wenn nicht gleich an die Spitze) zu kommen.

Aus gutem Grund wollen wir hier von Formulierungsvorschlägen absehen. Sie können – von diesem Buch ganz unbelastet – Ihrer Phantasie, Ihrer Kreativität freien Lauf lassen, ohne befürchten zu müssen, Mitbewerber würden ähnliche Texte aufsetzen.

Ein weiterer Aspekt ist unbedingt nachdenkenswert: Sie als Arbeitskraftvergeber haben zwar schon im Vorstellungsgespräch Ihre Fragen an das Unternehmen gestellt, aber wie sieht es denn mit den anderen Punkten aus: Mit welcher Persönlichkeitsstruktur haben Sie es bei Ihren potentiellen Vorgesetzten zu tun? Was könnte deren Motivation sein, allgemein, bezogen auf das Unternehmen, bezogen auf Sie? Wie schätzen Sie die Kompetenz Ihrer Gesprächspartner, des Unternehmens ein?

Mit der Ausgangsposition Ihres Gegenübers haben Sie sich ja bereits vorab beschäftigt, ebenso wie mit den Informationen zur möglichen Arbeitsaufgabe, Position und Branche. Was läuft da aber wirklich, was hat man mit Ihnen vor? Wie sind Sie angesprochen worden, wie hat man Ihre Fragen beantwortet?

Und nicht nur Sie sind »gemustert« worden (Schuhe, Krawatte, Frisur), auch das Unternehmen und seine Repräsentanten haben ein Äußeres. Welcher Verkleidungsstil kennzeichnet das Unternehmen, und wie ist man vor Ort ausgestattet? Wie sind die Wände dekoriert, wie ist der Fußbodenbelag, was steht bei Ihrem Gesprächspartner auf dem Schreibtisch, und was hat die Sekretärin für Bildchen oder Sprüche an der Wand (»Als Gott die Gehälter der Mitarbeiter dieses Raumes sah, drehte er sich um und weinte bitterlich«)?

In welchem Zustand ist das Mobiliar, und welcher technische Standard ist bei der Bürokommunikation erreicht? Welche Größe haben die Räume, wie gestaltet sich der Blick nach draußen?

Wie sieht es einige hundert Meter vor dem Ort Ihres Auftrittes aus? Schreien sich die Mitarbeiter auf dem Flur an? Grüßt man sich und Sie? Riecht man die Kantine im Haus, oder stinkt es aus der Toilette? Überhaupt: Wie ist die »Kultur« in diesem Unternehmen?

Sie sehen schon bzw. hören, riechen, schmecken: Das alles sind wichtige Orientierungspunkte, die Ihr Vorwissen über den potentiellen Arbeitgeber wesentlich ergänzen, abrunden. Damit tragen sie wesentlich zu Ihrer Entscheidung bei, ob Sie Ihre Lebens- und Arbeitskraft hier investieren sollten oder besser nicht.

Denken Sie auch an Ihren jetzigen Arbeitsplatz und daß es Ihre ursprüngliche Intention war, sich zu verbessern.

Erlebnisse – aus tausendundeiner Bewerbung

Erlebnisse und Berichte von Bewerbern und Bewerberinnen informieren Sie jetzt aus erster Hand, was bei einem Auswahlverfahren auf Sie zukommen kann, wenn es um eine Führungsposition geht. Wissen, worauf es ankommt, reduziert Angst und Überraschungseffekte.

So haben immer mehr Bewerberinnen und Bewerber um Führungspositionen eine »unheimliche Begegnung der dritten Art«. Ihre »Eignung« wird auf Teufel komm raus getestet. Persönlichkeitstest und Assessment Center, aber auch Eignungs-, Leistungs- und Konzentrationstests gilt es ohne psychischen Schaden zu überstehen.

Hier also eine ganz kleine Auswahl über die Erlebnisse der besonderen Art im Bewerberalltag: Lesen Sie, was Leser und Leserinnen uns geschrieben haben.

Deutscher Ring

Aufgrund meiner Bewerbung auf eine Betriebswirt-Stellenanzeige in der Süddeutschen Zeitung (Führungsposition im Bereich Finanzdienstleistung) meldete sich eine Personalberatungsgesellschaft aus Hamburg und lud mich zum Vorgespräch in ein Münchner Nobelhotel ein. Dort empfing mich ein offenbar wenig interessierter Repräsentant dieser Personalberatungsgesellschaft, der mir außer einem recht langweiligen Gespräch noch einen Psycho-Fragebogen zumutete. So wollte man u.a. wissen:

- Wenn Sie in der Schule gute Noten erzielt haben, mit wem haben Sie zuerst darüber gesprochen?
  (Antwortmöglichkeiten: Mitschüler, Geschwister, Eltern, Freunde).
- Welche Tätigkeit würden Sie am ehesten ausführen wollen?
  (EDV-Programm schreiben; Kundengespräch führen; Motor instandsetzen).

Nach einigen Wochen bekam ich wieder eine Einladung, diesmal zu einem Assessment Center (AC) in einem anderen Münchner Nobelhotel. In einem Seminarraum empfing uns (drei Teilnehmer) der Chef der Personalberatungsfirma. Die AC-Aufgaben wurden in folgender Reihenfolge gestellt:

1. Einzelvortrag (Vorbereitungszeit 15 Minuten)
   Themen: – Wer sind Sie? (Lebenslauf)
   – Was können Sie? (Fähigkeiten/Eignung)
   – Was wollen Sie? (Neigung/Wünsche)
   – Was mögen Sie? (Hobbys)
2. Diskussion unter allen Teilnehmern ohne Zeitlimit.
   Thema: Ist die Verkürzung der Wochenarbeitszeit ein Mittel zum Abbau der Arbeitslosigkeit?
   Zunächst hatte jeder Stellung zu beziehen; dann war ein Gruppenkonsens herzustellen.
3. Ein Teilnehmer spricht 10 Minuten mit den anderen über sein Hobby. Dabei sind die positiven Aspekte des Hobbys so herauszustellen, daß die anderen Gefallen daran finden (Überzeugungsübung).
4. Bevor eine Party steigen kann, sind diverse Organisationsaufgaben zu bewältigen. Je schneller und geschickter man organisiert, um so eher kann die Party anfangen. Dauer: 10 Min.
   Anschließend muß in der Gruppe ein Konsens über die Organisationsreihenfolge und die Anfangszeit gefunden werden.
5. Jeder Teilnehmer muß zu folgender Situationsschilderung eine Entscheidung treffen: Man führt bei einem potentiellen Kunden ein Gespräch über ein Angebot – wohlwissend, daß die Konkurrenz ihr Angebot dem Kunden bereits unterbreitet hat. Ein Telefonat veranlaßt den Kunden kurzfristig, aus seinem Zimmer zu gehen. Auf dem Schreibtisch liegt ein Aktenordner, der das konkurrierende Angebot enthalten könnte. Wie verhalten Sie sich?

Ich bin der einzige Bewerber, der es wagt, in die Akte zu schauen. Bombardiert mit Vorwürfen vom Leiter des Auswahlgremiums, bleibe ich bei meinem Standpunkt, alles zu machen, um den Auftrag zu bekommen, koste es, was es wolle. Dies bringt mir Bewunderung ein.

Nissan

Ich komme zu spät. Stau im Osten. Merke, daß ich doch recht nervös bin. Den Raum betretend, sitzen da doch schon zehn Herren mit ihren bereits ausgefüllten Namensschildchen vor sich.

Die Nissan-Motor-Luckau-GmbH sucht einen Schulungsleiter sowie Trainer und Ausbilder für überbetriebliche Schulungsmaßnahmen im Bereich Fahrzeugtechnik für den Nissan-Standort in den neuen Bundesländern.

Obwohl ich 15 Minuten zu spät war, passiert erst mal nichts – was mir Gedanken macht, ob das vielleicht schon Teil der Prüfung sei. Stumm warten wir jetzt gemeinsam. Endlich eröffne ich das Gespräch mit meinem Sitznachbarn. Als wir uns gerade darüber einigen, uns untereinander vorzustellen, stoßen vier weitere Herren zu uns, die sich als »die Verantwortlichen« vorstellen. Der Grund ihrer Verspätung, so stellt sich heraus, ist der Diebstahl eines Autotelefons aus dem Wagen des einen Nissan-Gesandten.

Nun stellen wir uns der Reihe nach vor, jeder mit seinem beruflichen Werdegang. Ich bin der einzige Bewerber aus dem Westen, der einzige, der noch keine Ausbildertätigkeit oder ein Ingenieurstudium hinter sich hat. Meine aktuelle Position: KfZ-Meister bei Porsche.

Dann bekommen wir unsere Assessment-Center-Aufgaben. Erstens die Wüste: Mit dem Flugzeug sind wir dort abgestürzt, haben keinen Kontakt mit der Restwelt, aber folgende Gegenstände zur Verfügung: Spiegel (nicht die Zeitschrift), Taschenlampe, roten Fallschirm, Kompaß, sehr wenig zu essen, drei Liter Wasser, eine Flasche Schnaps usw. Unsere Aufgabe: Welche Gegenstände nehmen Sie mit, und beurteilen Sie die Wichtigkeit der Sachen für Ihr Überleben in der Wüste.

Jeder sollte erst mal für sich eine Auswahl treffen und dann die Entscheidung in der Gruppe diskutieren, um zu einem gemeinsamen Entschluß zu finden. Ich kannte dieses Spiel schon und wußte, daß der Spiegel – um Zeichen zu geben – sehr wichtig ist. Leider konnte ich mich mit dieser Meinung nicht durchsetzen, und da die Zeit begrenzt war und ich einen Konsens nicht verhindern wollte, hielt ich mich gegen Ende etwas mehr zurück. In der späteren Bewertung brachte mir das eine Drei.

Mit der ersten Kaffeepause, die jetzt eingeläutet wird, lockert sich die Stimmung etwas.

Zweite Aufgabe: Sie müssen den Arbeitsplatz in einem medizintechnischen Betrieb eines plötzlich erkrankten Kollegen einnehmen, sind aber nur eine Stunde am Ort, weil Sie danach Ihr Flugzeug in den lange geplanten Urlaub erreichen wollen. Jeder Teilnehmer bekommt eine Postmappe mit mehr oder weniger dringenden Angelegenheiten, die in der zur Verfügung stehenden Zeit entweder erledigt oder an eine Sekretärin delegiert werden sollen.

Nach etwa 15 Minuten Vorbereitungszeit wird jeder einzeln zu seinem Vorgehen befragt. Die Aufgabe fällt mir schwer, weil es im Prinzip notwendig gewesen wäre, den Urlaub zu verschieben bzw. die zur Verfügung stehenden Mittel besser erklärt zu bekommen (z. B. Ersatzgeräte für ausgefallene Apparaturen, Verfügbarkeit von technischen Mitarbeitern etc).

Die Nissan-Tester hätten sich meine Entscheidungen wohl etwas deutlicher und präziser gewünscht (4+).

Die dritte Aufgabe besteht darin, anhand eines Fahrzeugprospektes eine technische Unterrichtseinheit zu konzipieren (Vorbereitungszeit: 30 Minuten). Ich konnte überzeugend darstellen, daß es mir am meisten auf den persönlichen Kontakt zu den Lernenden ankommt und wie ich so etwas bewerkstellige.

Die langweiligen Monologe über technische Merkmale sind mir aus meiner Ausbildung noch gut in Erinnerung. Auf technische Einzelheiten bin ich daher sicherlich zu wenig eingegangen, und auf die konkrete Nachfrage, welche technische Modalität ich besonders hervorheben würde, habe ich vielleicht etwas falsch reagiert. Von meiner Arbeit bei Porsche bin ich aber auch Exklusiveres gewohnt. Diese Arroganz muß sich irgendwie in meinem Verhalten gespiegelt haben. Zwar wurde mein Konzept positv bewertet, aber gleichzeitig wurde eine zu große Lässigkeit bemängelt.

Den Trainerjob habe ich nicht bekommen. Und wenn ich ehrlich und selbstkritisch bin, muß ich mir eingestehen, daß ich mit meiner Durchsetzungsfähigkeit auch nicht so ganz zufrieden war.

Lufthansa Service GmbH

Die Anreise erfolgte am Vortag der zweitägigen Lufthansa Service GmbH (LSG) Assessment-Center-Veranstaltung in Frankfurt.

Das Flugticket bekam ich nach Hause geschickt, die Wege in Frankfurt habe ich mit dem Taxi zurückgelegt, und alle Kosten wurden schnell und unbürokratisch erstattet. Auch die Unterbringung war picobello – ein schönes Hotel der gehobenen Kategorie.

Ich hatte mich als Gruppenleiter beworben. Nach zwei vorangegangenen Vorstellungsgesprächen galt es für mich, als letzte Hürde das Assessment Center Stufe 3 zu bewältigen. Wir waren zehn Bewerber, acht Männer und zwei Frauen, gegenüber sechs Beobachtern, z.T. Psychologen, zum anderen Teil Geschäftsführungsmitglieder der LSG.

Die AC-Übungen wurden in zwei Gruppen mit jeweils fünf Bewerbern und drei Beobachtern durchgeführt. Zum Auftakt stellten sich alle einander vor (auch die Beobachter) und erzählten etwas über ihren beruflichen Werdegang. Dann ging's ans Eingemachte:

Die erste Aufgabe war eine Gruppendiskussion in Form eines Rollenspiels. Jeder bekam eine feste Rolle zugewiesen. Die Gruppe sollte sich in die Rolle von Stammgästen einer Pension hineinversetzen. Die wirtschaftliche Zukunft der Pension war in Frage gestellt. Aufgabe und Ziel der 60minütigen Diskussion: ein Konzept zu erarbeiten, wie der Pension, in der wir alle lebten, geholfen werden konnte.

Daran schloß sich ein sog. konfliktorientiertes Mitarbeitergespräch an. Jeder einzelne wurde mit einer Problemsituation konfrontiert, bei der es galt, mit einem unterstellten Mitarbeiter »ein Hühnchen zu rupfen«. Das Gespräch dauerte ca. zehn Minuten, die Vorbereitungszeit war ebenso lang.

Dann hatte jeder einen Personalfragebogen u.a. zu folgenden Themen auszufüllen: »Wie ich mir meinen neuen Arbeitsplatz vorstelle«/»Meine persönlichen Stärken und Schwächen«/»Was ich in zehn Jahren beruflich erreicht haben will«.

Nach der einstündigen Mittagspause folgte die erste Aufgabe des Nachmittags. Es ging um die schriftliche Erstellung eines Ausbildungskonzeptes für einen neuen Mitarbeiter, dessen Einarbeitungszeit nur sehr kurz war. Diese galt es daher so effektiv wie möglich zu nutzen, was für uns Teilnehmer bedeutete, das Thema Ausbildung/Einarbeitung in 1 1/4 Stunden zu bewältigen.

Hieran schloß sich wieder eine Gruppenarbeit an, bei der wir 60 Minuten lang einen Führungsgrundsatz der LSG zu diskutieren hatten. Thema: Mitarbeitermotivation.

Den Abschluß des ersten Tages bildete ein etwa halbstündiges Gespräch mit allen Beobachtern. Sie wollten wissen, wie es uns ergangen war und ob wir etwas zu kritisieren hätten. Natürlich äußerte sich keiner negativ.

Der zweite Tag begann mit dem legendären Lufthansa-WIT-Test mit seinen zahllosen Intelligenzaufgaben, die ich aus Ihren Büchern bestens kannte.

Alle Aufgaben waren unter erheblichem Zeitdruck zu lösen, was mir dank guter Vorbereitung einigermaßen gelang.

Dann folgte ein Textanalyse-Test. Komplizierte Texte wurden vorgegeben, und unter fünf verschiedenen Kurzformen hatte man die herauszufinden, die den Text am korrektesten wiedergab. Nicht ganz einfach.

Im Anschluß daran hieß es – wieder unter enormem Zeitdruck – Statistiken hinsichtlich verschiedener Kriterien zu interpretieren. Die Lösungsmöglichkeiten waren vorgegeben; trotzdem sind solche Testaufgaben kein Kinderspiel.

Nach dreistündigen Testerlebnissen bildete eine erneute Gruppendiskussion den Abschluß des Vormittags. Aufgabe: Jedes Gruppenmitglied mußte der Geschäftsführung einen Mitarbeiter aus der eigenen Abteilung als besonders förderungswürdig empfehlen. Die Schwierigkeit war, daß nur einer der fünf vorgeschlagenen Kandidaten zu dem Förderkurs geschickt werden konnte. Es ging also darum, den eigenen Kandidaten durch geschickte Argumentation optimal zu präsentieren und durchzubringen.

Nach der einstündigen Mittagspause war eine weitere Präsentationsübung zu absolvieren. Jeder sollte sich ein Produkt nach Wunsch ausdenken und dieses dem Rest der Gruppe in einer zehnminütigen Präsentation »verkaufen«. 15 Minuten Zeit und diverse Hilfsmittel standen zur Vorbereitung zur Verfügung.

Dann folgte eine Art 16 PF (Persönlichkeitstest). In 250 Fragen sollten wir bestätigen, daß wir gerne fluchen, Motorrad fahren, Seiltanzen lernen würden oder eben nicht. Die teilweise recht obskuren Fragen berührten allerdings nie den Intimbereich, so mein Eindruck.

Zu guter Letzt hatte ich ein etwa einstündiges Gespräch mit zwei Beobachtern. Sie wollten von mir alles mögliche über meine jetzige Tätigkeit wissen und erfragten Einzelheiten zu dem am Vortag ausgefüllten Personalfragebogen. Das Gespräch verlief sehr offen und fair. Ich hatte nie den Eindruck, als würde der Versuch unternommen, mich in die Ecke zu drängen oder in irgendeiner Weise bloßzustellen.

Den endgültigen Abschluß der zweitägigen AC-Veranstaltung bildete ein Gespräch mit allen Bewerbern und Beobachtern gemeinsam. Wieder war unsere Kritik an dem gesamten Auswahlverfahren gefordert. Bei allen Bewerbern kam der Persönlichkeitstest schlecht weg. Nun wurde uns versichert, daß er bei der Bewertung der Person nur eine untergeordnete Rolle spielen und lediglich dann zu Rate gezogen würde, wenn alle übrigen Ergebnisse kein klares Bild des Bewerbers ergeben.

Zusammenfassend möchte ich zum Ausdruck bringen, daß ich bei aller Anstrengung, die diese zwei Tage bedeuteten, nie das Gefühl hatte, »aufs Kreuz gelegt« zu werden. Der Umgang mit den Bewerbern war nach meiner Einschätzung fair.

Für mich hat es sich gelohnt. Ich habe das Ziel erreicht.

Kienbaum Personalberatung

Führend auf dem Gebiet der professionellen Personalauslese ist u.a. auch die Firma Kienbaum Personalberatung GmbH in Gummersbach.

Im folgenden Fall geht es um einen Manager (nennen wir ihn Herrn Z., Praktiker, ohne Studium, 43 Jahre alt), der sich von einer etwa 100.000 DM Jahresgehalt-Position auf etwa 130.000 DM verbessern wollte. Die angestrebte Aufgabe beinhaltete Leitung und Verantwortlichkeit für etwa 50 Außendienstmitarbeiter, die ein wichtiges Umsatzpotential für den Auftraggeber (die Firma X) darstellen. Sieben Jahre war Herr Z. bereits bei »seiner« Firma X ganz erfolgreich tätig, so daß er sich bei seiner Bewerbung um die auch firmenintern angebotene Position gute Chancen ausrechnete.

Die Leitung der Firma X war aufgrund einiger »personeller Störfälle« stark verunsichert, ging auf Distanz zu ihrem eigenen Personalchef und beauftragte die Personalberatungsgesellschaft Kienbaum, das Führungspotential von Herrn Z. zu untersuchen. (Hätte man nicht nach sieben Jahren Betriebszugehörigkeit zur Firma X ein gutes Bild des Bewerbers haben können?)

Herr Z. wurde also von Kienbaum zu einem eintägigen, sogenannten »Einzel-Assessment« eingeladen (nette Umschreibung für eine Zwangsvorladung). Dabei handelt es sich nach Aussage von Kienbaum um ein selbstentwickeltes Beurteilungsprogramm für Führungskräfte, die auf unterschiedliche Zieldimensionen und betriebliche Aufgabenfelder hin zu untersuchen sind.

Neben dem Einsatz von psychologischen Testverfahren und Gesprächen mit dem Kandidaten liegt der Schwerpunkt der Überprüfung in der Vorgabe von Management-Simulationen (ein anderer Ausdruck für Assessment Center). Diese sollen Führungs- und Organisationsaufgaben darstellen, die charakteristisch für das kurz- oder mittelfristig angestrebte Aufgabenfeld des Kandidaten sind, und Verhaltensbereiche messen, über die im auftraggebenden Unternehmen noch Informationsdefizite herrschen.

Das Ganze wird angeblich in Relation gesetzt zu Testergebnissen, die andere Manager erreicht haben, die eine ähnliche Position bereits erfolgreich ausfüllen.

Der Auftraggeber erhält nach Abschluß der Prozedur ein Gutachten, das folgende Gliederungsschwerpunkte hat:

- Überblick über das Gesamtverfahren
- Eingesetzte Testverfahren
    - Biographischer Fragebogen
    - Postkorb-Übung
    - Computersimulation
    - Mitarbeitergespräch
    - Präsentationsübung
    - Verkaufsgespräch
    - Unternehmens-Analyse-Übung
    - Führungs-Rollenspiel
    - Abschließendes vertiefendes Interview
- Vorstellung der Manager-Simulations-Übungen (AC)
- Ergebnisprofil
    - Intellektuelle Fähigkeiten
        - Interessenbreite
        - Weiterbildungsmotivation
        - Logisches Denken
        - Analysefähigkeit
    - Leistungsverhalten
        - Energie und Tatkraft
        - Leistungsmotivation
        - Streß-Widerstandsfähigkeit
        - Ausdauer und Beharrlichkeit
    - Interpersonelles Potential
        - Rhetorik
        - Einfühlungsfähigkeit
        - Kooperationsbereitschaft
        - Durchsetzungsfähigkeit
        - Überzeugungspotential
        - Gesprächsführung
    - Administratives Potential
        - Entscheidungskraft
        - Planung und Organisation

- Differenzierte Darstellung der Ergebnisse
- Führungspersönlichkeit

Psychologisches Verhaltensprofil

Sicherheitsdenken	– Handlungsorientiertheit
Individualismus	– Selbstdisziplin
Kooperationsfähigkeit	– Autonomie
Konventionalität	– Flexibilität
Gradlinigkeit	– Cleverness
Sorgfalt	– Kreativität
Skepsis	– Vertrauensbereitschaft
Robustheit	– Einfühlungsvermögen
Besonnenheit	– Risikobereitschaft
Zurückhaltung	– Initiative
Diplomatie	– Dominanz
Empfindsamkeit	– Ausgeglichenheit
Praktische Orientierung	– Theorieverständnis
Reserviertheit	– Kontaktbedürfnis

Manager-Profil

Praktische Lösungen suchen und verstehen	– Planen und methodisch Probleme lösen
Tradition pflegen und bewahren	– Innovationen erkennen, fördern
Entscheidungen absichern, Kompromisse machen	– Entscheidungen vorbereiten, treffen, durchsetzen
Eigenständiges Abwickeln von Aufgaben	– Informationen austauschen, Aufgaben delegieren
Signalisieren von Verständnisbereitschaft und Toleranz	– Kontrolle ausüben, Ergebnisse überwachen
Belastbarkeit bei wenig Sensibilität	– Motivieren, Mitarbeiter positiv beeinflussen
Sachorientierung, im Kontakt vorsichtig	– Repräsentieren, Kontakte aufbauen
Rücksichtnahme, gewähren lassen	– Konflikte erkennen und regeln

- Verhaltensinterpretation
- Zusammenfassende Bewertung

Herr Z. wurde unter anderem mit folgenden Aufgaben konfrontiert:

Die *Präsentationssimulation* (Rollenspiel) stellte Herrn Z. vor die Aufgabe, sich anhand vorgegebener Materialien über verschiedene neue Wirkstoffe aus der Waschmittelforschung zu informieren. In einer Präsentationsübung waren die wichtigsten Wirkstoffe vorzustellen und die vorher erarbeitete Information kurz und prägnant zu vermitteln.

Für die nächste Übung (*Verkaufsgespräch*) mußte sich Herr Z. in die Verkaufsargumentation für ein von ihm zu vertretendes teures ausländisches Waschmaschinenprogramm einarbeiten.

Im *Verkaufsgespräch* mit dem Inhaber eines Waschmaschinen-Fachhandels ging es darum, eine Vorentscheidung beim Geschäftsinhaber zu erwirken, die Angebotspalette zugunsten des von Herrn Z. vertretenen ausländischen, teuren Herstellers zu verändern. Die von seinem Gesprächspartner erhobenen Einwände – insbesondere wegen eines Nutzenvorteils der zur Zeit angebotenen Waschmaschinen – mußte Herr Z. durch eine systematische Gesprächsführung herausfinden, um zielgerichtet argumentieren zu können.

Das *Planspiel zur Unternehmensführung* versetzte Herrn Z. in die Rolle eines Unternehmensberaters, der ein mittelständisches Unternehmen auf Schwachstellen und Stärken hin zu analysieren hatte. Neben der Ist-Analyse mußte Herr Z. ein Konzept für die zukünftige Firmenpolitik erarbeiten.

In einem weiteren *Planspiel* war Herr Z. technischer Leiter einer Fertigungsabteilung von Waschmaschinen. Unter starkem Zeitdruck hatte er sich mit einem Gesprächspartner auseinanderzusetzen, den er kurze Zeit mit gezielten Fragen konfrontieren konnte. Eine präzise Analyse der Situation und eine daraus entwickelte Fragetechnik ermöglichten dem Prüfling erst, die vielschichtigen, Fertigungs- und Personalprobleme zu bewältigen.

Weitere AC-Aufgaben und Rollenspiele seien hier nur kurz skizziert:

- Am Computer-Bildschirm war anhand von vielfältigen, sich verändernden Daten ein Herstellungsbetrieb zu managen;
- in einem Postkorb-AC mußte Herr Z. Organisationstalent zeigen, wichtige von weniger wichtigen Informationen und Aufgaben unterscheiden und Delegationsfähigkeit unter Beweis stellen;
- in einem weiteren Rollenspiel ging es um ein Mitarbeiter-Führungsgespräch: Herr Z. sollte als verantwortlicher Leiter einen unter seinem Leistungsoptimum arbeitenden Mitarbeiter interviewen und motivieren.

Auf etwa 40 Seiten des Kienbaumschen Gutachtens wird dem psychologisch wenig vorgebildeten Leser (und Auftraggeber) vermittelt, man habe den Kandidaten Herrn Z. nach allen modernen Regeln der Kunst wissenschaftlich durchleuchtet.

Durch Diagramme wird das Gefühl vermittelt, der wahre Charakter und die wirklichen Fähigkeiten von Herrn Z. lägen offen auf dem Tisch.

Bei der Summe von Einwänden, die einem auch nur etwas kritischen Betrachter bei der Lektüre auffallen, sei hier aus Platzgründen lediglich folgendes angeführt: Die auf einer Skala polar angelegten Persönlichkeits- und Verhaltensdimensionen (siehe oben: psychologisches Verhaltensprofil) erinnern zwar an ähnliche wissenschaftliche Verfahren, es fehlt aber die Bildung logisch-sinnvoller Gegensätze.

Daß z. B. die alternative Verhaltensdimension zu Kreativität Sorgfalt sein soll, ist genausowenig nachvollziehbar wie die Bildung des Gegensatzpaars Autonomie-Kooperationsfähigkeit. Gerade beim letzten Beispiel, welches suggeriert, es könnte sich hier vielleicht doch um zwei Gegensatzbegriffe auf einer Achse handeln, offenbart sich deutlich der ganze Mangel dieses fragwürdigen sogenannten psychologischen Verhaltensprofils. Autonomie bedeutet nach allgemeinem Verständnis Selbständigkeit und Unabhängigkeit. Kooperation ist nun wirklich nicht das Gegenteil davon. Der Gegensatzbegriff zu Autonomie wäre wohl eher Unselbständigkeit und Abhängigkeitsbedürfnis. Ist vielleicht Herr Z., der auf dieser sieben Punkte umfassenden Skala den höchsten Kooperationswert hat, nicht autonom?

Beim Managerprofil geht es bei der Aufstellung von polar entgegengesetzten Verhaltensmerkmalen nicht weniger grob zu, wie aus der obigen Liste leicht zu erkennen ist.

»Weder das Forschen im Privatleben noch das Bloßstellen der Persönlichkeit erlauben Rückschlüsse auf die Berufsleistung«, sagt der Psychologieprofessor Funke von der Universität Hohenheim, einem der wichtigten Forschungszentren zum Thema Berufseignungsdiagnostik.

Genau das aber wird immer wieder versucht.

»So mußte ein Manager, der sich bei einem Test der Personalberatung Kienbaum forsch und zupackend gab, hernach allerlei Verquastes über sich lesen: ›In den Selbstaussagen des psychologischen Fragebogens beschreibt sich Herr ... im Kontaktverhalten unvoreingenommen und tolerant, als jemand mit einer optimistischen Grundeinstellung. Das sich selbst zugeschriebene extreme Kontaktbedürfnis weist im Zusammenhang mit einer hohen Cleverness-Ausprägung auf die Betonung guter informeller Kontakte hin, birgt aber bei aller Kontaktfreude die Gefahr einer gewissen Oberflächlichkeit ...Die sich hier selbst attestierte extrem hohe Praktikerhaltung birgt zudem die Gefahr eines eingeschränkten Interessenspektrums und einer kurzfristigen Denkweise in sich.‹ Die Schlußbemerkung in dem 35seitigen Gutachten: ›Kritisch anzumerken im Hinblick auf eine erfolgreiche Ausübung der Zielposition ist die unkonventionelle, auf sich bezogene Lebenseinstellung, die dazu führen kann, daß Herr ... trotz seines hohen Einfühlungsvermögens sich nicht adäquat auf unterschiedliche Situationen und Personen einstellen wird.‹«[9]

Der so abgeurteilte Manager hatte es gewagt, im Cordanzug statt in dunkelblauer Kombination oder mit grauen Nadelstreifen zum Testtermin zu erscheinen.

PS: Wenn Sie sich gezielt auf die unterschiedlichen Testverfahren vorbereiten möchten, empfehlen wir Ihnen unsere speziellen Ratgeber zu diesen Themen (siehe Literaturverzeichnis, S. 290).

Einstieg – die ersten hundert Tage

Geschafft! Auf Arbeitgeberseite hat man sich unter den vielen Kandidaten für Sie als neue/n Führungsmitarbeiter/in entschieden. Und auch Sie haben eine Entscheidung getroffen: der angebotene Arbeitsplatz, die Aufgaben und die Rahmenbedingungen sagen Ihnen zu. Sie sind bereit, Ihr jetziges Engagement aufzugeben, und haben den neuen Arbeitsvertrag unterschrieben.

Nicht untypisch: der 1. Oktober oder April ist Ihr Einstiegstermin. Dem ist auf Arbeitgeber- wie -nehmerseite einiges vorausgegangen.

Vielleicht hat man auf Arbeitgeberseite die ersten Überlegungen, einen neuen Arbeitsplatz einzurichten, vor zwölf Monaten erstmals angestellt. Vor sechs Monaten konnten endlich die Weichen gestellt werden, nachdem maßgebliche, hauptverantwortliche Kräfte im Unternehmen Bereitschaft signalisierten, sich mit dem Problem auseinanderzusetzen, einen neuen Arbeitsplatz für die Abteilung XY zu schaffen. Nachdem alle daran beteiligten Personen des Unternehmens sich zusammengesetzt hatten, diskutiert, geplant, verworfen und wieder neu geplant wurde, entschied man sich, die neu eingerichtete Position mit einem Kandidaten von außen zu besetzen.

Die Personalabteilung entwickelte Anzeigen, doch man entschloß sich in letzter Minute (um Mitbewerbern auf dem Markt keinen Einblick in die Vorhaben des Unternehmens zu geben), eine neutrale Personalberatungsgesellschaft einzuschalten und um Unterstützung zu bitten. Diese mußte gebrieft werden, entwickelte Anzeigen, die nicht sofort Anklang fanden. Aber endlich, nach weiteren drei Monaten war es soweit, die ersten Bewerbungsanschreiben gingen ein.

Vorgespräche wurden geführt, die Personalberatungsgesellschaft traf eine Auswahl der in Frage kommenden Kandidaten und präsentierte fünf davon der Unternehmensleitung. Hier konnte man sich schnell nach einem ersten Durchgang auf zwei Kandidaten einigen, die ein zweites und drittes (Vorstellungs-)Gespräch auch unter Beteiligung der künftigen Vorgesetzten und Mitarbeiter zu absolvieren hatten.

Wieder waren drei Monate vergangen, aber nach interner Diskussion entschied man sich für Sie als den Kandidaten, den neuen Hoffnungsträger der Abteilung XY.

Die ausgeschriebene Position (Jahreseinkommen 100.000 DM) hatte bis zu diesem Zeitpunkt reale Kosten in Höhe von 35.000 DM für die Personalberatungsgesellschaft verursacht (Honorar und alle Nebenkosten) und etwa in gleicher Höhe Kosten für die am Planungs- und Entscheidungsprozeß beteiligten Mitarbeiter der unterscheidlichen Abteilungen.

Für den neuen Arbeitsplatz waren keine nennenswerten Ausgaben bezogen auf Räume oder technische Ausstattung notwendig. Somit standen zunächst einmal auf der Ausgabenseite 70.000 DM. Der ausgewählte Kandidat (Sie) konnte natürlich nicht sofort anfangen, sondern wiederum drei Monate bis zum Eintritt in das Arbeitsverhältnis mußten akzeptiert werden. Ein bis anderthalb Jahre vom ersten Gedanken bis hin zur Realisierung waren vergangen, Vorkosten von ca. 70.000 DM entstanden. Vielleicht kommt Ihnen diese Aufrechnung etwas übertrieben lang vor, aber Zeit- und Kostenaufwand sind in diesem Beispiel durchaus realistisch kalkuliert.

Vor einem Jahr – kurz vor der Urlaubszeit – entstanden bei Ihnen Gedanken – vielleicht aufgrund eines kleinen Zwischenfalls an Ihrem jetzigen Arbeitsplatz, daß nach vier Jahren Betriebszugehörigkeit an dieser Stelle des Unternehmens ein wirkliches Weiterkommen sehr unwahrscheinlich sein würde. Während des Urlaubs verstärkten sich Ihre Überlegungen in diese Richtung. Sie sahen sich die entsprechenden Stellenangebote der Wochenendausgaben der *FAZ* etwas gezielter als sonst an.

Dann entschieden Sie sich, doch zunächst einmal geduldig abzuwarten und Ihre Gefühle bezüglich eines Arbeitsplatzwechsels im kommenden Halbjahr genauer zu reflektieren. Der Arbeitseinstieg nach dem Urlaub fiel naturgemäß wieder einmal nicht so leicht. Die Probleme häuften sich besonders zum Jahresende, so daß Ihr persönliches Ziel, Ihr Wunsch zum Jahreswechsel lautete: ein neuer Arbeitsplatz im neuen Jahr.

Gleich im Januar besuchten Sie einen speziellen Fortbildungslehrgang, der Ihre Ausgangsposition auf dem Arbeitsmarkt zusätzlich günstig beeinflußte.

Nun sahen Sie sich die entsprechenden Anzeigen noch sehr viel genauer an, schrieben auf einige Angebote, bis es in dem vorliegenden Fall zu einem zweiten, dritten, x-ten Gespräch kam und man Ihnen den Arbeitsvertrag anbot.

Sie hatten sich gut informiert und konnten sich nun auch Ihrerseits für die angebotene Position in dem neuen Unternehmen entscheiden. Das Abschlußgespräch lief Mitte Mai, und aus verschiedenen Überlegungen heraus einigten Sie sich mit Ihrem neuen Arbeitgeber auf den Anfangstermin 1. Oktober.

Einarbeitung

Auf beiden Seiten – Arbeitgeber wie Arbeitnehmer – ging diesem Auswahl- und Entscheidungsprozeß ein nicht zu unterschätzender Kosten- und Zeitaufwand voran (vor Einstellung entstehen Kosten in Höhe von 50 bis 100% des Jahreseinkommens des zu besetzenden Arbeitsplatzes).

Bei diesem für den Arbeitgeber mit erheblichem finanziellen und personellen Aufwand verbundenem Suchen, Auswählen und Entscheiden ist es um so erstaunlicher, was dann folgt. Der neue Mitarbeiter, für den soviel Zeit und Geld bereits investiert wurde, wird in den ersten Wochen und Monaten in der Regel schlecht betreut bzw. eingearbeitet.

Die meisten Unternehmen haben kein dafür speziell entwickeltes Programm. Während man auf Arbeitgeberseite bereit ist, Zeit, Mühe und damit auch verbundene hohe finanzielle Kosten für die Auswahl angeblich bestgeeigneter Mitarbeiter zu investieren, ist nach der Unterschriftenleistung im Arbeitsvertrag das Investitionsinteresse erlahmt.

Hier drängt sich die Parallele des Scheiterns vieler Ehen besonders im Anfangsstadium auf. Nach der Hochzeit geben sich die Partner deutlich weniger Mühe als zuvor in der »Werbe-« und Verlobungszeit. Und wie in einer Partnerschaft, die bereits kurze Zeit nach dem Ehekontrakt scheitern kann, ist diese Gefahr auch für das neue Arbeitsverhältnis nicht zu unterschätzen.

Natürlich gibt es eine Probezeit, in der Regel ein halbes Jahr bei mittleren Führungskräften, aber durch den formalen Aspekt, daß man sich ja relativ leicht voneinander trennen kann, wird das Augenmerk auf die neue konstruktive Zusammenarbeit in der Regel eher vernachlässigt.

In jedem Fall steht das, was nach der Unterschriftenleistung und mit Arbeitsbeginn für den neuen Mitarbeiter und dessen Integration in das Unternehmen getan wird, in keinem Verhältnis zu dem vorher betriebenen Aufwand.

Orientierung

Es liegt auf der Hand, daß gerade in dieser sensiblen Prägephase des Neubeginns, des Einstiegs in einen neuen Arbeitsplatz und dessen Aufgaben wichtige Weichen gestellt werden.

Da gibt es wechselseitige Erwartungen, aber auffallend wenig Struktur, Rahmen, Rituale, sich offen darüber auszutauschen. Natürlich macht es einen Unterschied, ob es sich um ein sehr großes Unternehmen handelt, in dem Sie als neuer Mitarbeiter, Kollege, Vorgesetzter anfangen, oder eher um einen kleineren Betrieb. Ebenso spielt der Bereich, in den Sie einsteigen – ob Vertrieb, Produktion, Verwaltung oder Forschung – eine nicht zu unterschätzende Rolle.

In jedem Fall stehen Sie als Einsteiger vor der Aufgabe, herauszufinden, wie was an Ihrem neuen Arbeitsplatz funktioniert. Während man vielleicht bei größeren Unternehmen – auch z.B. im öffentlichen Dienst – mit etwas mehr Geduld gegenüber dem Neueinsteiger in der Einarbeitungszeit rechnen kann, sind gerade kleinere Unternehmen, die vielleicht auch in ihrer Personalplanung etwas kurzfristiger handeln, darauf bedacht, daß der oder die Neue möglichst schnell »profitabel« arbeitet.

Da Sie Ihren Arbeitsplatz sicherlich nicht ohne Grund wechseln, haben Sie bestimmt eine ganze Menge positiver Erwartungen im Zusammenhang mit der neuen Aufgabe und Position. Zudem kommt das schöne Gefühl, von vielen Bewerbern für diesen Arbeitsplatz derjenige zu sein, der es geschafft hat.

Natürlich haben Sie Ihren ersten (Berufs-)Praxisschock bereits lange hinter sich, ja vielleicht erinnern Sie sich gar nicht mehr daran. Aber auch der Wechsel von einem Arbeitsplatz zum anderen ist eine kritische Lebensereignis-Situation mit einer Reihe potentieller Fußangeln.

Damit aus Ihrem neuen »Traumjob« kein »Alptraum« wird, muß eine Menge von Anpassungsleistungen von Ihnen erbracht werden. Ein Vorgeschmack darauf war bereits der Iniatiationsritus Bewerbung, den Sie ohne eine gute Begabung für Anpassungsübungen wohl nicht so erfolgreich überstanden hätten. Während Sie an Ihrem alten Arbeitsplatz wußten, nach welchen Gesetzen »der Laden läuft«, die offiziellen, aber auch inoffiziellen Wege, Möglichkeiten, Chancen kannten, befinden Sie sich nun bei Ihrem neuen Arbeitsplatz wieder in einer Anfängersituation.

Sie sind zunächst einmal Lernender. Vieles von dem, was Sie an Wissen mitbringen, erweist sich möglicherweise als hilfreich, aber längst nicht alles funktioniert so, wie Sie es gewohnt waren bzw. erfolgreich praktizieren konnten.

Was Ihnen jetzt weiterhilft, sind zunächst einmal die akribischen Beobachtungen von Arbeitsabläufen und interpersonellen Strukturen sowie die richtigen Schlußfolgerungen daraus. Suchen Sie sich Ansprechpartner, die Sie unterstützen, die Sie hemmungslos ausfragen können. Vermeiden Sie es, Kollegen, Mitarbeiter, Vorgesetzte schnell zu Gegnern werden zu lassen, dadurch, daß Sie alles ganz anders und natürlich viel besser machen wollen.

Als neuer Mitarbeiter an Ihrem neuen Arbeitsplatz sind Sie in diesem Stadium auf Informationen aller Art dringend angewiesen. Ob es sich bei dem Versuch, die Eingliederungsphase so effizient wie möglich zu gestalten, und dem dafür notwendigen Know-how um Bring- oder Holschulden handelt, ist sekundär.

Natürlich hat die Unternehmensleitung die Aufgabe, dafür zu sorgen, daß Sie umfassend über alle für Ihre Eingliederung wichtigen Details informiert werden. Darüber hinaus sind aber auch andere Informationsquellen wie Kollegen oder Mitarbeiter wichtig für Sie und zudem als Kooperationspartner von nicht zu unterschätzendem Wert.

In jedem Fall ist es jetzt Ihre Aufgabe, auf andere zuzugehen, Fragen zu stellen und sich aktiv darum zu bemühen, alle wichtigen Informationen zu bekommen. Dies schließt aber natürlich auch ein, daß Sie bereit sind, Ihrerseits den anderen Informationen über sich und Ihre eigene Arbeit zur Verfügung zu stellen.

Wirklich längere Anlauf- und Einarbeitungszeiten und daraus resultierende Schwierigkeiten können Sie sich als Führungskraft schlecht leisten. Schon nach ganz kurzer Zeit werden Sie an Ihrem neuen Arbeitsplatz voll gefordert. Hier hilft eine Vorbereitung auf Ihre zukünftigen Aufgaben in der speziellen Branche. Das Studium einschlägiger Fachzeitschriften und anderer Informationsquellen kann für den Einstieg sehr hilfreich sein.

Die beiden Unterschriften, die Ihres zukünftigen Arbeitgebers und die Ihrige unter dem neuen Arbeitsvertrag sind also keinesfalls der krönende Abschluß Ihres Bewerbungsverfahrens. Das Sich-Bewerben geht weiter. Da müssen z. B. langjährige Mitarbeiter umworben werden, hätten sie doch vielleicht lieber einen ihrer Kollegen aus dem Haus auf dem von Ihnen jetzt eingenommenen Platz gesehen. Oder – noch viel schwieriger – wären selbst gerne in diese Position aufgestiegen.

Parallel dazu werden Sie als Neuer jetzt in der Anfangsphase von Ihren unmittelbaren Vorgesetzten und den für diese Personalentscheidung zuständigen Verantwortungsträgern beäugt, um zu sehen, ob die Wahl des Kandidaten die richtige gewesen ist. Dieser Prüfungsvorgang ist immer von zwei Aspekten gekennzeichnet: die einen hoffen, daß sich ihre positive Prognose bewahrheitet, nur Sie seien der richtige Kandidat, die anderen suchen nach Bestätigung ihrer negativen Vorahnung, haben sie doch gleich gewußt, daß man sich besser nicht für Sie, sondern für jemand anders entschieden hätte.

Jetzt helfen Ihnen Gespräche und vor allem die Eigenschaft, sorgfältig zuzuhören. Versuchen Sie um Gottes Willen nicht, sich als der dynamische Erneuerer zu profilieren, bevor Sie Ihre Vorgesetzten, Kollegen und Mitarbeiter genauer kennengelernt und die Spielregeln des neuen Unternehmens begriffen haben.

Dieser Tip ist ganz wichtig, das kann auch der Hamburger Unternehmensberater Peter Fischer bestätigen: »Viele Führungswechsel scheitern, weil der neue Chef in der fremden Umgebung nicht klarkommt, die Chemie nicht stimmt und er dem Druck der – ihm oft unbekannten – Erwartungen nicht standhalten kann.« Fragen an die Umgebung bieten die beste Möglichkeit zur Orientierung: »Was sind die Probleme in der Abteilung, und wie sollte man sie Ihrer Meinung nach lösen? Gibt es bestimmte Erwartungen, die Sie an mich haben?«[10]

Nehmen Sie sich also genügend Zeit für intensive Gespräche. Fragen Sie präzise nach dem, was man von Ihnen erwartet. Hören Sie heraus, was man Ihnen dabei auch an indirekten Botschaften vermittelt. Investieren Sie Zeit, um die Qualitäten, aber auch Fehler Ihres Vorgängers (sofern es einen gab) kennenzulernen.

Prüfen Sie die Vorschläge und Wünsche Ihrer Mitarbeiter genau. Diese kennen sich in dem für Sie neuen Unternehmen besser aus und können Ihnen wertvolle Informationen für eine erfolgreiche Einarbeitung geben. Besprechen Sie die zukünftige Kooperation mit den Kollegen anderer Abteilungen. Verhalten Sie sich dabei anfangs besonders bescheiden und zurückhaltend, denn nichts macht neue Kollegen unbeliebter als deren oft übertriebene Arbeitswut, kombiniert mit dem Drang, alles auf den Kopf zu stellen. Wichtigste Eigenschaft aber ist und bleibt die Fähigkeit des Zuhörens.

Denken Sie auch daran, die Mitbewerber und -bewerberinnen, die vielleicht auch gern auf Ihrem Stuhl gesessen hätten, einzubeziehen. Sonst haben Sie von Anfang an knallharte Konkurrenz im eigenen Haus, die Ihnen das Leben – nicht zuletzt wegen ihres Wissensvorspungs – sehr schwer machen kann.

Die Phasen des Neuanfangs

Nach Echterhoff und Rähn läßt sich die Eingliederung neuer Mitarbeiterinnen und Mitarbeiter in ein Unternehmen in drei aufeinanderfolgende Phasen einteilen:

Nach der Phase der Vorbereitung (Bewerbung, Auswahlverfahren, Wünsche und Hoffnungen) folgt mit dem Eintritt in das Unternehmen die Phase der Orientierung. Hier geht es hauptsächlich um die wechselseitigen Erwartungen, also die des neuen Mitarbeiters an die Organisation und umgekehrt. Daß dies häufig als Realitätsschock oder milder als Überraschung erlebt wird, ist bedauerlicherweise nicht außergewöhnlich. Entsprechend sind Erwartungsenttäuschungen und die Auseinandersetzung mit ersten Konflikten vorprogrammiert.

In der dritten Phase geht es um den Versuch der Bewältigung von Widersprüchen zwischen Erwartungen und der Realität, aber auch der bewußten Integration bzw. Anpassung an die vorhandene Organisation. Nun kommt es vor allem auf das Aneignen von Verhaltensweisen an, das Aufnehmen der zugedachten Rolle, um nunmehr als vollwertiges Mitglied der Arbeitsgemeinschaft seinen Teil zum Ergebnis oder Ziel beitragen zu können.

Es liegt auf der Hand: Die erste Zeit an einem neuen Arbeitsplatz ist im wesentlichen durch Unsicherheit, z.T. sogar auch durch Angstgefühle und das Erleben von Streß gekennzeichet. In dieser durch wechselseitige Unsicherheit geprägten Phase kommt es auf beiden Seiten zu Einstellungen und Verhaltensweisen, die sich im unglücklichen Falle für den Fortbestand des Arbeitsverhältnisses und ein entsprechendes Engagement von Arbeitnehmerseite negativ auswirken können.

Ungelöste Konflikte in der Einarbeitungszeit führen nicht selten zu Kündigungsphantasien bzw. zu vorzeitigem Ausscheiden aus dem Unternehmen. Daß dies mit erheblichen Kosten für beide Seiten verbunden ist, dürfte klar sein. Um so mehr ist die Forderung berechtigt, gerade die Einarbeitungszeit von seiten des Arbeitgebers aktiv erfolgreich mitzugestalten. Hier muß der nicht einfachen Sozialisation und Eingliederung des neuen Mitarbeiters viel mehr Aufmerksamkeit gewidmet werden, als dies bisher geschieht.

Sie als neuer Mitarbeiter können dazu beitragen, indem Sie über Ihre Schwierigkeiten offen kommunizieren.

Zum guten Schluß

Ausblick

Das ganze Leben ist eine Art Prüfung. Da ist unsere erste Vorstellung direkt nach der Geburt, da haben wir später um den einen oder anderen Liebespartner geworben, und der möglicherweise letzte Auftritt vor dem »großen Boß«, unser Rechenschaftsbericht dient ebenfalls der Prüfung, der Selektion in Richtung Himmel oder Hölle.

Auch die Bewerbung ist eine klassische Prüfungssituation. Man kann Prüfungen als Rituale bezeichnen, in denen eine Anpassungsleistung gefordert wird. Meistens handelt es sich um Initiationsriten, deren erfolgreiches Über- und Bestehen mit einem Ein- und Aufstieg honoriert wird (z. B. vom Lehrling zum Gesellen, vom Sachbearbeiter zum Gruppenleiter).

Prüfungen und Initiationsriten sind Ausdruck des ewigen Kampfes der Generationen (E. Stengel) und der Auseinandersetzung zwischen den Mächtigen und den Machtlosen in der Gesellschaft (O. Fenichel). Wer solche Prozeduren »erfolgreich« überstanden hat, bietet gute Gewähr, an die herrschenden Normen angepaßt zu sein und auch in Zukunft nicht aufzumukken.

Es geht also um die Erfüllung von Normen, die der Prüfer dem Prüfling in Form von Aufgaben stellt. Dabei kann es um eine physische Norm gehen (z. B. die Olympiaqualifikation 100m Hürden), eine intellektuelle (z. B. Abitur, Studienabschluß) oder um eine emotionale Norm (z. B. ein Liebesbeweis). Aber auch künstlerische und handwerkliche Prüfungsnormen sind uns gut bekannt.

Gegenstand dieses Buches waren nicht die zahlreichen schulischen, sportlichen oder privaten Prüfungen, sondern eine besondere Prüfungsform – die Bewerbung um einen adäquaten Arbeitsplatz.

Dabei haben wir uns bemüht, Ihnen das Know-how für Ihre erfolgreiche Bewerbung (= Prüfung = Anpassungsleistung), die Erfüllung der Norm zu vermitteln.

An dieser Stelle wollen wir nochmals zu bedenken geben, daß jeder für sich selbst überprüfen und entscheiden muß, wie weit er in seiner Anpassungsbereitschaft und damit auch -leistung in einer Bewerbungssituation gehen will. Die Anpassungsleistung muß sich um der Zielerreichung willen lohnen. »Lohnt sie sich wirklich?« ist die Frage, die Sie sich selbstkritisch immer wieder stellen müssen.

Denn wie kann man in einem Job glücklich werden, der einem permanent Aufgaben, Verhaltensweisen abverlangt, die dem Innersten völlig widerstreben?

Auf den Punkt gebracht

Die wichtigsten Bewerbungsregeln

- Arbeitsplatzsuche und Sich-Bewerben ist Schwerstarbeit.
- Ein Kardinalfehler von Bewerbern ist die unzureichende Vorbereitung auf die Prüfungssituation Bewerbung.
- Es ist nicht leicht, aber sehr wichtig, herauszufinden, wer man ist, was man kann, was man will und was möglich ist.
- Die innere Vorbereitung – die richtige Einstellung zur Einstellung – ist ein entscheidender Faktor.
- Recherchieren geht vor Probieren.
- Ein Bewerbungsanschreiben ist mindestens ein Tageswerk; ein Lebenslauf nicht weniger. Die gute Vorbereitung auf ein Vorstellungsgespräch braucht Tage, wenn nicht Wochen.
- Form- und Inhaltsfehler im Bewerbungsanschreiben sind meistens der Grund, warum Bewerber nicht zum Vorstellungsgespräch eingeladen werden, nicht etwa deren mangelnde Eignung. Ganz besonders in diesen Zeiten kommt es auf die Verpackung, auf die gelungene Präsentation an.
- Bereiten Sie sich gezielt auf Ihr Gegenüber vor (Person, Institution, Aufgabe).
- Die Fragen des Vorstellungsgespräches stehen vorher bereits fest. Überlegen Sie sich vorab Ihre Antworten und die Tendenz Ihrer Präsentation.
- Verdeutlichen Sie sich: Sie bestimmen den Verlauf des Vorstellungsgespräches weitestgehend mit.
- Als Bewerber bzw. Bewerberin sollten Sie wissen, was und wie Sie etwas sagen wollen. Insbesondere aber muß Ihnen klar sein, was Sie nicht sagen wollen und wie Sie mit Worten schweigen.
- Es gibt keine unangenehmen Fragen im Vorstellungsgespräch, wenn Sie die richtige Einstellung haben, gut vorbereitet sind und somit stets angemessen antworten können.
- Das per Grundgesetz geschützte Persönlichkeitsrecht setzt dem Fragerecht des Arbeitgebers Grenzen. Wo er es überschreitet, dürfen Sie ungestraft lügen.
- Es geht im Vorstellungsgespräch primär um Sympathie, Leistungsmotiva-

tion und Kompetenz. Sympathie müssen Sie gewinnen, Leistungsmotivation und Kompetenz wird Ihnen attribuiert.

- Selbstdarstellung will geübt sein. Auch ein Schauspieler muß seine Rolle einstudieren, muß sich vorbereiten und üben.
- Angemessene, selbstbewußte Gelassenheit und höfliche Konzentration kennzeichnen einen erfolgreichen Bewerber um eine Führungsposition.
- Was immer man gegen Sie einwendet, es kommt darauf an, wie Sie damit umgehen.
- Sprechen Sie nie negativ über ehemalige Vorgesetzte, Kollegen oder Arbeitsplatzbedingungen.
- Bedenken Sie: Wir sind nicht auf der Welt, um so zu sein, wie andere uns haben wollen.

Anhang

Ich bitte Sie bei den folgenden Eigenschaften um eine Einschätzung zu meiner Person. Wie sehen Sie mich?

Wie stark ist beispielsweise Ihrer Meinung nach die Eigenschaft »leistungsorientiert« bei mir ausgeprägt bzw. vorhanden?

Um die einzelnen Eigenschaften einschätzen zu können, gibt es für jedes wiederum eine Ausprägungsskala von +3 bis –3. Die extremen Pole sind +3 (= sehr stark ausgeprägt bzw. vorhanden) und –3 (sehr schwach ausgeprägt, kaum vorhanden), die Mitte liegt bei 0 (teils/teils, weder/noch).

Falls Sie zu einzelnen Eigenschaften Fragen haben, nicht sicher sind, ob es so oder anders gemeint ist, was eigentlich unter dem Begriff ...zu verstehen ist – entscheiden Sie bitte für sich, was Sie jeweils unter dem Merkmal (der Eigenschaft) verstehen.

+3 = sehr stark ausgeprägt
+2 = deutlich ausgeprägt
+1 = ausgeprägt
+0 = teils/teils
–1 = weniger ausgeprägt
–2 = schwach ausgeprägt
–3 = sehr schwach ausgeprägt

Liste 1

sympathisch	+3	+2	+1	0	–1	–2	–3
vertrauenswürdig	+3	+2	+1	0	–1	–2	–3
vorsichtig	+3	+2	+1	0	–1	–2	–3
lernbereit	+3	+2	+1	0	–1	–2	–3
lernfähig	+3	+2	+1	0	–1	–2	–3
vertrauensvoll	+3	+2	+1	0	–1	–2	–3
leistungsorientiert	+3	+2	+1	0	–1	–2	–3
sorgfältig	+3	+2	+1	0	–1	–2	–3
aufgeschlossen	+3	+2	+1	0	–1	–2	–3
belastbar	+3	+2	+1	0	–1	–2	–3
ausdauernd	+3	+2	+1	0	–1	–2	–3
zufrieden	+3	+2	+1	0	–1	–2	–3
aggressiv	+3	+2	+1	0	–1	–2	–3
konformistisch	+3	+2	+1	0	–1	–2	–3
dominant	+3	+2	+1	0	–1	–2	–3

gerecht	+3	+2	+1	0	–1	–2	–3
verläßlich	+3	+2	+1	0	–1	–2	–3
wankelmütig	+3	+2	+1	0	–1	–2	–3
zielstrebig	+3	+2	+1	0	–1	–2	–3
geduldig	+3	+2	+1	0	–1	–2	–3
gehemmt	+3	+2	+1	0	–1	–2	–3
vital	+3	+2	+1	0	–1	–2	–3
zweifelnd	+3	+2	+1	0	–1	–2	–3
kompetent	+3	+2	+1	0	–1	–2	–3
flexibel	+3	+2	+1	0	–1	–2	–3
aktiv	+3	+2	+1	0	–1	–2	–3
wagemutig	+3	+2	+1	0	–1	–2	–3
gefühlsbetont	+3	+2	+1	0	–1	–2	–3
anspruchsvoll	+3	+2	+1	0	–1	–2	–3
passiv	+3	+2	+1	0	–1	–2	–3
liebenswert	+3	+2	+1	0	–1	–2	–3
gefühlsorientiert	+3	+2	+1	0	–1	–2	–3
impulsiv	+3	+2	+1	0	–1	–2	–3
durchsetzungsfähig	+3	+2	+1	0	–1	–2	–3
furchtsam	+3	+2	+1	0	–1	–2	–3
sachorientiert	+3	+2	+1	0	–1	–2	–3
fordernd	+3	+2	+1	0	–1	–2	–3
höflich	+3	+2	+1	0	–1	–2	–3
autoritär	+3	+2	+1	0	–1	–2	–3
pflichtbewußt	+3	+2	+1	0	–1	–2	–3
verantwortungsbewußt	+3	+2	+1	0	–1	–2	–3
zuverlässig	+3	+2	+1	0	–1	–2	–3
freundlich	+3	+2	+1	0	–1	–2	–3
glücklich	+3	+2	+1	0	–1	–2	–3
nervös	+3	+2	+1	0	–1	–2	–3
rechthaberisch	+3	+2	+1	0	–1	–2	–3
ordnungsliebend	+3	+2	+1	0	–1	–2	–3
ehrlich	+3	+2	+1	0	–1	–2	–3
loyal	+3	+2	+1	0	–1	–2	–3
schwermütig	+3	+2	+1	0	–1	–2	–3
begeisterungsfähig	+3	+2	+1	0	–1	–2	–3
intrigant	+3	+2	+1	0	–1	–2	–3
ordentlich	+3	+2	+1	0	–1	–2	–3
wählerisch	+3	+2	+1	0	–1	–2	–3
hartnäckig	+3	+2	+1	0	–1	–2	–3
entscheidungsfreudig	+3	+2	+1	0	–1	–2	–3
spontan	+3	+2	+1	0	–1	–2	–3
praktisch	+3	+2	+1	0	–1	–2	–3
beherrscht	+3	+2	+1	0	–1	–2	–3
risikobereit	+3	+2	+1	0	–1	–2	–3
selbstsicher	+3	+2	+1	0	–1	–2	–3
sensibel	+3	+2	+1	0	–1	–2	–3
selbständig	+3	+2	+1	0	–1	–2	–3
offen	+3	+2	+1	0	–1	–2	–3
zurückgezogen	+3	+2	+1	0	–1	–2	–3
mißtrauisch	+3	+2	+1	0	–1	–2	–3
leidenschaftlich	+3	+2	+1	0	–1	–2	–3
unkompliziert	+3	+2	+1	0	–1	–2	–3
fortschrittlich	+3	+2	+1	0	–1	–2	–3
überzeugungsstark	+3	+2	+1	0	–1	–2	–3

zwanghaft	+3	+2	+1	0	–1	–2	–3
verständnisvoll	+3	+2	+1	0	–1	–2	–3
kontaktfähig	+3	+2	+1	0	–1	–2	–3
verläßlich	+3	+2	+1	0	–1	–2	–3
schlagfertig	+3	+2	+1	0	–1	–2	–3
gründlich	+3	+2	+1	0	–1	–2	–3
ausgeglichen	+3	+2	+1	0	–1	–2	–3
kreativ	+3	+2	+1	0	–1	–2	–3
erfinderisch	+3	+2	+1	0	–1	–2	–3
selbstbewußt	+3	+2	+1	0	–1	–2	–3
introvertiert	+3	+2	+1	0	–1	–2	–3
extrovertiert	+3	+2	+1	0	–1	–2	–3
anpassungsfähig	+3	+2	+1	0	–1	–2	–3
humorvoll	+3	+2	+1	0	–1	–2	–3
konservativ	+3	+2	+1	0	–1	–2	–3
präzise	+3	+2	+1	0	–1	–2	–3
besorgt	+3	+2	+1	0	–1	–2	–3
nachdenklich	+3	+2	+1	0	–1	–2	–3
kooperativ	+3	+2	+1	0	–1	–2	–3
unerschütterlich	+3	+2	+1	0	–1	–2	–3
problembewußt	+3	+2	+1	0	–1	–2	–3
beliebt	+3	+2	+1	0	–1	–2	–3
vernünftig	+3	+2	+1	0	–1	–2	–3
teamfähig	+3	+2	+1	0	–1	–2	–3
kommunikationsfähig	+3	+2	+1	0	–1	–2	–3
integrationsfähig	+3	+2	+1	0	–1	–2	–3
herzlich	+3	+2	+1	0	–1	–2	–3
ruhig	+3	+2	+1	0	–1	–2	–3
kompromißbereit	+3	+2	+1	0	–1	–2	–3
tolerant	+3	+2	+1	0	–1	–2	–3
zuhörbereit	+3	+2	+1	0	–1	–2	–3
selbstkritisch	+3	+2	+1	0	–1	–2	–3
kränkbar	+3	+2	+1	0	–1	–2	–3
hilfsbereit	+3	+2	+1	0	–1	–2	–3
einfühlsam	+3	+2	+1	0	–1	–2	–3
gelassen	+3	+2	+1	0	–1	–2	–3
unparteiisch	+3	+2	+1	0	–1	–2	–3
gütig	+3	+2	+1	0	–1	–2	–3
willensstark	+3	+2	+1	0	–1	–2	–3
unberechenbar	+3	+2	+1	0	–1	–2	–3

Liste 2

Unternehmerisches Denken	+3	+2	+1	0	–1	–2	–3
Leistungsbereitschaft	+3	+2	+1	0	–1	–2	–3
Streßtoleranz	+3	+2	+1	0	–1	–2	–3
Flexibilität	+3	+2	+1	0	–1	–2	–3
Kostenbewußtsein	+3	+2	+1	0	–1	–2	–3
Analytisches Denken	+3	+2	+1	0	–1	–2	–3
Fremdsprachenkenntnisse	+3	+2	+1	0	–1	–2	–3
Branchenkenntnisse	+3	+2	+1	0	–1	–2	–3
Produktkenntnisse	+3	+2	+1	0	–1	–2	–3
Mitarbeiter-Betreuungsfähigkeit	+3	+2	+1	0	–1	–2	–3
Mitarbeiter-Auswahlfähigkeit	+3	+2	+1	0	–1	–2	–3
Mitarbeiter-Förderungsbereitschaft	+3	+2	+1	0	–1	–2	–3

Kritikfähigkeit	+3	+2	+1	0	–1	–2	–3
Strategisches Denken	+3	+2	+1	0	–1	–2	–3
Überzeugungspotential	+3	+2	+1	0	–1	–2	–3
Tatkraft	+3	+2	+1	0	–1	–2	–3
Rhetorik	+3	+2	+1	0	–1	–2	–3
Gesprächsführung	+3	+2	+1	0	–1	–2	–3
Sicherheitsdenken	+3	+2	+1	0	–1	–2	–3
Diplomatie	+3	+2	+1	0	–1	–2	–3
Verläßlichkeit	+3	+2	+1	0	–1	–2	–3
Lernfähigkeit	+3	+2	+1	0	–1	–2	–3
Auffassungsvermögen	+3	+2	+1	0	–1	–2	–3
Aufgeschlossenheit	+3	+2	+1	0	–1	–2	–3
Selbstdisziplin	+3	+2	+1	0	–1	–2	–3
Belastbarkeit	+3	+2	+1	0	–1	–2	–3
Ausdauer	+3	+2	+1	0	–1	–2	–3
Geduld	+3	+2	+1	0	–1	–2	–3
Pflichtbewußtsein	+3	+2	+1	0	–1	–2	–3
Verantwortungsbewußtsein	+3	+2	+1	0	–1	–2	–3
Zuverlässigkeit	+3	+2	+1	0	–1	–2	–3
Ordnungssinn	+3	+2	+1	0	–1	–2	–3
Loyalität	+3	+2	+1	0	–1	–2	–3
Begeisterungsfähigkeit	+3	+2	+1	0	–1	–2	–3
Zielstrebigkeit	+3	+2	+1	0	–1	–2	–3
Organisationsvermögen	+3	+2	+1	0	–1	–2	–3
Eigeninitiative	+3	+2	+1	0	–1	–2	–3
Entscheidungsfähigkeit	+3	+2	+1	0	–1	–2	–3
Durchsetzungsvermögen	+3	+2	+1	0	–1	–2	–3
Überzeugungskraft	+3	+2	+1	0	–1	–2	–3
Kreativität	+3	+2	+1	0	–1	–2	–3
Kontaktfähigkeit	+3	+2	+1	0	–1	–2	–3
Anpassungsfähigkeit	+3	+2	+1	0	–1	–2	–3
Teamfähigkeit	+3	+2	+1	0	–1	–2	–3
Kommunikationsfähigkeit	+3	+2	+1	0	–1	–2	–3
Kompromißbereitschaft	+3	+2	+1	0	–1	–2	–3
Toleranzfähigkeit	+3	+2	+1	0	–1	–2	–3
Zuhör-Fähigkeit	+3	+2	+1	0	–1	–2	–3
Planerisches Handeln	+3	+2	+1	0	–1	–2	–3
Delegationsfähigkeit	+3	+2	+1	0	–1	–2	–3
Repräsentationsfähigkeit	+3	+2	+1	0	–1	–2	–3
Anleitungsfähigkeit	+3	+2	+1	0	–1	–2	–3
Führungsfähigkeit	+3	+2	+1	0	–1	–2	–3
Verhandlungsgeschick	+3	+2	+1	0	–1	–2	–3
Sprachliche Ausdrucksfähigkeit	+3	+2	+1	0	–1	–2	–3
Problemlösefähigkeit	+3	+2	+1	0	–1	–2	–3
Musische Fähigkeiten	+3	+2	+1	0	–1	–2	–3
Innovationsbefähigung	+3	+2	+1	0	–1	–2	–3
Technisches Verständnis	+3	+2	+1	0	–1	–2	–3

Anmerkungen

1 *Handelsblatt*, 30.6. 1989, S. K2
2 ebd.
3 *Mittleres Management, Leidend oder leitend?* Zürich 1990.
4 Rolf Berth: *Erfolg, 50 Strategien für innovatives Management*. Düsseldorf 1993.
5 Hans-Joachim von Plüskow: *Die richtige Bewerbung für Hochschulabsolventen und Führungskräfte*. München 1988, S. 75
6 Raschke/Knebel: *Taschenbuch für Bewerberauslese*, S. 15.
7 B. Block: *Die Eignungsprofilerstellung von Führungspersonen des mittleren Managementsbereiches*. Bochum 1981, S. 99.
8 E. Stevens-Bartol: *Bewerbung, Einstellung, Vertragsschluß*. München 1990, S. 18f..
9 *Stern* 8/1990
10 *Capital*, 11/94, S. 111ff..